皖西学院图书馆的名家旧藏古籍

舒和新 著

国家图书馆出版社

图书在版编目(CIP)数据

皖西学院图书馆的名家旧藏古籍 / 舒和新著. —北京：国家图书馆出版社，2012.12
　ISBN 978–7–5013–4919–7

　Ⅰ.①皖…　Ⅱ.①舒…　Ⅲ.①院校图书馆－古籍研究－六安市　Ⅳ.①G256.2

　中国版本图书馆 CIP 数据核字(2012)第 305205 号

书　　名	皖西学院图书馆的名家旧藏古籍
著　　者	舒和新　著
责任编辑	孙　彦　贾贵荣

出　版　国家图书馆出版社　　（100034　北京市西城区文津街 7 号）
　　　　　（原北京图书馆出版社）
发　行　010–66114536　66126153　66151313　66175620
　　　　　　　　66121706（传真）　66126156（门市部）
E-mail　btsfxb@nlc.gov.cn（邮购）
Website　www.nlcpress.com → 投稿中心
经　销　新华书店
印　刷　河北三河弘翰印务有限公司

开　本　787×1092 毫米　1/16
印　张　14.5
字　数　238 千字
印　数　1—1000 册
版　次　2012 年 12 月第 1 版　2012 年 12 月第 1 次印刷
书　号　ISBN 978–7–5013–4919–7
定　价　48.00 元

目 录

第一章 皖西学院图书馆古籍收藏概况 ... 1
- 第一节 皖西学院的办学渊源 ... 1
- 第二节 皖西学院图书馆古籍藏书的来源 ... 5
- 第三节 皖西学院图书馆古籍藏书的特点 ... 11

第二章 宋元善本 ... 16
- 第一节 宋衢州州学刻元明递修、温廷敬跋《三国志》六十五卷 ... 16
- 第二节 元刻《增刊校正王状元集注分类东坡先生诗》卷四 ... 27
- 第三节 元至正元年集庆路儒学刻明修本《乐府诗集》卷四十八至七十五 ... 34

第三章 浙江藏书家所藏明清古籍（上）... 41
- 第一节 王体仁所藏古籍 ... 41
- 第二节 沈知方、沈仲涛所藏古籍 ... 49
- 第三节 谢光甫所藏古籍 ... 64

第四章 浙江藏书家所藏明清古籍（下）... 73
- 第四节 沈廷芳等名家藏清乾隆钤印本《飞鸿堂印谱》四十卷 ... 73
- 第五节 徐氏镕经铸史斋藏清咸丰庚申补刊本《皇清经解》一千四百零八卷 ... 78
- 第六节 宋泽元藏清咸丰九年刊《文献通考》三百四十八卷 ... 81
- 第七节 张之铭藏清光绪六年重刻本《震川先生全集》三十卷

1

《别集》十卷 ··· 85
　　第八节　孙家潗藏明嘉靖元年刻《白虎通德论》二卷 ············ 86
　　第九节　朱鼎煦藏明万历鱼乐轩刊《元白长庆集》一百三十七卷 ····· 93

第五章　江苏学者、藏书家所藏明清古籍 ························ 98
　　第一节　曹仁虎等藏明末宝翰楼刊《东坡先生全集》七十二卷 ······ 98
　　第二节　汪士钟等藏《史记》一百三十卷：王延喆刻本与秦藩刻本
　　　　　　的精妙补配 ······································ 102
　　第三节　吴育等藏明嘉靖汪文盛等刊《汉书》一百二十卷 ········· 108
　　第四节　王锡元藏清乾隆十二年刻《通典》二百卷 ··············· 121
　　第五节　刘文介藏清咸丰六年追远堂刻《史忠正公集》四卷 ······· 122
　　第六节　赵尊岳等藏明刊《楚辞》十七卷 ······················ 124
　　第七节　秦更年藏明清善本两种 ······························ 129
　　第八节　曹斌藏清宣统二年渭南严氏刻《戴东原集》十二卷 ······· 138
　　第九节　王庭桢所藏古籍 ··································· 140

第六章　安徽名家所藏明清古籍 ································ 144
　　第一节　徐乃昌藏清光绪九年娜嬛馆刻《玉函山房辑佚书》 ······· 144
　　第二节　徐方汉、何著青、周松圃等捐赠皖一女师的古籍 ········· 148
　　第三节　王仁峰藏书 ······································· 153
　　第四节　王国璠藏书 ······································· 156

第七章　其他名家所藏明清古籍 ································ 167
　　第一节　王永命藏明司礼监刻《四书集注》 ···················· 167
　　第二节　汉阳叶氏三代藏清康熙六十一年就闲堂刻《印典》八卷 ··· 170
　　第三节　莫棠藏明刊唐人诗集三种 ···························· 174
　　第四节　两湖书院藏明嘉靖四十三年李豸、李磐刻本
　　　　　　《西山先生真文忠公文章正宗》二十四卷 ·············· 183
　　第五节　叶德辉藏清乾隆二十七年雅雨堂刻《金石录》三十卷 ····· 185
　　第六节　张继煦、杜本伦藏明末汲古阁刻《剑南诗稿》八十五卷 ··· 190
　　第七节　杜本伦藏明泰昌元年闵振业刻朱墨套印本《史记钞》九十一卷··· 193

第八节　熊希龄藏清宣统三年铅印本《人境庐诗草》十一卷 …………… 194
　　第九节　廖仲恺旧藏图书 ……………………………………………… 196

第八章　私家藏书和藏书家 ……………………………………………… 206
　　第一节　私人藏书和藏书家是历史的产物 …………………………… 206
　　第二节　藏书家的类型 ………………………………………………… 207
　　第三节　藏书家中多版本目录学家 …………………………………… 210
　　第四节　藏书家中多刻书家 …………………………………………… 212
　　第五节　古籍珍本多在藏书家之间流转 ……………………………… 214
　　第六节　藏书家的"秘而不宣" ………………………………………… 216

结语　历代藏书家留给现代图书馆和古籍工作者的启示 …………… 219

后　记 ……………………………………………………………………… 223

第一章

皖西学院图书馆古籍收藏概况

中华文化源远流长,中国古籍既是中国古代文化的载体,也是中国古代文化的表现形式之一。整理研究古籍,既是保护古籍的需要,也是传承中国古代文化的需要。

古籍的产生和流传是历史的产物,要了解古籍收藏的来龙去脉,就必须对收藏者或收藏机构的历史有一个基本的了解。在众多的古籍收藏机构中,皖西学院图书馆的藏书数量并不算太多,但却具有自己的特色。

皖西学院是一所年轻的本科院校,其在全国甚至安徽省内的知名度都还不高。虽然在国内古籍界,人们开始关注皖西学院,但是对皖西学院图书馆的古籍收藏状况还知之甚少。

第一节 皖西学院的办学渊源

皖西学院位于具有悠久历史文化传统和优秀革命传统的安徽省西部城市六安市。2000年3月,经教育部批准,由原属安徽省的六安师范专科学校和原属六安市的皖西联合大学、六安师范学校合并,组建成立了省属普通本科院校皖西学院。与近年来出现的其他同类本科院校一样,皖西学院也是在上世纪末、本世纪初全国高等学校大规模扩招、专科学校大批升格为本科院校的背景下诞生的;但与其他多数新升本科院校有所不同的是,皖西学院的诞生并不是一个短暂的、突变的过程,而是既有新时期的时代背景,也有过去的历史渊源。作为一所地方院校,皖西学院有着比较悠久的办学历史和比较突出的办学成就。

一、安徽省立第三甲种农业学校是皖西学院的最早渊源

皖西学院的办学渊源最早可追溯到辛亥革命后六安城区建立的第一所现代教育机构——安徽省立第三甲种农业学校。被老六安人简称为"三甲农"的安徽省立第三甲种农业学校成立于1918年,是由当时皖西进步人士朱蕴山、沈子修和皖西教育界知名人士桂月峰等人筹划建立的,并得到了当时的六安县政府和各界人士的广泛支持[1]。

朱蕴山(1887—1981),又名朱汶山,字锡藩,皖西六安县人。清光绪三十二年(1906)考入安徽巡警学堂;先后加入过同盟会和国民党,参加过反清斗争,曾参与徐锡麟刺杀安徽巡抚恩铭事件并被捕,也参加过反对袁世凯复辟称帝的活动。朱蕴山也曾加入共产党、参加南昌起义。抗日战争胜利后,参与组建中国国民党革命委员会。新中国成立后,先后出任政务院人民监察委员会委员、全国人民代表大会常务委员会副委员长、中国国民党革命委员会中央主席等。1918年,朱蕴山受省内进步人士之托,负责筹建安徽省立第三甲种农业学校,作为宣传革命、教育青年、组织民众的阵地;安徽省立第三甲种农业学校成立后,朱蕴山出任文牍(秘书)。

沈子修(1880—1955),皖西霍山县人。毕业于两江师范学堂。曾加入同盟会,参加反清斗争和反对袁世凯复辟的斗争。新中国成立后,曾任安徽省人民政府副省长。1918年,时任设于芜湖的安徽省立第二甲种农业学校校长的沈子修参与安徽省立第三甲种农业学校的筹建;安徽省立第三甲种农业学校成立后,经朱蕴山推荐,沈子修出任校长,以"救亡图存,振兴中华"为办学宗旨,传播新文化和进步思想,积极参加进步活动。

桂月峰(1872—1932),皖西金寨县人。清末秀才。曾就读两江师范学堂,毕业后留学日本,曾加入同盟会和国民党。1927年参加革命,随红四方面军参加反围剿;红四方面军西撤后,他与其他留守人员在大别山区坚持革命斗争,后被捕牺牲。1918年,桂月峰参与筹建安徽省立第三甲种农业学校;学校成立后,任学监,在学校内研究、宣传进步思想,参加进步活动。

由于安徽省立第三甲种农业学校的创办者是一批思想进步的有识之士,因而招聘了一批思想进步、学识广博的教员在校任教,现代著名作家阿英(钱杏邨,1900—1977)就曾在"三甲农"任国文教员。安徽省立第三甲种农业学校是在中国由旧民主主义革命时期向新民主主义革命时期转变的过程中成立的,学校管理人员和教员的进步思想和行为对来校学习的青年学生产生了积极影响,

使得学校在反帝反封建的民主革命斗争中作出了重要贡献,汇集了革命力量,培养了革命干部,成为皖西革命的摇篮。在建立大别山革命根据地的骨干力量中,很大一部分共产党员和进步人士都是安徽省立第三甲种农业学校的师生。中共党史上的重要人物王明(1904—1974,陈绍禹,金寨县人)就曾经在安徽省立第三甲种农业学校学习。

由于安徽省立第三甲种农业学校师生具有明显的进步倾向,国民党政府于1930年秋封闭了该校。

二、六安城区早期的现代教育机构与皖西学院

与安徽省立第三甲种农业学校相比,安徽省六安中学的办学历史更早一些,其前身是清光绪三十二年(1906)建立的六安州中学堂。从清末建立到抗日战争胜利前,时办时停,几易其名,其间的1925年到抗战初期,学校名为六安县立初级中学;抗战期间,与其他几所学校几度分合;抗战胜利后,学校改为安徽省立六安中学;新中国成立后,由省立六安中学等四所学校合并组建为安徽省六安中学。

皖西地区的师范教育始于清光绪三十二年创办的六安直隶州师范传习所,该所实为师资培训班,仅办一期即停办;民国初年一度恢复,不久又停办;抗战时期,为培养小学师资,实行"中、师合一",在普通中学内设师范班;抗战后期至建国前,皖西各县相继建起简易师范,其中就包括六安简易师范学校。解放初期,皖西地区的师范教育尚未恢复,为培养师资,在六安中学等学校设师范班;1950年,六安中学师范班单设,成立六安师范学校[2]。

1958年,以六安师范学校的骨干教师和优秀毕业生为基础,成立了安徽省属六安专区师范专科学校,原六安师范学校校长、皖西著名教育家韦上伊先生成为学校的负责人。韦上伊(1910—1973),皖西舒城人。曾就读安庆第六师范,民国十八年(1929)进入安徽大学,先攻读法律,后改学文学。民国二十七年(1938)回舒城任县民众教育馆馆长,民国二十八—三十七年(1939—1948),先后任六安县立初级中学、舒城中学、安徽省第一临时中学、第三临时中学、安徽省立六安中学教务主任;1949年任皖西军区文教委员会委员,参与创立安徽公学;1951年任新成立的六安师范学校校长;1958年领导创建六安师范专科学校,任副校长,直到1964年。先后当选为安徽省第二、三届人民代表。六安专区师范专科学校成立后,原六安师范学校继续存在,并逐步发展为安徽省重点中

专学校之一。

三、六安师范专科学校是构成今日皖西学院的主体

抗日战争期间,因安徽省政府临时设于皖西立煌县(今金寨县),在立煌县设立了安徽省立临时政治学院,后来先后改名为安徽省立师范专科学校、安徽学院,因而皖西地区曾有过短暂的高等教育历史。但皖西地区高等教育的真正开端,还是1958年六安专区师范专科学校的成立。1963年,六安专区师范专科学校更名为六安中学教师进修学校,1970年又更名为六安地区师资培训班;1977年,国家恢复高校招生,学校又改名为安徽师范大学六安教学点,招收四年制本科生,培养出包括现任中共中央宣传部副部长、新华社社长李从军等人在内的一批优秀人才。鉴于学校良好的办学条件和高等教育发展的需要,安徽省当时曾有意在安徽师范大学六安教学点的基础上建立一所独立的本科学校,但由于六安地区与安徽省教育厅在一些具体问题上未能达成一致,这个拟议中的本科高校最终未能在六安建立;1979年,学校又恢复为六安师范专科学校的建制。

2000年3月,经教育部批准,由六安师范专科学校、六安师范学校和建立于1985年的皖西联合大学合并组建为综合性的本科高校皖西学院。在被延误20余年后,皖西地区终于正式开始了本科教育历史,皖西学院也成为我国高等教育大发展时期安徽省首批专科升本科的两所院校之一;2006年,皖西学院又在全省13所新建本科高校中第一家通过教育部本科高校教学水平评估;2009年,学校又先后被安徽省批准为硕士学位授予权建设单位和示范应用型本科高校建设单位。

皖西学院之所以能走在全省同类高校的前列,原因主要有以下几个方面。一是有比较丰厚的文化底蕴。皖西地区历史悠久,文化积淀丰富,加上始自上世纪初的办学渊源,使得皖西学院拥有比较丰厚的文化积淀。二是皖西学院人自强不息的奋斗精神。皖西地区是全国的主要苏区之一,老区人民顽强不屈的奋斗精神在皖西学院的办学过程中发挥了重要的作用。2006年,教育部对皖西学院进行本科教学水平评估时,有评估专家组成员曾感慨:皖西学院的办学经费和教师收入都极为有限,却能保持一支出自名牌高校的博士队伍,这显然是有精神力量在支撑。三是积聚了一批水平比较高的人才队伍。从上世纪50年代开始,一批学识渊博的知识分子因遭受政治迫害而相继来到皖西地区,这批来自

于省内外的知识精英有相当多一部分先后进入六安师范学校和六安师范专科学校,这其中就包括一些清华大学、复旦大学、华东师范大学等著名高校的毕业生。我国改革开放初期,有一部根据安徽籍作家鲁彦周创作的同名小说改编、影响很大的电影《天云山传奇》,剧中被打为右派的主人公罗群的原型就是六安师范学校的一位教师(后来担任副校长)。相当多人才的集聚使得这两所学校成为皖西地区的人才高地,既保证了这两所学校的办学质量,也为后来皖西学院的发展进行了必要的人才储备。近年来,学校又采取多种措施吸引和挽留人才,形成了一批以中国人民大学、中国科学技术大学、浙江大学、南京大学、华东师范大学等名牌高校博士为中坚力量的教师队伍,为皖西学院的可持续发展奠定了人才基础。

第二节　皖西学院图书馆古籍藏书的来源

理清了皖西学院的办学渊源和发展脉络,也就基本上为考察皖西学院图书馆古籍藏书的来源奠定了基础。皖西学院图书馆现在收藏有各类古籍和线装书约22000册,是安徽省藏书数量较多的古籍收藏单位之一,在安徽省高校图书馆中位居前列。

由于缺乏藏书档案,我们只能根据藏书本身和咨询有关人士来探求本馆古籍的来源。根据笔者的考察研究,皖西学院图书馆的古籍藏书是在学校的发展过程中逐步积累起来的,具体来源大致如下:

一、安徽省立第三甲种农业学校的古籍藏书

安徽省立第三甲种农业学校成立时,中国虽然已经是辛亥革命推翻清王朝七年,但当时学校所能得到的书籍多数还是古籍和线装书。由于缺乏资料和线索,我们无法得知当时"三甲农"拥有多少图书,但作为办学的基本条件之一,学校应该拥有一定数量的图书。而且,作为一所省立职业教育机构,其图书资源也是有一定保障的。遗憾的是,皖西学院图书馆古籍藏书中来源于安徽省立第三甲种农业学校的藏书没有留下任何原始印记,也没有任何文字记载,我们只是根据皖西教育界一些前辈人士的记忆得知,安徽省立第三甲种农业学校的藏书辗转进入了皖西学院图书馆。

二、六安县立初级中学的古籍藏书

从1925年成立到抗日战争初期关闭，六安县立初级中学存在了十余年，积累了一定数量的古籍藏书。在皖西学院图书馆的古籍藏书中，就有一部分上面留有"安徽六安县立初级中学图书室"印章，这其中就包括后文将要介绍的钤有"仲恺"、"仲恺珍藏"等印章的20种百余册古籍。

三、安徽省六安中学的古籍藏书

在皖西学院图书馆的古籍藏书中，有相当一部分上面留有"安徽省六安中学图书室"的印章，显然是来自安徽省六安中学。由于安徽省六安中学是由安徽省立六安中学、六安县立中学、立煌中学、六安简易师范四所学校合并组建的，因而其古籍藏书可能也包括了原来属于这四所学校的藏书。由于六安县立初级中学的藏书后来也进入安徽省六安中学，因而一部分留有"安徽六安县立初级中学图书室"印章的藏书也钤有"安徽省六安中学图书室"的印章。

四、六安师范专科学校购自上海古籍书店的古籍

1958年，六安师范专科学校成立之初，为进一步改善办学条件、增加办学资源，学校派人专程前往上海购买图书文献，这其中就包括在上海古籍书店购进一批文献价值和版本价值都很高的古籍。据当时参与决策的六安师范专科学校教务主任李家训先生回忆，去上海购买图书之事是由韦上伊校长等校领导和教务处讨论决定的。时至今日，具体参与购书活动的人员中，只有蔡传桂先生还健在，其他人均已离世。笔者历经周折，终于找到后来调入安徽师范大学中文系任教、现已退休多年的蔡传桂先生的家庭电话号码，但多次拨打，均无人接听；笔者也曾前往安徽师范大学所在的芜湖市，也未能见到蔡老先生，因而无法得知购书活动的具体过程。

在皖西学院图书馆购自上海古籍书店的古籍中多数都还存有书店的售卖标签，上面标有书名、版本、编号、册数、价格等，其中的多数标签都没有书店名称，但明刊本《文中子》、《阳明先生文录》、明刊四色套印本《南华经》等书的标签上标有上海来薰阁书店的店名，明闵刊三色套印本《苏洵批点孟子》、明经厂本《四书集注》等书的标签上标有上海富晋书社的店名。

来薰阁是一家清咸丰年间开设于北京的老字号，前身是收售古琴的来薰阁琴室。1911年起收售古书，称来薰阁琴书处，店主陈连彬。1922年，其侄陈杭参与经营,店中开始兴旺,店伙经常到南方及内地省份的图书门市、旧货市场和藏书家的家中搜求古旧书,买到多种善本。陈杭还曾经四次到日本收书和售书。现藏国家图书馆的明万历刻清康熙五年(1666)石渠阁重修《忠义水浒传》就是此店捐赠的;北京大学图书馆藏《西厢记》,是迄今发现最早的完整刻本,也是此店搜购到的。来薰阁还刊刻书籍,曾刊印书籍十余种。经常出入这里的知名学者有钱玄同、刘半农、胡适、鲁迅、周作人、陈垣、郑振铎、沈尹默、马裕藻、马衡、谢国桢等。1940年来薰阁在上海开设分店,上海来薰阁的业务发展很快,到建国初期时,其规模已与北京总店大致相当。来薰阁现在是中国书店的一个门市部。

富晋书社是民国初年建于北京的一家古籍书店,同时也从事刻印、影印书籍的业务,由河北冀县人王富晋(1889—1956)经营。1930年,王富晋曾以4万元尽收扬州吴氏测海楼全部藏书8020余种,在全国古籍界引起轰动。上世纪20年代,富晋书社在上海开设分店,其业务发展迅速,书店规模也很大。新中国成立前,上海三马路古旧书店林立,来薰阁书店、富晋书社以及来青阁、修文堂等古旧书店都设在这条街上,因而这里成了文人学者流连忘返的地方。

上世纪50年代,上海来薰阁书店、上海富晋书社以及其他一些古旧书店在公私合营过程中都并入了上海古籍书店。

来薰阁书店、富晋书社都是当年影响很大的大型古旧书店,它们经常在全国各地搜罗古籍,与上海相邻的江苏、浙江自宋代以来就是我国的经济文化中心,经济繁荣、文化兴盛、人才辈出,产生了大量的古代文献,出现了大批的藏书家,明清时期尤其如此;自清朝中期开始,这一地区动荡不定、战乱不断,大量官私藏书散落于外。所以,设于上海的来薰阁书店、富晋书社所搜得的古籍中自然会有浙江、江苏两省众多藏书家的旧藏。这就是皖西学院图书馆购于上海古籍书店的古籍中包括较多浙苏两省藏书家旧藏的原因。

作为现代中国的经济文化中心,上海在20世纪前期吸引了大量的社会精英,其中也包括了来自浙江、江苏的众多文人学者和商人,其中一部分热心古籍收藏的人士利用上海的有利条件,多方搜罗古籍,特别是在抗日战争时期,为了不使中华珍贵文献落入日寇之手,不少来自江浙的爱国文人、商人不惜重金,广泛收集珍贵典籍,并在上海建起了自己的藏书楼。这也是皖西学院图书馆所藏古籍中包括很多浙江、江苏两省藏书家旧藏的另一重要原因。

在20世纪50年代后期浮夸冒进、忽视传统文化的大背景下,六安师范专科学校能够以相当低的价格从上海古籍书店购得近百种、千余册价值甚高的古籍珍本,也与学校决策者和当事人的远见及传统文化修养密切相关。

五、六安师范专科学校图书馆收集来的古籍

六安师范专科学校在办学过程中,也很重视古籍的收集。例如,20世纪60年代,原淮南师范专科学校一度停办,其图书馆所藏古籍被下放到六安地区舒城县,多有散失。70年代末,六安师范专科学校图书馆得知消息后,派专人多方搜寻,几经周折,不懈努力,终于将其中的部分古籍收进馆中。这些古籍中的一部分还存有一些淮南籍人士的印章或题名。

20世纪60年代和80年代,六安师范专科学校还曾派专人到上海购买古籍和30年代的出版物。据当时具体从事购书之事的陆仁昌先生(上海人,毕业于华东师范大学,时任学校中文系教师,后任教务处长)回忆,这两次购书活动都是由学校教务处与中文系共同讨论决定的,由陆仁昌先生具体实施。陆先生一再强调,他是在上海古旧书店购书的。在书店选书时,考虑到购书数量多,书店负责人还特许陆仁昌先生进入书库挑选,所购图书全部由书店整齐打包发送至学校。

总体而言,六安城区的早期现代教育机构的古籍藏书基本上全都集中到后来的六安师范专科学校图书馆,具体流转途径大致为:安徽省立第三甲种农业学校和六安县立初级中学的古籍藏书先后为安徽省六安中学所接收;1950年,六安中学师范班单设、成立六安师范学校时,这些古籍全部划归六安师范学校;1958年,六安师范专科学校成立时,国学功底深厚、从事中国古代文学教学、热心古籍收藏的原六安师范学校校长韦上伊先生转任六安师范专科学校主持工作的副校长,决定将原六安师范学校的古籍藏书全部划归六安师范专科学校。这些古籍就构成了现今皖西学院图书馆古籍收藏的主体。

值得一提的是,六安教育史上有一所著名的赓飏书院,它建于清乾隆八年(1743)四月,光绪二十七年(1901)奉诏停办。六安州中学堂、安徽省立第三甲种农业学校、六安县立初级中学、安徽省六安中学、六安师范学校的校址都设在赓飏书院位于城北的旧址或其周边,因而不排除其继承书院古籍藏书的可能,但这已无据可查。

六、来自安庆的古籍

在皖西学院图书馆的古籍藏书中，很大一部分上面留有安徽省立第一女子中学校的印章或安徽省立第一图书馆的印章以及社会各界捐赠给安徽省立第一女子中学校、安徽省立第一女子师范学校图书的题字。由于新中国成立前的安徽省会设于安庆，因而这批盖有安徽省属机构印章的古籍藏书应该来自安庆。但由于缺乏资料，我们不知道这批古籍是什么时间、通过什么途径进入皖西的。从近现代历史来看，由于抗战期间有多所省内中学迁入皖西地区并组建临时中学，安徽省政府也曾设于皖西立煌县（今金寨县），这批古籍很可能就是在这个时期流入皖西，后来合并进入安徽省六安中学的，这些藏书中的一部分留有"安徽省六安中学图书室"的印章也证实了这一推论。

七、来自天津的古籍

在皖西学院图书馆的古籍藏书中，留有天津地区好几家机构的印章，其中最多的是天津书局的印章。在清同治年间江西书局刻印的《重刊十三经注疏附校勘记》、《十三经校勘记识语》、《御批资治通鉴纲目三编》、《文庙通考》、《文庙丁祭谱》，清道光年间刊印的《畿辅水利丛书》，清光绪六年（1880）刊印的《欧洲东方交涉记》，清刊《小学类编》等书中，都留有"天津书局"的印章。在一部明万历五年（1577）凌稚隆辑校本《史记评林》（本馆共有三部此书）、清光绪元年（1875）重刻影宋抄本《说文解字通释》、清光绪十五年（1889）同文书局石印的《古玉图考》等书的标签上面留有天津新华书店古籍门市部的店名。在清道光年间刊印的《武夷山志》，光绪年间刊印的《华山志》、《莫愁湖志》等书中，都留有"津古"的售卖标签，上面标有册数和价格。由于缺乏档案资料，我们无法得知这个"津古"指的是天津新华书店古籍门市部，还是天津古籍（旧）书店，但留有"津古"售卖标签的清道光刊《武夷山志》的封底，是用上海科学技术出版社出版的《世界科学》译刊的封底修复的，上面刊有其1980年征求订户的广告，因而可以认定，这是陆仁昌老师上世纪80年代从上海古旧书店购得的。另外，在清光绪十三年（1887）扬州藏经禅院重刻本《菜根谭·婆罗馆清语》等书中，留有"南开大学图书馆藏书"的印章。

对于本馆古籍收藏中包括如此多原在天津地区的图书，我们无法做出确切的解释。大致的推测是，上海古籍书店（包括其前身上海来薰阁书店、上海富晋书社等）和古旧书店在过去的业务往来中收购了天津各机构众多的古籍藏书，然后又在 20 世纪 50 年代、60 年代和 80 年代售予六安师范专科学校。

八、来自其他地区的古籍

除了来自上述几个地区的古籍外,在一部明万历五年凌稚隆辑校本《史记评林》上,留有南京古旧书店的售卖标签;清康熙四十四年(1705)刊印的《说铃》、光绪十八年(1892)学海堂重刊的《太平御览》等书上,留有中国书店或北京市中国书店的售卖标签;清末(或民初)有正书局影印本《宋拓石门颂》上留有合肥市古旧书店的售卖标签。南京古旧书店和中国书店的藏书可能是被上海古籍书店(包括其前身上海来薰阁书店、上海富晋书社等)和古旧书店收购后,又被六安师范专科学校所购,而合肥市古旧书店的古籍则可能是由六安师范专科学校图书馆自己搜集到的。

九、韦上伊与皖西学院图书馆的古籍收藏

皖西学院图书馆的古籍藏书虽然来源广泛,但相当大一部分都与韦上伊先生有着密切的关系。

前已有述,皖西学院图书馆的古籍来源包括六安县立初级中学、安徽省六安中学、六安师范学校的古籍藏书,而韦上伊先生先后在六安县立初级中学、安徽省六安中学担任教务主任,在六安师范学校担任校长,为这些学校古籍的购买和收藏作出了重要贡献。

1958 年,在六安师范专科学校成立前,时任六安师范学校校长的韦上伊得知好友、同盟会元老、安徽教育界知名人士、省文史馆馆员、书法家、藏书家王仁峰(后文将做具体介绍)在家乡舒城县养病,就通过多种途径,反复劝说王仁峰先生将其积聚的包括古籍在内的大量书籍转让给六安师范学校。感动于韦上伊先生的真诚和热情,王仁峰先生将其所藏图书以极低的象征性价格全部转让给六安师范学校。这些古籍中的一部分的封面上留有王仁峰先生的签名"蔼如氏置"、"晦释"和印章等。大约半年后,六安师范专科学校成立,韦上伊先生决定将包括王仁峰旧藏在内的六安师范学校所藏古籍全部划归六安师范专科学校。

六安师范专科学校成立之初,韦上伊先生又派专人赴上海古籍书店购得一批价值非常高的古籍珍本;60 年代前期,韦上伊先生又派人去上海古旧书店购回一批古籍。

1969 年,淮河流域遭受水灾,六安师范专科学校校园进水,洪水和泥沙进入古籍书库。洪水退去后,管理学校的工人宣传队命人将被水淹的古籍和泥沙一起,倒入校外的老淠河。此时已经靠边站的韦上伊得知消息后,匆忙赶到古籍书库,目睹惨状,一言未发;回到家后,大哭一场。

1973年,喜好古籍收藏的韦上伊先生在临终前,嘱咐家人在其身后将其收藏的包括一批古籍在内的珍贵藏书捐赠学校,从而为六安师范专科学校的古籍收藏作出了最后一次贡献。

第三节　皖西学院图书馆古籍藏书的特点

皖西学院图书馆现在拥有各类古籍和线装书22000册,相对于浩如烟海的中国古代文献和众多的古籍收藏机构,本馆的这批古籍在数量上并不算太多,但却具有自己的特点。

一、古籍来源比较广泛

前已有述,尽管皖西学院的历史并不长,但其办学渊源可以追溯到上世纪初,在长期的办学过程中,逐步积累起这批珍贵的古代文献。其中包括六安城区早期现代教育机构安徽省立第三甲种农业学校、六安县立初级中学、安徽省六安中学几乎全部的古籍藏书,也包括原安徽省立第一女子师范学校、安徽省立第一女子中学校、安徽省立第一图书馆、淮南师范专科学校的部分古籍藏书,以及来自天津书局、天津新华书店古籍门市部、上海古籍书店、上海古旧书店等机构的古籍藏书等。这些古籍藏书不仅来自省内,而且还有一部分来自省外。对于一家规模并不太大的地方高校图书馆来说,如此广泛的古籍来源是不多见的。

二、善本古籍比重大

皖西学院图书馆古籍藏书的数量虽然不是太多,但善本古籍却比较多,其中包括有宋元刊本3部,明刊本58部,清乾隆以前的刊本、抄本、活字本、钤印本73部,此外还有其他一些抄本、初印本等,善本在全部古籍中的比例比较高。2009年,本馆首次参与国家珍贵古籍名录申报,就有8部古籍入选国务院公布的第二批《国家珍贵古籍名录》,包括宋衢州州学刻元明递修、温廷敬跋《三国志》、元至正元年(1341)集庆路儒学刻明修本《乐府诗集》(存卷四十八—七十五)、明嘉靖汪文盛等刻《汉书》、明泰昌元年(1620)闵振业刻套印本《史记钞》等,在全省古籍收藏机构和全国同等规模的图书馆中位居前列;2010年,本馆又有明嘉靖八年(1529)南京国子监刻万历递修本《金史》等三部珍本入选第三批《国家珍贵古籍名录》。目前,皖西学院图书馆入选《国家珍贵古籍名录》的古籍数量在全省古籍收藏机构中居第六位,在全省高校图书馆中居第三位。

三、名家古籍旧藏多

安徽本是古代文献大省,明清时期著书、刻书尤多,藏书家也多,但这些藏书家或因居官、或因业商而客居他乡,因而其古籍收藏也多存留省外,最典型的代表当属清朝前期的汪启淑、鲍廷博和马曰琯、马曰璐兄弟等人。由于人文底蕴厚重和著书、刻书众多,皖南徽州地区的民间古籍收藏非常丰富,因而在新中国成立前就是各地古籍收藏机构和私人藏书家的关注重点。建国后至改革开放前,由于政治运动频繁和对传统文化的非理性态度,皖南地区的古代文献被损严重,郑振铎就曾在有关著作中谈及这一现象。改革开放以来,随着市场经济的发展,东南发达地区的收藏机构和人士常凭借其雄厚的经济实力,进入皖南地区搜集古代文献,皖南地区的民间收藏者也经常将其所藏古籍售往出价更高的省外机构和个人。皖南地区的这种状况实际上在安徽以及全国许多地方都有出现。所以,安徽古代文献流往省外的情况相当严重。

与上述现象形成鲜明对比的是,皖西学院图书馆的名家古籍旧藏相当多,因而品质也相当高;而且这些古籍过去的收藏者多为省外,尤其是浙江、江苏、上海、湖北、北京等地的古籍收藏名家和历史文化名人,这其中包括富察昌龄、沈廷芳、汪士钟、曹仁虎、刘履芬、叶名沣、袁芳瑛、宋泽元、王锡元、熊希龄、莫棠、叶德辉、傅增湘、王庭桢、廖仲恺、徐乃昌、沈知方、沈仲涛、秦更年、温廷敬、张之铭、刘文介、赵尊岳、孙祥熊、王体仁、谢光甫、朱鼎煦、傅熹年、王仁峰、王国璠、徐方汉、周松圃等。在一家规模并不太大的地方高校图书馆,能够集中如此多名家、名人的旧藏古籍,在全国也属罕见。由于名家在进行古籍收藏时往往会精挑细选和精校细勘,使得其古籍收藏多为珍本,这是本馆古籍收藏中善本比例高的根本原因。

四、比较浓厚的皖西地方特色

尽管皖西学院图书馆的古籍藏书是以善本比例高、省外名家旧藏多见长,但由于其藏书的主体是来源于六安城区早期现代教育机构的古籍收藏,因而也具有比较浓厚的地方特色。在本馆的古籍藏书中,有一部分是清后期理学名臣、官至湖广总督的六安人涂宗瀛(1812—1894)的求我斋所刊文献,包括其老师、皖西霍山人吴廷栋(1793—1873,理学名臣、晚清"理学中兴"代表人物之一,官至刑部侍郎)的理学著作《拙修集》,以及《二程全书》、《朱子大全》等理学著作;清道光年间六安人徐启山刻《朱文公诗集》等书;清同治年间霍山人刘启发五忠堂所刊《四书或问》等文献;清光绪三十四年(1908)刊《六安芹宫谱》;晚清时期皖西霍邱人、收藏家、学者裴景福(1854—1924)的著作《壮陶阁书画录》、《河海昆仑录》、《睫闇诗抄》等;清道光年间续修并套印的《六安徐氏宗谱》等谱牒。遗憾的是,本馆的皖西地方古代文献中,欠缺皖西方志类文献,而且这类文献在全国也所存无多。但本馆收藏有相当多省内其他地区的方志、山水志,如清代编刻的《安庆府志》、《黄山志》等。

五、收藏有少量的海外汉文古籍

近代以来,皖西地区的社会经济发展缓慢,但皖西人并未放弃对外部世界的了解,也没有断绝与外部世界的交往,前文提及的安徽省立第三甲种农业学校创办人之一桂月峰就曾留学日本。在皖西学院图书馆的古籍藏书中,包括有少量的海外汉文古籍,如朝鲜李文贞纂辑、李朝四年刊《四礼纂说》,日本明治时期著名汉学家、儒学家冈本监辅编著并刊印的《万国史记》等。这些海外汉文古籍多数都留有六安县立初级中学的印章,表明即便是在社会动荡非常严重的20世纪前期,皖西人也没有忘记把目光投向海外。

六、长期不为外界所知

尽管皖西学院图书馆收藏有两万多册古籍和线装书,并且包括数量相当多的善本和珍本,但却长期不为外界所知,以致安徽省古籍保护中心在2007年部署申报首批《国家珍贵古籍名录》工作时,根本就没有将本馆纳入考虑范围,到2008年时才通知本馆参加第二批《国家珍贵古籍名录》的申报。2009年5月,本馆申报的8部古籍入选国务院公布的第二批《国家珍贵古籍名录》,在古籍收藏界、专家、政府主管部门和媒体中引起很大关注。当时的文化部社会文化司司长张旭在回答记者"与第一次申报相比,本次申报有什么新的亮点"问题时,张旭司长说:"在第二批《国家珍贵古籍名录》评审中,有一些未见于以前著录的善本出现,如,安徽皖西学院的古籍收藏向不为人所知,但这次申报数量较大,而且有八部入选,其中一部宋衢州州学刻元明递修的《三国志》,在《中国古籍善本总目》中未见著录此家收藏。"[3]当时的文化部社会文化司副司长刘小琴在不同场合谈及第二批《国家珍贵古籍名录》申报和评审问题时,也发表过类似谈话。国家古籍保护中心和安徽省古籍保护中心对此也深感意外;从中央到地方的众多媒体在报道第二批《国家珍贵古籍名录》的相关新闻时,也都将古籍收藏不为人知的皖西学院有8部古籍入选《名录》视为本次评审中的第一亮点。同年6月,笔者携上述宋刻元明递修本《三国志》赴北京参加文化部主办、国家图书馆承办的"国家珍贵古籍特展"时,国家古籍保护中心、安徽省古籍保护中心的相关专家和领导从多方面询问本馆古籍的收藏状况、来源等问题;"国家珍贵古籍特展"开展后,各大媒体在报道特展消息时,又都无例外地突出本馆这部三朝本《三国志》是"之前从未见诸《中国古籍善本书目》等各家目录著录的珍贵古籍第一次展现在观众面前"[4]。时任国家古籍保护中心办公室主任的陈红彦研究馆员曾专门著文,重点介绍参加本次展览的9部古籍珍本,其中就包括对本馆这部《三国志》的介绍,并以此说明正在进行的古籍普查的重要性[5]。实际上,不仅是这部三朝本《三国志》,本馆同时入选第二批《国家珍贵古籍名录》的另外七部古籍、入选第三批《国家珍贵古籍名录》的三部古籍以及馆藏其他古籍珍本,都未曾出现在《中国古籍善本书目》中,致使这些秘藏深闺的珍本长期不为外界所知。而当这些珍本脱颖而出时,引起相关各方的惊讶和关注也就不足为奇了。

古籍是中华民族在数千年历史发展过程中创造的重要文明成果,同时也记载了中华民族的历史和文化,蕴含着中华民族特有的精神价值、思维方式和想象力、创造力,是中华民族绵延数千年、一脉相承的历史见证,也是人类文明的瑰宝。古籍的传承和保护既是延续中华文明的需要,也是当代人告慰先贤、泽及后人的义务。作为一家地方院校图书馆,皖西学院图书馆的古籍收藏具有善本古籍多、名家旧藏多的特点,入选《国家珍贵古籍名录》的古籍已为外界知晓,但入选《名录》的古籍毕竟只是馆藏珍本中的一小部分,馆藏古籍珍本中的多数还不为外界所知,因而不利于对其进行保护、利用和研究,对全面掌握我国古籍收藏状况、特别是名家旧藏古籍的内容和递藏过程也是一大缺憾。笔者研究馆藏古籍中的名家旧藏并写作本书的目的,就是要掌握本馆古籍、尤其是善本古籍和名家旧藏的基本内容、文献价值、版本价值和流转过程，从而使外界了解本馆古籍的基本状况，并希望能为其他研究者的进一步研究提供一些有价值的资料和线索，同时为本馆古籍的保护创造更好的外部环境。

笔者从事馆藏古籍保护工作首先是从将馆舍搬迁时打包存放的古籍分类上架开始的，此后又整理编写善本书目、特藏书目录、再次搬馆上架、申报《国家珍贵古籍名录》、进行古籍普查，因而对馆藏古籍的整体状况非常了解，同时也萌发了对其进行多方面研究的念头；而多年从事古籍工作所积累的大量资料也为本书的写作奠定了良好的基础。希望本书的写作能为我国古籍的研究和保护工作尽微薄之力。

参考文献

[1] 六安县志编纂委员会：《六安县志》，黄山书社1993年版，第79页。

[2] 六安地区地方志编纂委员会：《六安地区志》，黄山书社1997年版，第562—563页。

[3] 《进一步加强古籍保护——文化部社会文化司司长张旭就第二批国家珍贵古籍名录和重点古籍保护单位评审工作答记者问》，《中国文化报》2009年5月15日。

[4] 《盛世华章　秘籍重光——"国家珍贵古籍特展"开展》，中国国家图书馆网http://www.nlc.gov.cn/syzt/2009/0615/article.

[5] 陈红彦：《传承与守望——国家珍贵古籍特展中的部分古籍》，《文物天地》2009年第8期，第75—79页。

第二章

宋元善本

除了极少量的唐末刻本外,现存的中国古代雕版印刷的早期版本主要是数量不多的宋本,而存世的元本数量与宋本数量大致相当。所以,现存的宋元刊本非常珍贵。皖西学院图书馆的古籍收藏中包括有三部宋元刊本,分别是宋衢州州学刻元明递修本《三国志》、元刊本《增刊校正王状元集注分类东坡先生诗》(卷四)、元至正元年集庆路儒学刻明修本《乐府诗集》(卷二十八至七十五)。这三部宋元刊本都曾被后世知名学者或藏书家所收藏。

第一节 宋衢州州学刻元明递修、温廷敬跋《三国志》六十五卷

皖西学院图书馆的古籍藏书中影响最大、最为外界所知的,就是这部宋衢州州学刻元明递修、温廷敬跋《三国志》。

一、《三国志》的版本

《三国志》六十五卷,纪传体史书,西晋陈寿撰。记录了魏文帝黄初元年(220)至晋武帝太康元年(280)间互相鼎立的魏、蜀、吴三国的史事,包括《魏书》三十卷、《蜀书》十五卷、《吴书》二十卷。

到南朝宋时期,裴松之针对《三国志》的缺点与不足,广泛搜集东晋以后发现的三国史料,并利用内府藏书,为《三国志》补充大量史料。所以,历来士人与考史学者读《三国志》都要与裴松之注并行。

陈寿所撰《魏书》、《蜀书》、《吴书》三志本各自独立,到了北宋雕版印刷

技术逐渐成熟以后,三志才合为一书。根据各方面的资料,《三国志》的最早刊本是北宋咸平六年(1003)国子监刻本,但现在已没有北宋时期刊印的《三国志》全本传世,仅国家图书馆藏有被张金吾《爱日精楼藏书志》著录为北宋本的《魏志》残本九卷,但亦有考证者指其为南宋本。除此之外,现在可知的《三国志》早期版本还有南宋绍兴初年的杭州刻本和衢州州学刻本(有元明递修本);此后有南宋绍熙年间的福建刻本,即建本。建本传世有两部,一是山东聊城杨以增海源阁藏本,其卷二、四十、四十一配以影宋抄本,为杨氏镇库之宝"四经四史"之一,现收藏于国家图书馆;另一部为日本宫内厅书陵部所藏,缺首三卷,1913年,张元济就是将这部《三国志》拍照后影印的[1],所缺的首三卷以涵芬楼所藏南宋绍兴本影印补配。

宋以后,《三国志》的版本渐多。元朝有大德九路刊本和大德十年(1306)池州路儒学刊本;明朝版本包括嘉靖年间南京国子监刻本(有万历至清乾隆年间递修本)、万历二十八年(1600)北京国子监刻本、万历刻本、吴氏西爽堂刻本、陈仁锡评天启刻本、崇祯十七年(1644)毛氏汲古阁刻本(有清修本)以及多种抄本等;清代版本包括乾隆四年(1739)武英殿刻本、嘉庆道光年间汲古阁刻十七史本、咸丰年间新会陈焯之刻二十四史本、同治六年(1867)金陵书局木活字印本、同治八年(1869)粤刻二十四史本、同治九年(1870)金陵书局刻本、同治光绪年间成都书局刻五史本以及光绪年间多达十多种的刻本、石印本、铅印本、影印本等。

二、皖西学院馆藏宋衢州州学刻元明递修本《三国志》

傅增湘曾言:"各史中惟三国志未见宋刊完帙,生平所阅非残即入南监补版者。唯松江韩氏有巾箱本,号为海内孤帙。"[2]而这里所说的韩氏所藏巾箱本也早已成为残帙,就是前文所说的国家图书馆所藏之《魏志》残本九卷。现存比较完整的宋本《三国志》,除了国家图书馆收藏的绍熙本外,只有宋衢州州学刻元明递修本了。

虽然由于历史的原因,皖西学院图书馆的古籍善本数据未能进入《中国古籍善本书目》,但《中国古籍善本书目》搜罗了全国绝大多数古籍收藏机构所藏善本的基本信息,因而仍是了解全国现存古籍善本的最权威书目。从该书目的著录来看,加上其未收录的皖西学院图书馆所藏此书,现存比较完整或有名家批校题跋的宋衢州州学刻元明递修本《三国志》共有8部,这8部著录家所称的三朝本

武帝紀第一　魏書　國志一

太祖武皇帝沛國譙人也姓曹諱操字孟德漢相國參之後先出於黃帝當高陽世高陽之後有曹參以功封平陽侯世服爵土絕而復紹至今適嗣國於容城桓帝世曹騰為中常侍大長秋封費亭侯元偉素以仁厚稱漢書曰騰父節字敦人有節不與節薦都人有亡節笑而受之由是鄉黨貴歎馬長伯與少除黄門從官永寧太后詔黄門令選黃門從官年少温謹者配皇太子書騰應其選太子即位為小黃門遷至中常侍大長秋在省三十餘年歷事四帝未嘗有過好進達賢能終無所毀傷其所稱薦若陳留虞放邊部南

《三国志》卷首及温廷敬、沈仲涛印章

《三国志》分别在2008年和2009年入选首批、第二批《国家珍贵古籍名录》。

1. 南宋初版的特征

皖西学院图书馆收藏的这部宋衢州州学刻元明递修本《三国志》由于经过多次补版重修，其版式、书口、边栏、字体不一，颇值得研究。在这部《三国志》的卷十四、十九、二十一、二十三、二十七、二十八、三十、三十五、六十四的卷末，均刻印有"右修职郎衢州录事参军蔡宙校正兼监镂板"、"左迪功郎衢州州学教授陆俊民校正"两行衔名。右修职郎、左迪功郎均为宋朝文官阶，南宋绍兴行北宋元祐之法，官职分置左、右；衢州在元时为路、明时为府，只有宋时称州。所以，本馆这部《三国志》的最初之版刻于宋朝，具体地说，刻印时间为南宋绍兴中期。

两宋时期，伴随全国经济重心南移，衢州经济文化发展水平达到顶峰。特别是南宋时期，随着孔子后裔南迁，衢州成为南方新的儒学圣地，史称"东南阙里"。伴随着农业和手工业的发展，衢州的印刷业在宋时也兴盛起来，官府和私家刻书众多，这部《三国志》就是在这样的时代背景下雕版成书的。

这部《三国志》宋版部分的版式为十行十九字、小字双行二十三字，左右双边，白口，单鱼尾。卷六、十六、二十七等，有数叶版心下方记有沈寿、邵贤、孙牧等刻工姓名，卷十九叶三等记有"王写"字样；另有数叶版心上方记有字数，而卷二十七叶十二版心中既有字数，又有刻工姓名，但"四百六十 孙牧"字样都位于版心下方。

这部南宋绍兴中期由衢州州学主持雕版的《三国志》在元大德年间曾经补版重印，后文在解读温廷敬跋时将做具体介绍。

2. 明补版的特征

在皖西学院图书馆收藏的这部《三国志》中，有许多叶的版心上方记有"嘉靖八（或九、十）年刊（或补刊、新刊）"字样，一看即知其补刻年代。据笔者统计，明嘉靖八至十年的补版共308叶。由于嘉靖补版的时间不一，记有名姓的刻工也达17人之多，因而其版式也各不相同，除了同为半叶十行、注双行外，每行的字数从二十到二十三不等；边栏或左右双边，或四周双边；有单鱼尾，有双鱼尾；有白口，有黑口。与宋元版相比，嘉靖补版的叶面清晰得多。

值得注意的是，在卷十四的末叶（叶三十九），标有"右修职郎衢州录事参军蔡宙校正兼监镂板"、"左迪功郎衢州州学教授陆俊民校正"两行衔名，但版心中亦记有"嘉靖九年刊"字样，这显然为明嘉靖九年依宋版原样所做补版，但由于这是上述两行衔名首次出现于这部《三国志》，因而可能使人误以为蔡宙、陆俊民为明嘉靖时期人,从而误以为该书为嘉靖刊本,邵懿辰《增订四库简明目录标注》[3]、莫友芝《邵亭知见传本书目》[4]所录《三国志》版本中,均提及"明嘉靖蔡宙等刊本",很可能就是由于上述缘故。倒是傅增湘在《藏园群书经眼录》中有着正确的记载:"宋衢州州学刊元明递修本……按:陆氏此本亦经元明递修者,有嘉靖补版。"[5]有趣的是,在《藏园群书经眼录》中有着正确记载的傅增湘,在订补《邵亭知见传本书目》时,并未订正莫友芝关于此种《三国志》的错误记录;邵章在《增订四库简明目录标注》的续录中虽记有"宋衢州本",也没有订正邵懿辰"明嘉靖蔡宙等刊本"之误,其原因大约是基于对原文的尊重。

尽管这部《三国志》的明补版绝大多数出于嘉靖时期,但在卷五十一叶十的版心上方却记有"正德十年谷刊"字样,版式为十行十八字、注双行二十一二字。虽然本书其他地方未见正德补版,但它表明这部宋版《三国志》在明朝并非仅有嘉靖年间的补版重印。据魏隐儒、王金雨在《古籍版本鉴定丛谈》中记载,宋本《三国志》曾在明弘治、正德年间补版重印[6]。由于未见有其他宋本《三国志》有明补版重印的记载,因而这里所记录的应该就是宋绍兴年间衢州州学刻《三国志》的补版重印,但魏隐儒、王金雨两先生可能未曾见到该种《三国志》的嘉靖补版,因而只记录了弘治、正德补版。

除了前述之宋版、元补版、明正德和嘉靖补版之外,皖西学院图书馆的这部三朝本《三国志》另有95叶的版面明显自成一体,不仅字体独具风格,而且皆为四周双边;虽然同为半叶十行、注双行,每行的字数却从十七到十九不等,注每行二十一至二十三不等。根据前述各版的情况和《古籍版本鉴定丛谈》的记载,这95叶可能是明弘治年间的补版。

另外,本馆这部《三国志》的卷四十六叶二系后人抄补,在版心的位置注有"嘉靖三十八年七月十七日补 吴志一"字样,但未注明抄补者姓名。

三、温廷敬跋解读

在全国各图书馆现存的8部宋衢州州学刻元明递修本《三国志》中,留有名家题跋的,只有上海图书馆和皖西学院图书馆各自收藏的一部;而留有名家题跋且保存完好者,就只有皖西学院图书馆收藏的这部《三国志》了,其曾经的收藏者温廷敬在书首题下了2000多字的长跋。

1. 温廷敬其人

温廷敬(1869—1954),字丹铭,号止斋,笔名纳庵,晚年自号坚白老人,广东省大埔县人，长期居住汕头市。是近代岭南著名的学者、诗人和文献学家，被称为肇始于清末民初的潮州学派的创始人之一。温廷敬幼年聪颖好学，曾接受良好的家庭教育。中日甲午战争后，专心钻研西政西学；积极拥护变法维新，主张废科举，兴新学。1902年与丘逢甲、温仲和等创办岭东同文学堂，开创粤东办新学的先声；并兼任《岭东日报》笔政，抨击时弊，鼓吹民主。后任教多所学校。1913年任汕头《公言日报》笔政，不满报社献媚政府而愤然离去。此后专心从事学术文献研究和著述。1928年任设在汕头的大埔县修志馆总纂；1930年后两度出任广东通志馆总纂，第

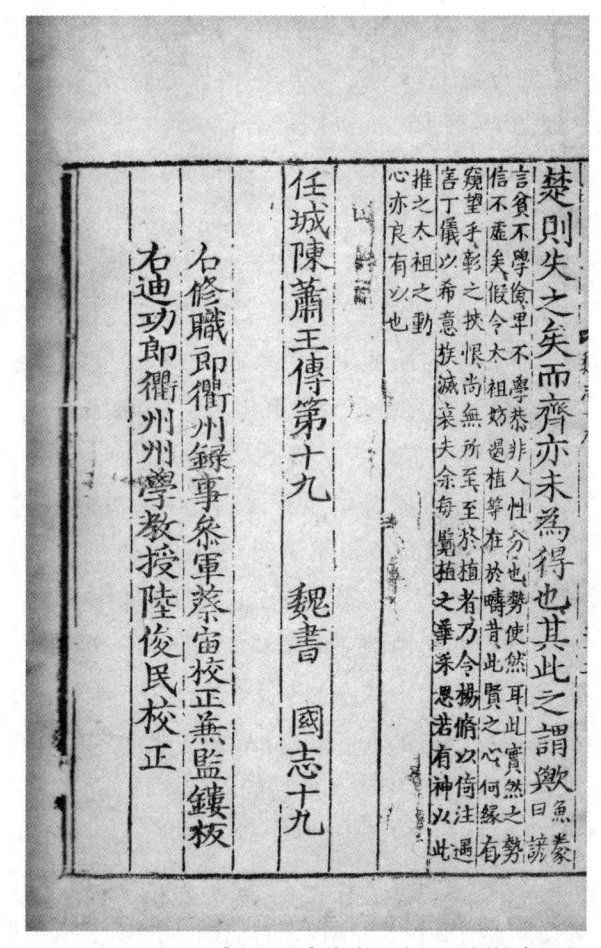

《三国志》卷十九末页及刻校者职衔

二次还出任通志馆主任；在此期间，中山大学授予他名誉教授，并聘他为文史研究所导师、硕士委员会委员。抗战爆发后，志馆停办，温廷敬返回汕头。1946年，饶宗颐主持编修《潮州志》，聘温廷敬为顾问，并负责纂修人物志。温廷敬晚年生活窘迫，且又患有眼疾，但仍未忘编著史志。他一生著编极为丰富，其诗作结集共10余种，收录诗词1000多首，编校的作品有《补读书楼文集》、《明季潮州忠逸传》、《经史金文证补》、《旧五代史校补》、《潮州诗萃》和《潮州文萃》等，已刊未刊者有近70种。温廷敬喜好藏书，书室名诗无用书斋，藏书甚多。

2. 考证本书之宋版与元补版

温廷敬为这部《三国志》所作之跋内容丰富，其第一部分内容是指出卷十四等九卷卷末记有"右修职郎衢州录事参军蔡宙校正兼监镂板"、"左迪功郎衢

州州学教授陆俊民校正"两行衔名,而"右修职郎"、"左迪功郎"是宋时文官官阶,衢州在宋时设置为州,因而该书最初之版为宋衢州州学刊版。随后,跋文一一列出本书中的元补版部分,从卷一到卷六十共有81叶(据跋文所列,笔者统计为82叶),指出其为元大德池州路刊版,并引朱天锡跋文,记述元补版重印的艰难过程和意义。由于本馆这部《三国志》并无朱天锡跋,而据《增订四库简明目录标注》记载:天一阁有元大德丙午(十年,1306)朱天锡刊本,许氏所藏元本有大德丙午桐乡朱天锡跋[7]。因而温廷敬可能就是据此确定这部《三国志》之元补版的。在考证出元补版及其产生过程后,跋文写道:"惜藏读者皆未能晰其源,遂使此书真相霾没数百年不彰。今剔而出之,亦考史学版本者之一快也。"欣喜之情,溢于言表。

温廷敬在跋文中没有说明此书明补版由何人所为,而傅增湘《藏园群书经眼录》在著录宋衢州州学刻元明递修本《三国志》时有言:"各史中惟三国志未见宋刊完帙,生平所阅非残缺即入南监补版者。"由此可知,该书明补版的部分或全部可能是由南京国子监所为。

3. 比较《三国志》各版本之优劣

在指出这部《三国志》最初之版为宋版并考证出元补版各叶及其产生的艰难过程后,温廷敬跋文此后的内容便具有了校勘记的性质。在占全部跋文约三分之二的这部分内容中,温廷敬首先指出,上海瞿氏藏本为宋衢州州学刻元明递修本,莫友芝《邵亭经眼录》(即《邵亭知见传本书目》)将此版本记录为朱天锡刊本、嘉靖蔡宙刊本是错误的;然后分别以宋绍熙本、杭州丁氏藏本、刘氏嘉业堂藏本、杨氏海源阁藏本与宋衢州本对比,并通过版面、刻印、文字等方面的差异,以大量的具体事例来说明,"绍熙本源出衢本,而寔不及此本";杭州丁氏藏本、刘氏嘉业堂藏本为衢刻本之修补本,其修补时间晚于明嘉靖时期;杨氏海源阁藏本就是宋衢州本,但已流入东瀛日本;陆心源藏本也是宋衢州刻本之修补本。跋文还指出,"武英殿官刻,以南北宋本、元本、明监本、汲古阁本互相雠正,最为精审",而宋衢州刻本常与殿本(清乾隆年间的武英殿刻本)相同,唯后来补版偶有讹误。而对于校勘精审的清武英殿本,跋文也指出了其存在的几处错讹。

温廷敬跋文通过考证和比较多种版本,廓清了版本源流和各版优劣,对于后人进行《三国志》校勘修订和版本选择具有很重要的参考价值。

4. 跋文中的笔误

温廷敬为这部《三国志》所作的跋文广征博引、校勘精审、内容丰富,堪称为《三国志》版本研究成果之集大成,因而十分珍贵。但可能是由于所患眼疾及生活压力的干扰,止斋老人以精审校勘为主要内容的跋文中,也存在几处本可避免的笔误。除了前文提及的将所列 82 叶元补版误记为 81 叶外,还包括:(1)虽然"右修职郎"、"左迪功郎"是宋时文官官阶,衢州在宋时设置为州,跋文却将作为宋衢州州学刻本主要标志的"左迪功郎衢州州学教授陆俊民校正"中的"州学"二字遗漏。(2)所列元补版一开始就存在错误,将卷一误写为卷五。因为跋文在罗列元补版各叶时,在列出卷五中出现的元补版各叶后,接着列出的是卷二、卷四中出现的元补版各叶,这显然不合顺序与逻辑;而且,其所列卷五中的元补版最后一叶为第四十八叶,实际上《三国志》卷五只有十四叶,而卷一的末叶却是第四十八叶。由此可见,跋文所记之卷五应为卷一,将"卷一叶五"误记为"卷五页五"了。(3)在跋文所列的 82 叶元补版中,包括"卷十六页二十二",但在本书第十六卷叶二十二的版心上方却明确标有"嘉靖十年补刊"字样,跋文所记显然有误。从前后叶面的版式上看,温氏所指的元补版应该是第十六卷的叶二十一,之所以会被误为叶二十二,很可能是版心叶码的模糊使患有眼疾的止斋老人看花了眼。(4)指出《邵亭知见传本书目》将宋衢州州学刻元明递修本《三国志》误记为明嘉靖蔡宙刊本时,将"蔡"误写为"韦"。

当然,这些笔误不能说明温廷敬作跋的不严肃,更不能据此否认跋文的价值,因为工整排列的 2000 多字长跋是止斋老人一笔一画地书写出来的。

附 温廷敬跋

《三国志》六十五卷(白绵纸库装,四函三十二册)

宋衢州本,元大德补刊,至明递修,至嘉靖止。十行十八九字,注二十二三字不等,首副页有"弱志斋印";卷十四、十九、二十、二十一、二十三、二十七、二十八、三十、三十五、六十四末,俱有"右修职郎衢州录事参军蔡宙校正兼监镂板"、"左迪功郎衢州教授陆俊民校正"二行,与《丽宋楼志·十八》所标同,亦即涵芬楼所藏本。惟涵芬楼景印三卷末俱无此衔名,可知其非必各卷尽有也,其中尚可辨为衢刻之残留也。卷五页五、六、十七、十八、二十、三十七、四十二、四十三、四十七、四十八,卷二页十、十一、十四、二十三、二十四,卷四页一,卷九页二十三,卷十页五、十四,卷十一页三十二,卷十四页二十五、二十六,卷十六页十八、二十二,卷十八页二十、二十一,卷十九页十六、二十一,卷二十页十、十一、十二、十七,卷二十一页二、五、六、十三、二十

一、二十二、二十五、三十,卷二十三页二十,卷二十四页七、八、十一、十四、十七,卷二十八页三、十、十四、二十、四十,卷二十九页二十,卷三十页五、六,卷四十三页十三,卷四十六页十一、十二,卷四十七页十八、三十四,卷四十八页六、九、十五、十七、十八、二十三、二十八、二十九,卷四十九页七,卷五十五页十三,卷五十六页九、二十二,卷五十七页四,卷五十八页二,卷六十一页九、十、十三、十四,卷六十二页四,卷六十三页五、六,卷六十四页十四、十五,计凡八十一页,此本人仅知为元大德池州路刊本。据朱天锡跋云:"池之为郡,士类率多贫窭,学计岁入寡赢,是举几至中辍。总管王公亢宗慨然表倡之下,其应如响,用能鸠公竣事,不劳余力。"盖当日虽勉强将事,究属拮据,必购得衢刻残版补修复刊。惜藏读者皆未能晰其源,遂使此书真相霾

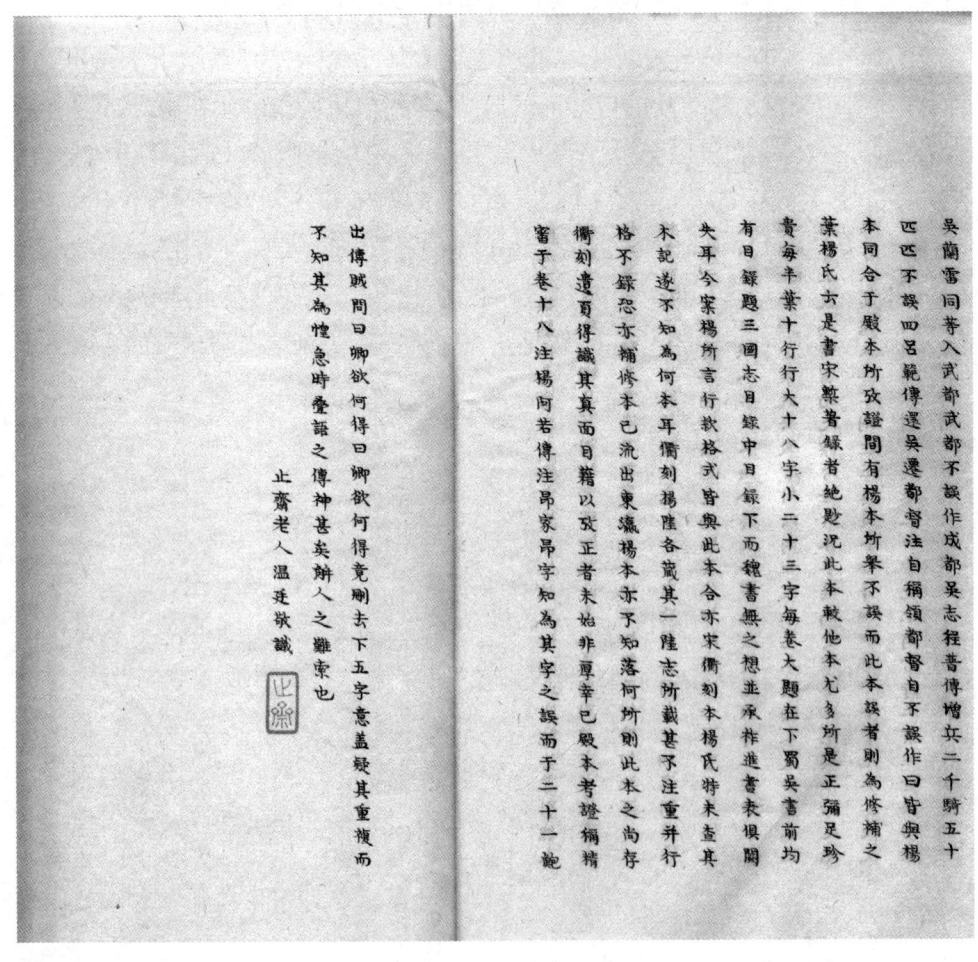

温廷敬跋末叶

没数百年不彰。今剔而出之,亦考史学版本者之一快也。

《郘亭经眼录》已著其曾见上海瞿氏所藏此本,乃于《知见书目》误为朱天锡刊本,又谓为嘉靖韦宙刊本。明岂有"右修职郎"、"左迪功郎"之阶?"录事参军"之职?衢州明为府,非宋概称为州,抑岂有"州学"之称?可谓信口而道,巨谬特谬者矣。

张菊生影宋绍熙本跋所云"取殿本雠勘考证所疑",如《魏书》第十四蒋济传"弊敝之民",谓应作"劾",此正作"劾";第三十四夷传序注"悉秃头以为轻便",考证谓"一本作髡",此正作"髡";又《吴书·刘繇传》"父宠"句下注:"山阴县民"不讹作"氏";又《魏书·庞德传》"惟侯戎昭果毅","戎"不误"式",此本俱同。

绍熙本源出衢本,而寔不及此本,有可正其误者,如卷十八页二十下注杨阿若传云:"时黄昂得脱在外",绍熙本"昂"误"其"。案:此"其"字当为下句"乃以昂家粟金数斛","昂家"当作"其家",绍熙本误移,遂致两句俱误。此本下句虽误,而上句独不误。又页二十一上注鲍出传云:"还见其母与比舍妪同贯相连,出遂奋击贼。贼问出曰:卿欲何得?曰出责数贼,指其母以示之,贼乃解还出母",贼问出叠二句,写出之勇敢、贼之惶急,极为生动。绍熙本于下"曰"字误衍"出"字,遂不可解矣。卷二十页十一下"广宗殇公注:赐服一",具绍熙本,"服"上有"朝"字,盖缘上文衍。卷二十三页二十下注:"韩宣传云:宣前以当受杖,豫脱袴缠裈而缚,及其原裈腰不下",绍熙本"而"误"面",皆此本之胜处也。略举一二,暇当取二本全校,以比勘其得失也。

杭丁氏本系修至万历时,盋山书影有《蜀志五》二十五页,取较此本模糊已甚,且第九行注"常璩","璩"误"環";第十八行"巧饰","饰"误"铐"。此本极为清晰,并不误。刘氏嘉业堂本虽未知其修补至何时止,然观其书影,《魏太祖纪》首页较模糊,且有剜补字,可知较此本为后。刘别有宋本此书,十行二十二字,观其书法刀刻,实为元本,但不知刻于何时何地耳。

《楹书隅录二》云:"往读钱晓徵先生《二十一史考异·三国志·虞翻传·𠞰殡侯》"一条云:"按字书无𠞰字,盖鄫之讹,鄫莫侯切,此殡侯二字当作莫侯。""歹"本小字夹注,误入正文,又误合莫、歹二字为"殡"。后见内府本,果如予说(并见跋乾道四明图经)。予案武英殿官刻,以南北宋本、元本、明监本、汲古阁本互相雠正,最为精审。而此条考证云:各本俱讹是,宋本已然矣。今验之此本,乃莫、侯、歹三字侧注,正与殿本恰符(惟郪字亦误从刂)。今案此本,莫、侯、歹三字侧注正与杨本同;又《魏志·少帝纪》散骑常侍王业注"世语曰","世"不误作"国";《邴原传》"河南扶风庞汕","汕"不误作"迪;"《蜀志·先主传》"分遣将军吴兰、雷同等人入武都","武都"不误作"成都";《吴志·程普传》"增兵二千骑五十匹","匹"不误作"四";《吕范传》"还吴迁都督注:自称领都督","自"不误作"曰"。皆与杨本同,合于殿本。所考证间,有杨本所举不误而此本误者,则为修补之页。杨氏云:是书宋椠,著录者绝鲜,况此本较他本尤多所是,正弥足珍贵。每半叶十行,行大十八字,小二十三字;每卷大题在下,蜀、吴书前均有目录,题"三国志目录中、目录下",而魏书无之,想并承祚进书表俱缺耳。今案杨言,行款格式皆与此本合,亦宋衢刻本。杨氏特未查其木记,遂不知为何本耳。衢刻杨陆各藏其一,陆氏所载甚不注重,并行格不录,恐亦补修本。已流出东瀛杨本亦不知落何所,则此本之尚存衢刻遗页得识其真面目。藉以考证者,未始非厚已。殿本称精审,于卷十八注"杨阿若注:昂家","昂"字不知为"其"字之误;而于二十一《鲍出传》"贼问曰:卿欲何得?曰:卿欲何得",竟删去下五字,意盖疑其重复而不知其为惶急时叠语之传神甚亦!解人之难索也。

止斋老人温廷敬识
止斋(朱文印)

四、递藏源流

皖西学院图书馆的这部宋衢州州学刻元明递修本《三国志》是在明嘉靖十年(1531)最后补版重印的,书中存有明嘉靖三十八年(1559)抄补的一叶,抄补者可能就是最初的收藏者,但由于其未留下名姓和其他任何印记,我们无法知其为何人。

在本馆这部《三国志》中,留有温廷敬的"温廷敬印"、"丹铭"、"温氏丹铭"、"古万川温氏藏"、"止斋"五枚朱印,表明了藏读者对此书的喜爱。除了温廷敬的印章外,本书还留有其他三枚印章,其中一枚为"弱志斋印"。由于温廷敬在跋文中提及"首副页有弱志斋印",因而该印当属温廷敬之前的收藏者,但笔者未能查知该印的主人是何人。

留于该书的另外两枚印章分别是"山阴沈仲涛珍藏秘籍"、"研易楼",其中前者几乎在每册首叶均有出现。这两枚印章的主人是现代著名易学研究专家、藏书家、1949年去台湾的沈仲涛（1892—1981）。关于沈仲涛的生平和藏书状况，后文将做具体介绍。沈仲涛在大陆时期主要生活在上海，并且是在上海大量搜访古籍珍本的。从本书中钤印的顺序和温廷敬跋文中提及弱志斋印而未提及沈仲涛印章来判断，沈仲涛是在温廷敬之后收藏这部三朝本《三国志》的。由于这部《三国志》从未见诸《中国古籍善本书目》和其他各家书目，因而我们无法确切知道沈仲涛是如何搜得这部书的。但温廷敬嗣子温克刚（1896—1957）1932年初曾参加淞沪抗战，1937年又参加淞沪会战，驻军上海数年，并且是一位文武兼备的儒将，因而不排除这样一种可能：温克刚自父亲温廷敬处得来这部《三国志》，淞沪会战后国民党军仓促撤离，为轻装简行，温克刚未带走这部32册4函的《三国志》，此时正着意搜访中华珍本的沈仲涛便将其收入研易楼。当然，这部书也可能是由上海来薰阁书店或上海富晋书社自广东收集所得，然后由沈仲涛购得。

不论前述推测是否成立，这部《三国志》此后的流转过程大致是这样：沈仲涛去台湾前，因藏书太多，无法全部运台，致使一部分藏书流入书肆；1958年，刚刚成立的六安师范专科学校从上海古籍书店购得此书，这部珍本从此安身皖西，直至今日。

皖西学院图书馆的这部宋衢州州学刻元明递修本《三国志》全书共计1391叶，除去其中的元补版82叶、明正德补版1叶、嘉靖补版308叶、可能的弘治补版95叶、嘉靖三十八年的抄补1叶，宋版部分尚有904叶，占全书叶面的绝大多数；而且由于宋衢刻本是《三国志》早期版本中最好的版本，因而本书具有非常重要的版本价值和文献价值。而温廷敬留于书首的2000多字长跋，也具有很重要的研究价值与参考价值。2009年6月，这部宋衢州州学刻元明递修本《三国志》入选第二批《国家珍贵古籍名录》，编号02691。

第二节　元刻《增刊校正王状元集注分类东坡先生诗》卷四

皖西学院图书馆收藏有元刻《增刊校正王状元集注分类东坡先生诗》卷四一册，该书曾是现代著名藏书家、版本学家、目录学家傅增湘所藏元刻东坡诗注中的一卷，但傅增湘所著《藏园群书经眼录》中却没有关于该书的记载。傅增湘

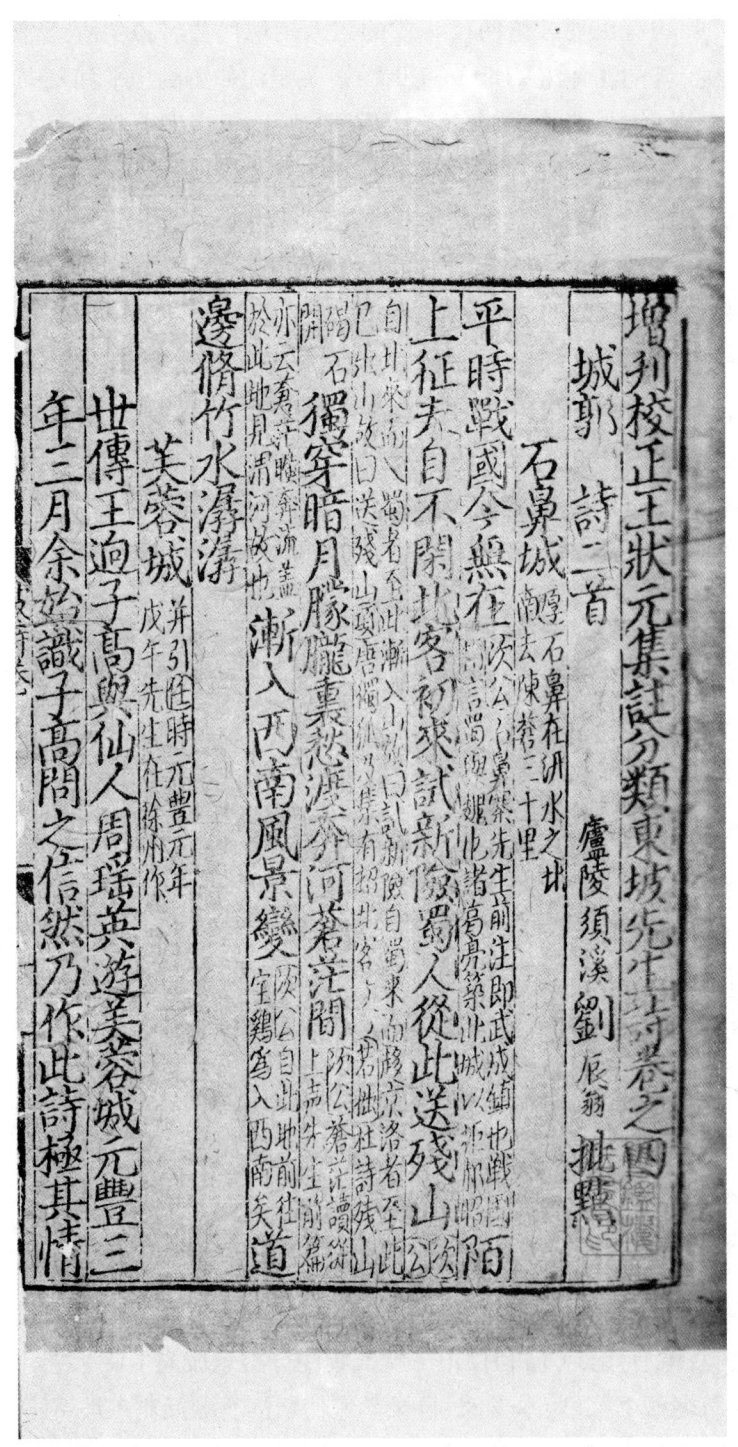

《增刊校正王状元集注分类东坡先生诗》卷四首叶及傅增湘印

当初多方搜访,仍未能配齐此书,而此书在傅增湘身后重又散落于世。这部元刻东坡诗注离合聚散的命运可以看做中国藏书史的一个缩影。

一、《增刊校正王状元集注分类东坡先生诗》的版本

《增刊校正王状元集注分类东坡先生诗》二十五卷,北宋苏轼撰,南宋王十朋纂集,刘辰翁批点。

由于苏轼诗词影响甚广,因而历史上的版本众多。由王十朋纂集、刘辰翁批点的《增刊校正王状元集注分类东坡先生诗》在历史上就有多种版本,包括宋虞平斋务本书堂刊本(国家图书馆认定为元刻本)、一种不辨具体刊刻时间的元刊本、元庐陵坊刻本、明初刻本、明汪氏诚意斋集书堂刻本、明刘氏安正书堂刻本、明夏元刻本、明红格抄本、清滋德堂黄格抄本、日本明历二年(清顺治十三年)松柏堂刻本等。上述各版本中,除了明初刻本、明夏元刻本、清黄格抄本和日本松柏堂刻本外,《中国古籍善本书目》均有收录;而《中国古籍善本书目》未收录的几种版本,在台湾的《"国立中央图书馆"善本书目》中都有著录。

皖西学院图书馆收藏有一册元刻《增刊校正王状元集注分类东坡先生诗》残本,这是该书之卷四,版式为十二行二十一字,注双行二十六字,四周双边,黑口。该卷收有苏轼诗作74首及王十朋纂集之各家注解和刘辰翁的批点。由于是苏轼诗作的早期版本,因而具有较高的文献价值和版本价值。

二、傅增湘藏书印

在皖西学院图书馆收藏的这部元刻东坡诗注残本的卷首和卷末,分别钤有"双鉴楼藏书印"、"藏园"两枚印章,表明该书曾是傅增湘的收藏。

傅增湘(1872—1949),字润沅,后改字沅叔,别署双鉴楼主人、藏园居士、藏园老人、长春室主人等,四川江安县人。清光绪二十四年(1898)进士,选翰林院庶吉士。光绪二十九年(1903)以散馆考试一等一名授编修,光绪三十一年(1905)在天津先后创建女子公学、高等女学和女子师范,光绪三十四年(1908)任直隶提学使,在保定、天津、滦州、邢台积极创办完善初等师范学校。五四运动前,傅增湘曾任北洋政府王士珍内阁的教育总长,五四时期因反对北洋政府镇压学生、罢免北京大学校长蔡元培的命令愤而辞职,此后专心从事古籍的收藏、校勘和保护工作。傅增湘的祖父傅诚曾从莫友芝处获得元刊《资治通鉴音注》,1916年傅增湘得端方旧藏宋百衲本《资治通鉴》,故将藏书之所命名

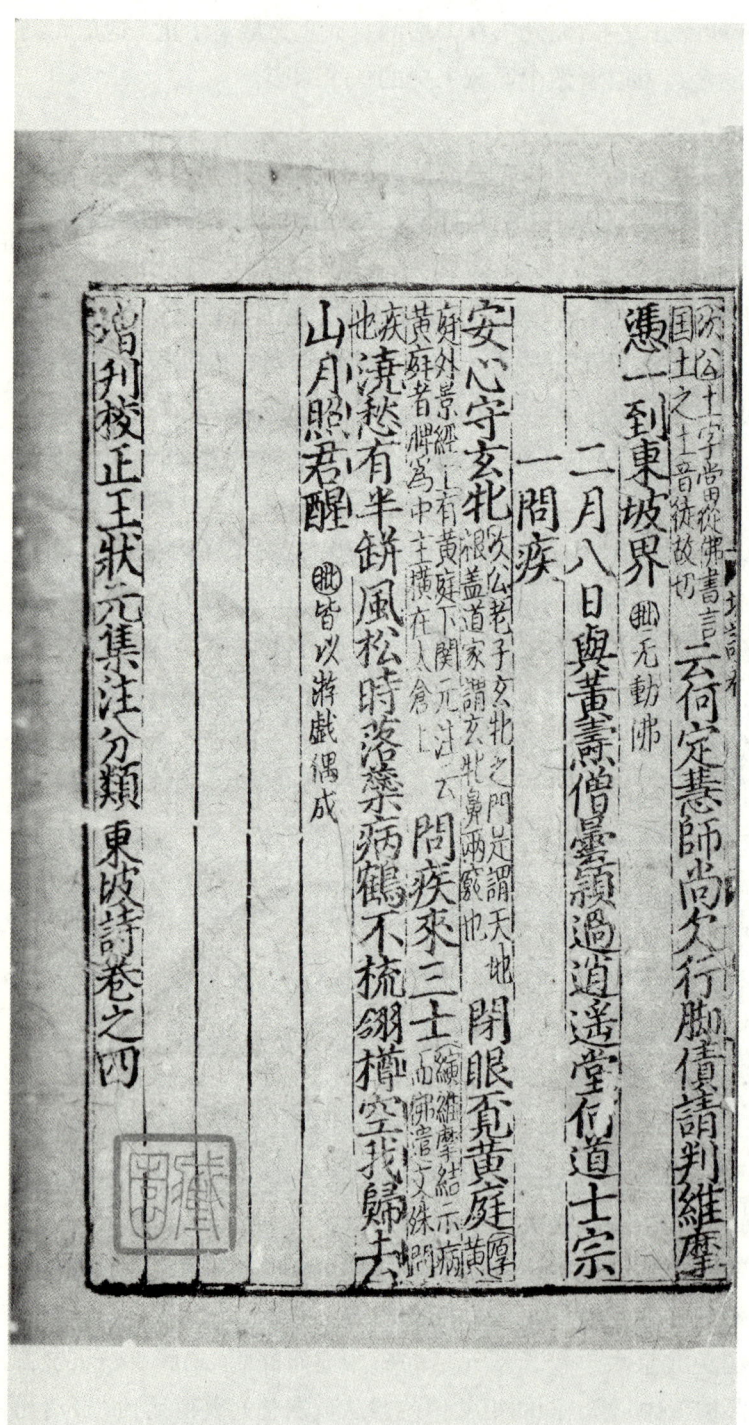

《增刊校正王状元集注分类东坡先生诗》卷四末叶

为"双鉴楼";1928年在收得南宋内府写本《洪范政鉴》后,又改以《资治通鉴》与《洪范政鉴》相配为"双鉴楼"。傅增湘1927年曾任故宫博物院图书馆馆长,1929年曾赴日本搜访中国古籍,建国初期病逝。

傅增湘作为藏书、校书、目录学、版本学方面的一代大家,平生所藏古籍近二十万卷,校勘一万六千多卷,并留下《藏园群书题记》、《藏园群书经眼录》等版本学、目录学著作。病重期间,傅增湘嘱其家人将所藏通行之本捐赠四川大学,宋、金、元本,明清精刻、名钞、名校本及经傅氏手校本均捐入北京图书馆(今国家图书馆)。《北京图书馆善本书目》著录傅增湘所藏善本书就达280多种之多;20世纪30年代,上海涵芬楼影印的古籍中,有数十种底本是傅增湘提供的。

皖西学院图书馆所藏的这册元刻东坡诗注残本是六安师范专科学校于1958年购自上海古籍书店,同时购得的古籍中,还包括清乾隆时期汪启淑钤印本《飞鸿堂印谱》五集四十卷,该谱中留有傅增湘长孙傅熹年的印章,因而这部名谱可能也是傅增湘的旧藏。这两部善本流于书肆表明,傅增湘的藏书在其身后并未全部如愿捐馆,其中的一部分流散到了民间。

2009年7月,笔者赴北京取回参加国家珍贵古籍特展的展品时,曾咨询同样在京取展品的四川大学图书馆古籍部的负责人,她很明确地说,尽管很多人都在说傅增湘捐书四川大学,自己也记不清有多少人问过这个问题,但她谨慎地查阅过所藏古籍,证实该馆并无傅增湘的古籍旧藏。2012年3月,根据有关专家的建议,笔者又电话咨询四川省图书馆古籍部,询问那里是否有傅增湘旧藏,四川省图书馆古籍部一位接听电话的负责人说:"傅增湘的藏书都在国家图书馆,我们这里一本都没有。"

当然,上述两部古籍善本也可能在傅增湘生前即被售出或与他人交换藏书,这种卖旧换新或交换藏书的事情对于傅增湘和其他藏书家来说,并不罕见。

三、《藏园群书经眼录》未见著录此书

尽管这部《增刊校正王状元集注分类东坡先生诗》曾为傅增湘所收藏,但在傅增湘所著的访书笔记《藏园群书经眼录》中却没有关于此书的记载。在《藏园群书经眼录》集部二"北宋别集类"中,著录有四种《增刊校正王状元集注分类东坡先生诗》,其中包括两部宋虞平斋务本书堂刊本、一部元刊本(版式为十三行二十二字,不同于我们所介绍的这部元刻本)、一部明刻本[8]。对于《藏园群书经眼录》没有关于本馆此书的记载,最容易得出这样的结论:该书并非元刻

本,甚至也不是明刻本,因而未引起傅增湘的重视;或者此书根本就不是藏园藏书,钤于书中的印章纯属假冒。但考虑到后文将要提及的事实,笔者更愿意做如下解释:《藏园群书经眼录》是傅增湘在几十年的藏书、校书和南北访书过程中所做的笔记,又是由其孙傅熹年在傅增湘去世30年后整理成书的,其间难免有疏漏和散佚;傅熹年在整理说明中也提到,傅增湘的手稿原有40册,在整理时仅存38册,这38册笔记录书约有5000种,而在整理成书时只收录了4500种。据此推测,《藏园群书经眼录》中未见关于这部元刻东坡诗注的记录可能与上述的疏漏、散佚和筛选有关。

四、《藏园群书题记》提及此书

尽管《藏园群书经眼录》未见著录本馆此书,但在傅增湘《藏园群书题记》中却提及这部元刻本《增刊校正王状元集注分类东坡先生诗》。在《藏园群书题记》中录有《元建安熊氏本百家注苏诗跋》,跋文列举了几种元刻东坡诗注,其中有言:"一本标题上加'增刊校正'四字,下作'集注分类',不作'集百家注',余亦藏有十余卷,第不审为何人所刊。"[9]显然,这里所指就是元刻本《增刊校正王状元集注分类东坡先生诗》,它为本馆此书属傅增湘旧藏提供了可靠的证据。

在中国嘉德国际拍卖有限公司的网页上,笔者意外地发现了一条与本馆所藏这部元刻东坡诗注残本有关的信息。在嘉德公司1994年秋季拍卖会上,第311号拍品的详细信息介绍为:苏轼撰,王十朋纂,刘辰翁批点《增刊校正王状元集注分类东坡先生诗》;元刻本,12册,竹纸;钤印:保德斋、莱娱室印、双鉴楼傅增湘印、傅增湘、藏园、傅沅叔藏书记、江安傅沅叔考藏善本、双鉴楼藏书印、江安傅氏藏园鉴定书籍之记、江安傅增湘沅叔珍藏、江安傅增湘字沅叔别号藏园、傅印忠谟、忠谟继鉴、江安傅忠谟晋生珍藏、江安傅氏洗心室珍藏、洗心室、晋生、晋生心赏(注:"保德斋"应为"佩德斋"之误,"江安傅沅叔考藏善本"应为"江安傅沅叔收藏善本"之误—作者);存:序、目录、卷五至二十五(卷十五至十六配明刻本)。拍品信息中附有三张照片,显示该书的书衣为蓝色,版式为十二行二十一字,这与本馆所藏的一卷是一致的;拍品说明中注明版框为20.5×13.2厘米[10],这与本馆此书也基本相同。另外,本馆所藏为卷四,而拍品为卷五至二十五,彼此也是相衔接的。所以,从版式、纸张、书衣等方面来看,本馆所藏的一卷与嘉德公司1994年秋拍卖未果的二十一卷《增刊校正王状元集注分类东坡先生诗》正是傅增湘当年的收藏。

嘉德公司的网页录出了傅增湘收藏此书时题于书首的跋文："此元刊东坡诗注，南中收得残本，置之箧中，已近廿年，陆续补配，所缺无多。日前于文友书坊偶见有残本数册，版式正同，因配得第十二两卷。又卷十三缺叶十余番，皆元刊元印，天然巧合，惟尚少第三卷耳。配书之艰难如此，爰志于获吓，使异时子孙稍加护惜也。丙子（1936）八月　藏园老人记。""又题：此书自卷三佚外，其卷十五六补入者为明代覆本。又卷十八缺二叶、卷二十四缺六叶。详记于此，以俟访求。沅叔又记。"[11]跋文表明，这部元刊《增刊校正王状元集注分类东坡先生诗》不仅曾为傅增湘所收藏，而且曾经历过长期的寻访补配过程。尽管费尽周折，傅增湘最终也未能配齐此书。这既可作为中国古籍大量亡佚散失的一个例证，也可作为搜访保护古籍之艰难的一个例证。因感慨"配书之艰难如此"而寄望于"异时子孙稍加护惜"的藏园老人大概不会想到，由于社会动荡和世事变迁，这部历时多年补配而成的元刻东坡诗注在其身后不仅未能与他的其他珍藏同室安身，而且重又散落各处。

在嘉德公司的拍品信息中，还录出了可能是由该书现在的收藏者或鉴定者撰写的提要："此二跋，上海古籍出版社1989年版《藏园群书题记》佚缺，然第686页《元建安熊氏本百家注苏诗跋》中云：'一本标题上加"增刊校正"四字，下作"集注分类"，不作"集百家注"，余亦藏有十余卷，第不审为何人所刊'，当指是书。"[12]

在傅增湘《元建安熊氏本百家注苏诗跋》中，提及其藏有元刻《增刊校正王状元集注分类东坡先生诗》十余卷；而从前文所录傅增湘题于书首的跋文来看，到1936年时，藏园老人所搜访到的此书仅缺卷三及若干叶（全书为二十五卷）。这表明，藏园老人在为元建安熊氏本作跋时，为本文所介绍的这部元刻东坡诗注配书的工作尚未展开，或是进展甚微，因而跋文提及的该书仅十余卷；经过多年搜访，缺卷多数得到补配，到1936年时，所缺各卷多数已配齐，于是便写下题记。尽管题记详记所缺卷叶"以俟访求"，但此后并无所获，因为根据拍品信息中的说明，存书为序、目录、卷五至二十五（卷十五、十六配明刊本），所缺并未配齐。对照跋文和拍品说明文字，傅增湘搜访所得的这部元刻东坡诗注中，除了本馆所藏卷四外，还有卷一、卷二散落在外，不知身在何处、命运如何。

根据上述资料，可对《藏园群书经眼录》没有著录本馆所藏之元刻东坡诗注做另外一种解释：傅增湘在民国初年访得此书后，由于属残本，尚待补配，且未知何人所刊，因而暂置一旁，欲待补齐后再做记录。在放置近二十年、搜访补配得多卷后,重新拾起,作题记两篇,但已忘记未作记录之事。

另外一个需要回答的问题是:为什么《藏园群书题记》没有收入留于该书前的两篇题记?根据傅熹年的整理说明,上海古籍出版社1989年出版的《藏园群书题记》是傅熹年根据建国前先后出版的初集、续集、三集本重加调整并编成的,还增加了若干旧本中未曾收录的题记。群书题记的初集在1933—1934年陆续发表于天津《国闻周报》,当然不会收入题于1936年的这两篇跋文,但分别排印于1938、1943年的续集、三集理应收入此二跋。之所以未能收入,存在两种可能的原因:一是傅增湘在编辑群书题记时,依据的是群书经眼录,由于经眼录中并无这部元刻东坡诗注的记录,群书题记也就遗漏下这两篇跋文;二是傅增湘在1936年题下此二跋后不久,就将这部并不完整的东坡诗注售出或与人交换,其后编辑的群书题记续集、三集也就没能收入此二跋。无论属于何种情况,傅熹年在四五十年后重编《藏园群书题记》时,都不可能将其录入,因为跋文早已随着这部元刻东坡诗注散落在外。

第三节 元至正元年集庆路儒学刻明修本《乐府诗集》卷四十八至七十五

在皖西学院图书馆所收藏的古籍中,元至正元年集庆路儒学刻明修本《乐府诗集》(存卷四十八至七十五)是最具价值的珍本之一,其珍贵既来源于文献本身和其元刻版,也来源于诸多名家的收藏。

一、《乐府诗集》的版本

《乐府诗集》一百卷《目录》二卷,宋郭茂倩编。该书是搜罗乐府歌辞最完备的一部总集,具有很高的学术价值和研究价值,因而历来为学人所重视,宋元以来出现了多种刊本。据从事文学文献学研究的尚丽新博士考证,《乐府诗集》在南宋绍兴年间有了最初刻本,即浙刻本,宋时可能还出现了浙刻本的修版重印本或其他刻本,清人钦远游、钱谦益以及傅增湘都曾藏有宋本《乐府诗集》。元朝有至正元年(1341)集庆路儒学刊本,该版本在明朝时有南京国子监的补修重印本。明清时期汲古阁有三种刻本。清乾隆时期有四库荟要本、四库全书本,清同治十三年(1874)湖北崇文书局重刻清初汲古阁本[13]。除尚丽新所列上述各版本外,国家图书馆还收藏有一部明抄本。

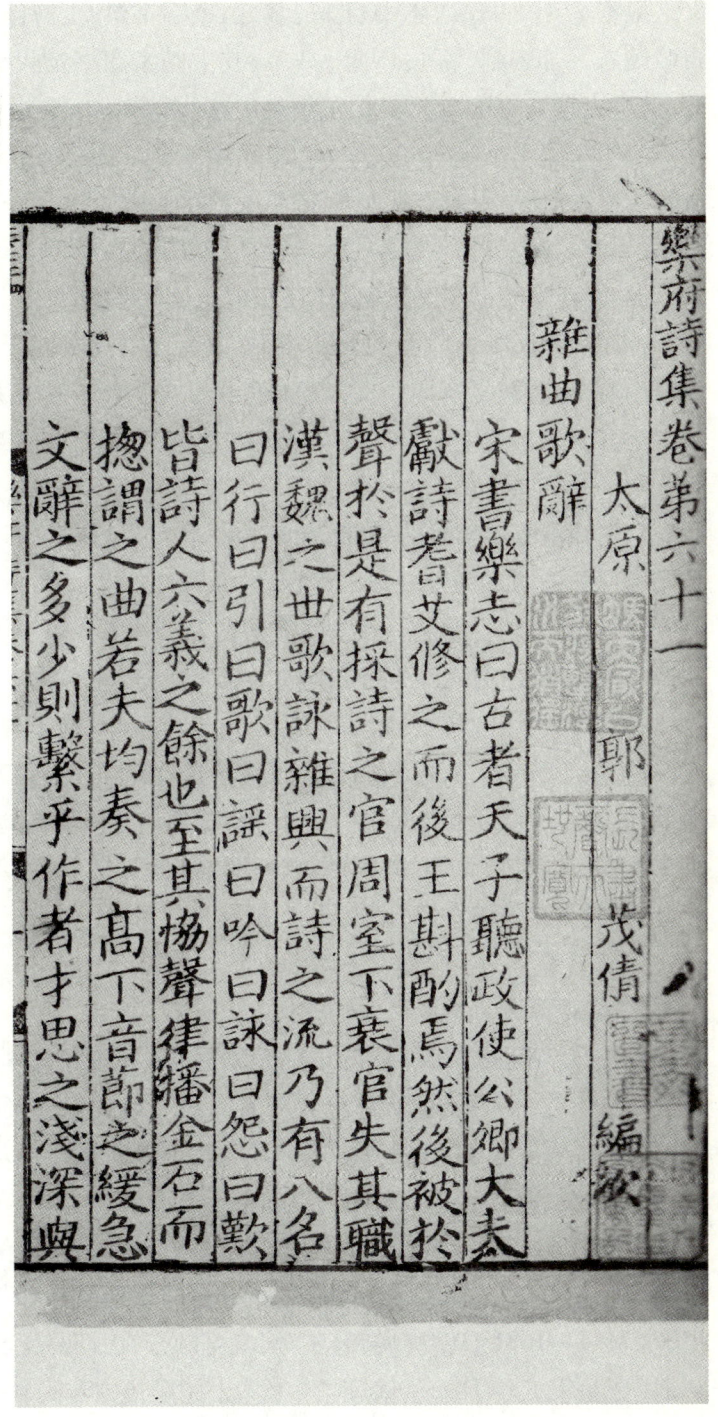

《乐府诗集》卷六十一首叶

根据《中国古籍善本书目》记载，国家图书馆、上海图书馆、南京图书馆各自收藏有一部宋刻《乐府诗集》残本，其中国家图书馆收藏本的卷十九至二十六、九十六至一百配以元至元正年集庆路儒学刻本，卷二十七至三十四配以清抄本。国家图书馆等31家单位收藏有或全或残的元至正元年集庆路儒学刻本或其明修本，其中未包括皖西学院图书馆的收藏。

二、皖西学院馆藏之元刻明修《乐府诗集》残本

皖西学院图书馆收藏的《乐府诗集》为该书的卷四十八至七十五，共二十八卷十册，内容包括清商曲词四卷（卷四十八至五十一）、舞曲歌词四卷（卷五十二至五十六）、琴曲歌词四卷（卷五十七至六十）、杂曲歌词十五卷（卷六十一至七十五）。上海古籍书店在1958年是将这部《乐府诗集》残本作为元刻本售与六安师范专科学校的，实际上该书为元至正元年集庆路儒学刻明修本。该书元版部分的版式为十一行二十字，注双行二十字，左右双边，三鱼尾，上下线黑口，版心上方记有字数。从本馆所藏的二十八卷来看，明补版部分并不多，包括卷六十二叶九，卷六十七叶五至七，卷六十八叶七，卷六十九叶一、二，卷七十二叶一、二，共9叶。明补版的版心不一，有上黑口，有下黑口，字数或记版心上方，或记版心下方。从行款来看，明补版的多数叶面与元版相同，都是十一行二十字，但卷六十八叶七却是九行二十字。根据前述尚丽新博士的研究，明修本是由南京国子监补版重印的，因而刻印比较精良。另外，卷六十三叶七系后人抄补，从叶面上看，抄补时间比较早，但抄补者的身份不详。

三、递藏源流

在皖西学院图书馆所藏的这部元刻明修《乐府诗集》残本中，留下的收藏印有近二十枚，而且还留有部分收藏者的题名或题识，为研究该书过去的收藏历史提供了重要线索，只是其中的多数印章难以确定其主人。根据已有的资料，该书过去的收藏者及递藏顺序大致如下：

毕振姬收藏印。在这部元刻明修本《乐府诗集》残本第七册，即卷六十五的首叶等处，钤有明末清初学者毕振姬的竖长方形阴文朱印，印文为"王孙"。毕振姬（1612—1681），字亮四，号王孙，又号颉云，山西高平县人。明朝最后一次乡试（崇祯十五年）中举，清朝第一次会试（顺治三年）中进士。官至广西按察使，后引退。毕振姬为官重视民生，清廉刚正，恪尽职守；治学精研经史典籍，继

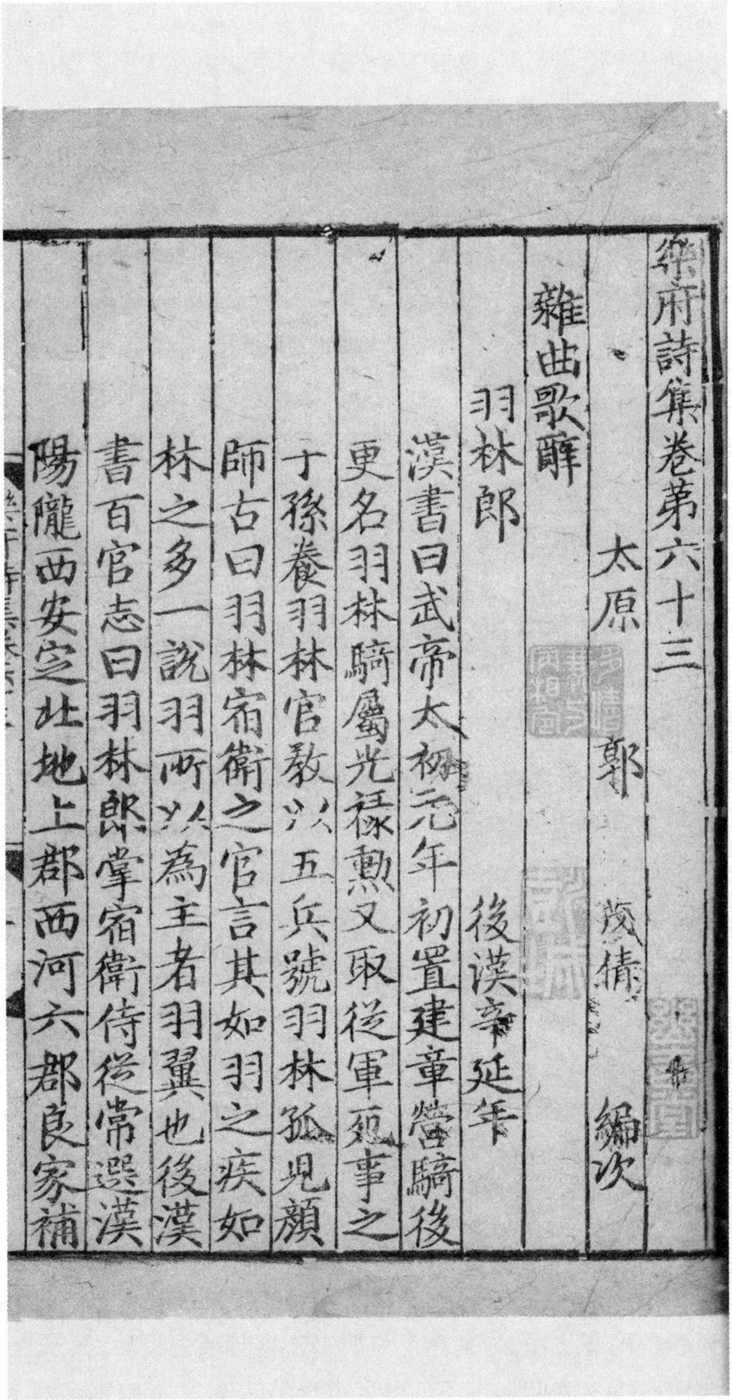

樂府詩集卷第六十三

太原 郭茂倩 編次

雜曲歌辭

羽林郎 後漢辛延年

漢書曰武帝太初元年初置建章營騎後更名羽林騎屬光祿勳又取從軍死事之子孫養羽林官教以五兵號曰羽林孤兒顏師古曰羽林宿衛之官言其如羽之疾如林之多一說羽兩以為羽翼也後漢書百官志曰羽林郎掌宿衛侍從常選漢陽隴西安定北地上郡西河六郡良家補

《乐府诗集》卷六十三首叶

承陆九渊、王守仁思想，主张心学和天人合一。平生好学，勤于著述，但所著十余种皆已失传，后人收集其言论，编为《西北之文》十二卷。在这部《乐府诗集》已知的收藏者中，毕振姬为第一人。

富察昌龄收藏印。在这部《乐府诗集》的卷四十八首叶、卷五十一首叶等处，钤有清朝前期藏书家富察昌龄的"堇斋图书"、"堇斋收藏印"两枚方形阳文朱印，表明该书曾是富察昌龄的旧藏。富察昌龄，生卒年不详，号堇斋，蒙古镶白旗人，清雍正时刑部尚书富察傅鼐之子，文学家曹寅（曹雪芹祖父）之甥。雍正元年（1723）进士，官至翰林院侍讲学士。富察昌龄喜好藏书，建藏书楼谦益堂，丹铅万卷，锦轴牙签为一时之盛，曾收进曹寅所散出藏书的大部分。当时纳兰性德通志堂藏书众多，但精本名椠却不及富察昌龄。后因家境渐落，富察昌龄所遗之书大半为礼亲王昭梿所购。

本书的第一位收藏者毕振姬卒于清康熙二十年（1681），虽然富察昌龄的具体生卒年不详，但其父富察傅鼐的生卒年为1667至1738年，富察昌龄中进士的时间为1723年。所以，在毕振姬与富察昌龄之间，应该还有一人收藏过这部《乐府诗集》。由于富察昌龄收进了曹寅的大半藏书，因而不排除这部元刻明修本《乐府诗集》曾为曹寅收藏的可能。

袁芳瑛题名。在这部《乐府诗集》的内封上，有"残郭乐府十册"的题名。尽管题名者未留下其他印记，但根据秦更年的题记，此题名由近代著名藏书家袁芳瑛所留。袁芳瑛（1814—1859），字漱六，湖南湘潭人。清道光二十五年（1845）进士。一生工书善文，酷好藏书。同治年间，袁芳瑛出任松江知府，当时正值太平军新败、江南战乱结束不久，常州、苏州等地官私藏书纷纷流落民间，袁芳瑛多方搜求，所得甚多，因而其藏书甲于一世，号为近代第一，其中约三成为孙星衍旧藏，李盛铎称其藏书之盛为二百年所未有。袁芳瑛每得一善本，辄亲自动手校雠，编写目录，留下家藏目录四册。袁芳瑛任松江知府不久即遭罢官，在由松江回长沙时，其运载藏书的船只达数十艘之多。回到长沙后，书籍尚未清理完毕，袁芳瑛便离世。袁芳瑛与曾国藩是儿女亲家，咸丰二年（1852），曾国藩离京，寓所藏书30多箱交由袁芳英照料；袁芳英出任松江知府时，将曾国藩藏书亦带至松江署中，再由松江送至曾国藩的家乡湘乡；袁芳瑛在任松江知府时，还受曾国藩之托，为其在上海购书。袁芳瑛去世后，其子袁榆生不喜古书杂记，将藏书置于五间楼房不问，后又陆续售出，其中珍本多数为当时的京师大学堂总办李盛铎掠买而去，并以此奠定了其木犀轩善本的基础。

尽管袁芳瑛在这部《乐府诗集》残书上留下了题名，却未留下藏书印。根据袁芳瑛的搜书经历来推断，该书很可能就是袁氏在松江知府任上搜得、在任职期间和返回长沙后尚未及清理之书。而且，袁芳瑛搜得此书时，就只有这残缺的二十八卷十册。

秦更年题识和藏书印。在这部元刻明修本《乐府诗集》残书中，留下最多印记的是现代诗人、学者、出版编辑家、藏书家、版本目录学家秦更年（1885—1956），而且秦更年可能也是该书流入书肆前的最后一位收藏者。关于秦更年其人，我们将在后文做专门介绍。

在该书内封正面"残郭乐府十册"题名后面，题有一段文字："此为袁漱六芳瑛所题，曩客湘中所得，墨香纸润，古味盎然，勿以残本而易视之也。婴闇居士。"婴闇居士即秦更年。显然，这是秦

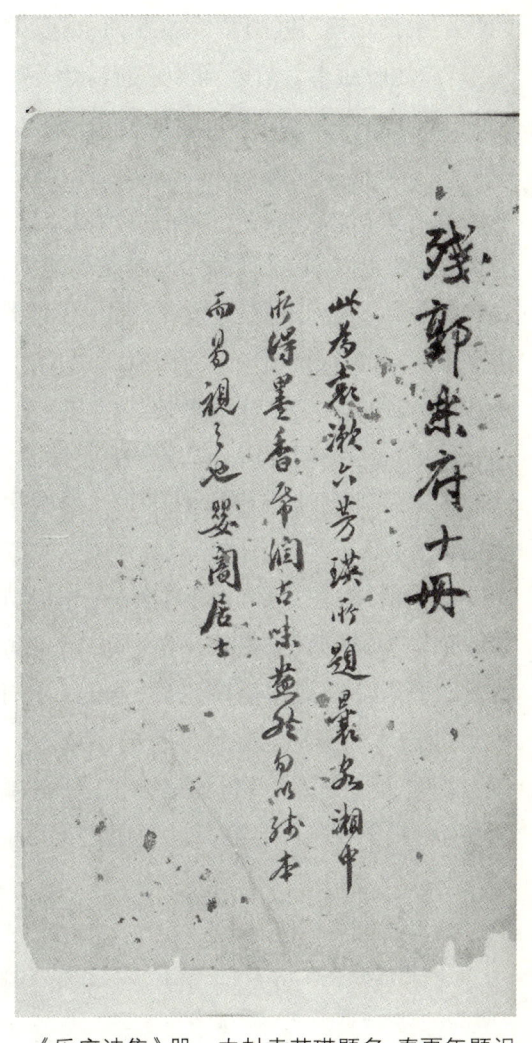

《乐府诗集》册一内封袁芳瑛题名、秦更年题识

更年的题识，文字虽不多，却具有多重意含：首先，明确指出题名者为袁芳瑛；其次，指出该书现在由自己收藏；再次，记述此书得自何处；最后，强调此书的重要价值。袁芳瑛在上海搜得此书后将其携回长沙，秦更年客居长沙访得此书后又将其带回上海，也是藏书史上的一件趣事。

除了简洁却具内含的题识外，秦更年还在书中留下了"更年长寿"、"江都秦更年曼青之印"两枚印章。另外还有一枚"城南草堂鉴藏图书记"印章，由于明朝人何彦文书室名城南草堂，笔者过去曾认为此印为何彦文所留；但由于该印的印色比较鲜艳，因而年代不太可能很久远；而且据笔者所知，秦更年相当多

39

的收藏中都留有"城南草堂鉴藏图书记"印章,因而该印可能也属秦更年。

其他收藏者。在这部《乐府诗集》残书的卷六十一首叶,钤有一枚竖长方形阴文朱印,印文为"驾天风以浩荡 击溟水而逍遥"。我们虽无法确知其主人,但根据印文内容推测,它可能属于清人周文禾。周文禾为清嘉定人,戏曲家,书室名驾云螭室,著有《驾云螭室别集》。周文禾书室名中的螭是古代传说中的一种动物,蛟龙之属,头上无角,似龙而呈黄色。驾云螭就是驾天风、击溟(意为海)水之意。我们虽然没有关于周文禾确切生活年代的资料,但其《驾云螭室别集》在清同治十年(1871)有刊本,因而其本人可能生活在清中期或前期,应该是在袁芳瑛之前收藏这部书的。

除了前述各印章外,这部书中还钤有"长啸一声天地宽"、"麋鹿游"、"疑是故人来"、"多情兼与病相宜"、"彭城"、"有酒且酌"等多枚印章,其主人均无据可考。

综上所述,在这部元刻明修本《乐府诗集》已知和可能的收藏者中,其递藏顺序依次为:毕振姬、富察昌龄、周文禾、袁芳瑛、秦更年。此外还有一些不知名姓的收藏者。在清中后期以后,这部《乐府诗集》残书主要是在上海地区流传,1958年进入六安师范专科学校图书馆。

2009年6月,这部曾为诸多名家所收藏的元至正元年集庆路儒学刻明修本《乐府诗集》残书入选第二批《国家珍贵古籍名录》,编号为03173。

参考文献

〔1〕程远芬:《论南宋〈三国志〉及其涵芬楼影印本》,《山东教育学院学报》,1996年第1期,第51—54页。

〔2〕〔5〕傅增湘:《藏园群书经眼录(二)》,中华书局2009年版,第175页。

〔3〕〔7〕邵懿辰撰,邵章续录:《增订四库简明目录标注》,上海古籍出版社1979年版,第196页。

〔4〕(清)莫友芝撰,傅增湘订补:《邵亭知见传本书目(一)》,中华书局2009年版,第212页。

〔6〕魏隐儒、王金雨:《古籍版本鉴定丛谈》,印刷工业出版社1984年版,第50页。

〔8〕傅增湘:《藏园群书经眼录(四)》,中华书局2009年版,第978—979页。

〔9〕傅增湘:《藏园群书题记》,上海古籍出版社1989年版,第687页。

〔10〕〔11〕〔12〕中国嘉德国际拍卖公司网 http://www.cguardian.com/tabid/77/default.aspx?oid=298370

〔13〕尚丽新:《〈乐府诗集〉版本述略》,《西北师大学报》2004年第3期,第16—19页。

第三章

浙江藏书家所藏明清古籍(上)

宋代以来,随着经济文化的勃兴,人文荟萃的浙江刻书业一直很发达,藏书家的数量也居全国前列。在皖西学院图书馆所藏的名家旧藏古籍中,很大一部分是浙江藏书家的旧藏古籍,这些藏书家除了少数生活在清朝外,多数都是民国时期的人士,其所藏古籍基本上都是刻印精良、保存完好的明清善本。

第一节 王体仁所藏古籍

一、王体仁其人

王体仁(1873—1938),字绶珊,浙江绍兴人,后入籍杭州,又迁居上海。年少时入县学,为清末秀才。曾在盐商顾少岚家任塾师,逐渐熟悉盐业并投身盐务,创办天津久大精盐公司,成为全国知名盐商。1924年,浙江籍人士张宗祥主持抄补在清同治年间遭受战火严重损毁的文澜阁《四库全书》,王体仁曾捐资500银元,任发起人兼评议干事,出力甚多。大约从1927年开始,依托雄厚财力,岁入中年的王体仁开始广泛搜集古籍善本,曾与郑振铎争购古籍,名噪一时。其所收藏的古籍中,既有明版佳椠,又有宋元珍本,成为民国时期著名藏书家。王体仁曾收进瞿氏铁琴铜剑楼、邓氏群碧楼、傅氏双鉴楼的许多善本,又广蓄全国地方志,成为当时私家收购方志第一家。他为藏书前后耗资50余万元,所藏古籍达数十万卷,其中有宋元珍本100余种,各省府县志2000余种,包括孤本方志29种。1936年,杭州举办浙江文献展览会,王体仁送展之书颇多,影响甚大。为藏所收之书,王体仁在杭州建有九峰旧庐,珍藏书画古籍,另有部分珍籍储于上海。王体仁的弟子、杭州文汇堂书肆主人杜国盛曾在九峰旧庐管理藏书,并为其编有《九峰旧庐藏书目录》四册;九峰旧庐另有方志目录二册,郑振铎等人曾有购藏。抗日战争时期,杭州沦陷,九峰旧庐被日寇投以炸弹,藏书毁散,王体仁气愤而亡。家人在王体仁身后将其所藏图书先后售出,其中方志大部分售与当时的南京地质研究所;现在天津图书馆古籍藏书中的相当大一部分也来自于九峰旧庐。

二、明闵刻朱墨套印本《易传》八卷《王辅嗣论易》一卷

1. 《易传》的版本

《易传》是解释《周易》的著作,或者是为《周易》所作的注。东汉经学家郑玄曾为《周易》作注,但已失传。现在的通行本为三国魏王弼、晋韩康伯所注,唐李鼎祚的《周易集解》等影响也比较大。当然,为《周易》作注者远不止于此,北宋的苏轼就曾为《周易》作注。明万历年间闵齐伋所刻朱墨套印本《易传》就是苏轼为《周易》所作之注。

闵齐伋,生卒年不详,乌程(今浙江湖州)人。自幼读书勤奋,喜作诗文,著有《六艺通》。以刻书为业,明万历四十四年(1616)主持采用朱墨两色套印《春秋左传》获得成功,后又以三色、四色、五色套印诸多古书及戏曲、小说。傅增湘介绍其套印本是"白棉纸精印,行疏幅广,光彩绚烂。书面题签,率用绸绢,朱书标名,颇为悦目。……其格式则栏上录批评,行间加圈点、标掷,务令词义显豁,段落分明。皆采撷宋明诸名家之说,而萃之一编,……数百年流布人间,标异其名,号为闵刊"[1]。由于闵齐伋的印刷技术日臻完美,名声大振,与著名刻书家、著作家凌濛初齐名。

在闵齐伋所刻的《易传》八卷中,还附有《王辅嗣论易》一卷,此为三国魏玄学家王弼所撰。

苏轼是宋代经学支派蜀学的代表性人物,曾撰写过三部经学专著:《易传》、《论语说》、《书传》。除《论语说》已失传,其他两部尚存,均为《四库全书》所录。在苏轼的经学著述乃至蜀学著作中,《易传》都有重要地位。由于《周易》以王弼、韩康伯注为通行本,因而苏轼《易传》在宋元时期的版本并不多,现在已没有宋元版本传世,甚至也少见相关记载。苏轼《易传》在明朝后期有较多版本,包括万历二十四年(1596)刻本以及万历年间的冰玉堂刻本、吴之鲸刻本、《两苏经解》本、闵齐伋刻朱墨套印本和崇祯年间汲古阁刻《津逮秘书》本、

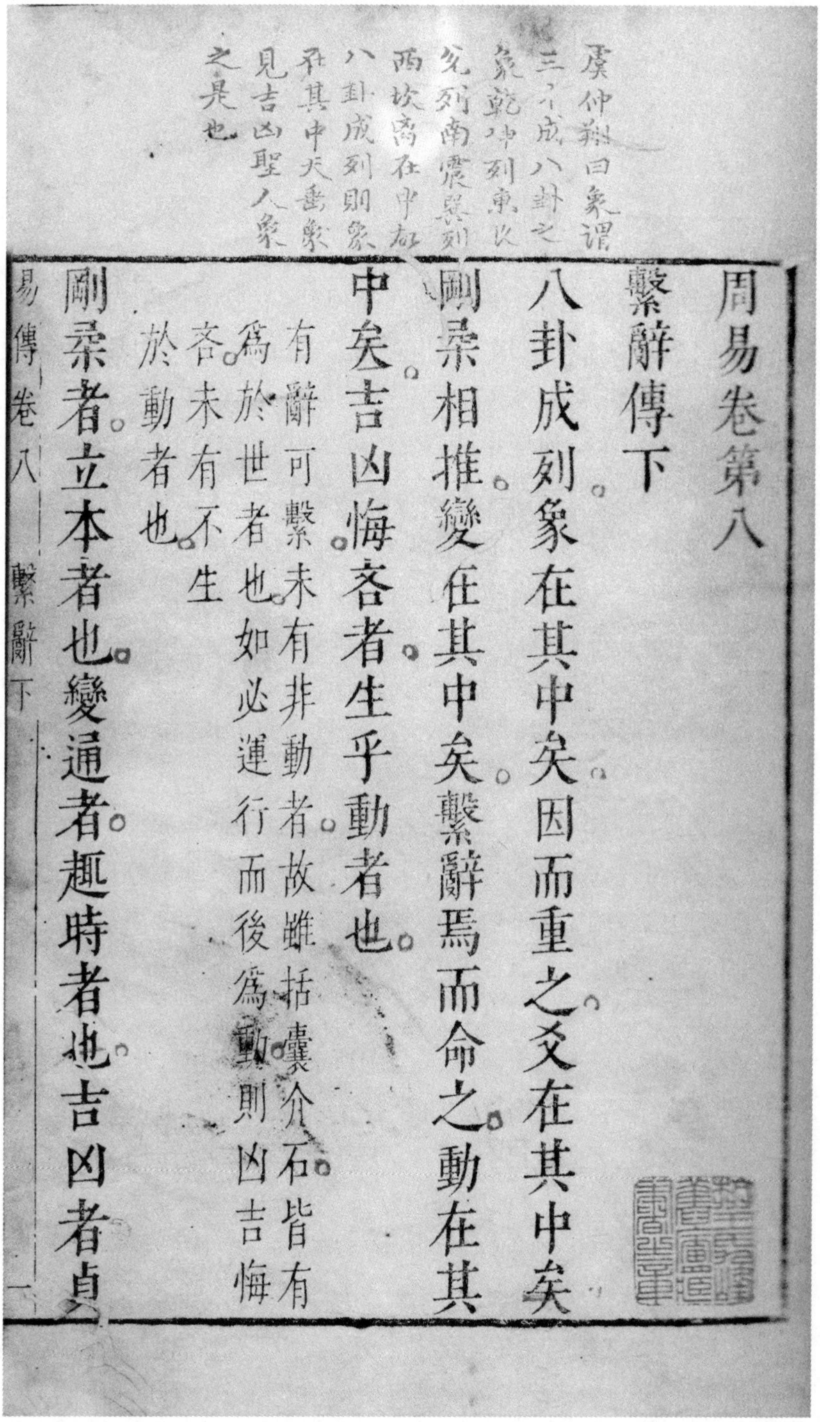

周易卷第八

繫辭傳下

八卦成列象在其中矣因而重之爻在其中矣
剛柔相推變在其中矣繫辭焉而命之動在其
中矣吉凶悔吝者生乎動者也
剛柔者立本者也變通者趣時者也吉凶者貞

虞仲翔曰象謂
三才成八卦之
象乾坤列東次
炎列南震巽列
西坎離在中和
八卦成列則象
在其中天垂象
見吉凶聖人象
之是也

易傳卷八 繫辭下 一

《易传》卷八首叶及王体仁印

天一阁抄本等；清朝有嘉庆十年（1805）旷照阁刻《学津讨原》本、道光十五年（1835）刻《青照堂丛书》本等。

2. 皖西学院馆藏闵刻朱墨套印本《易传》

皖西学院图书馆藏有一部闵齐伋刻朱墨套印本《易传》八卷《王辅嗣论易》一卷，版式为八行十八字，小字双行十八字；四周双边，白口，无鱼尾；版框20.2×14.7厘米。八册。

在皖西学院图书馆收藏的这部闵刻《易传》的首叶和卷八首叶，均钤有一枚朱文方印，印文是"杭州王氏九峰旧庐藏书之章"，这就是王体仁的藏书印。从印章上看，本馆所藏的这部闵刻苏轼《易传》应该是九峰旧庐藏书中散出的一种。但考虑到六安师范专科学校图书馆是在1958年从上海购得此书的，因而该书也可能是王体仁存于上海的古籍珍本中的一种。

除了王体仁的印章外，本馆此书中还留有其他两枚印章，但均无法辨认，因而难以确定其主人。

在国务院公布的首批和第二批《国家珍贵古籍名录》中，总共有八部闵齐伋刻朱墨套印本《易传》八卷《王辅嗣论易》一卷入选，但不知由于何种原因，本馆此书在申报第二批《国家珍贵古籍名录》时却未能入选。

三、明正德刊《全唐诗话》三卷

1. 《全唐诗话》简介

在浩如烟海的中国古代文献中，有许多伪书，《全唐诗话》就是一部集抄袭、伪托于一身的伪书。《全唐诗话》，旧题宋尤袤撰，多以六卷行世，亦有三卷、八卷、十卷本。

清朝乾隆以前的文献中将《全唐诗话》记为尤袤所撰，原因可能是该书自序末记有"咸淳辛未重阳日遂初堂书"，而尤袤号遂初居士。实际上，咸淳辛未年（1271）时，尤袤去世已80多年，不可能是《全唐诗话》的作者，《四库全书总目》因而辨其为伪托。《四库全书总目》还指出："检验其文，皆与计有功《唐诗纪事》相同。"此外，根据周密《齐东野语》所载，贾似道著述之中包括此书，故而断定此书乃为南宋贾似道门人廖莹中抄袭计有功之书而成。由于贾似道是一个恃宠专权、贪婪残忍又荒淫无耻的奸臣，"后人恶似道之奸，改题袤名，以便行世"[2]。清代尤侗、近代丁福保则怀疑此书为尤袤之孙尤焴所编。

虽然《全唐诗话》有抄袭、伪托之嫌，但因其源自《唐诗纪事》，编纂者廖莹

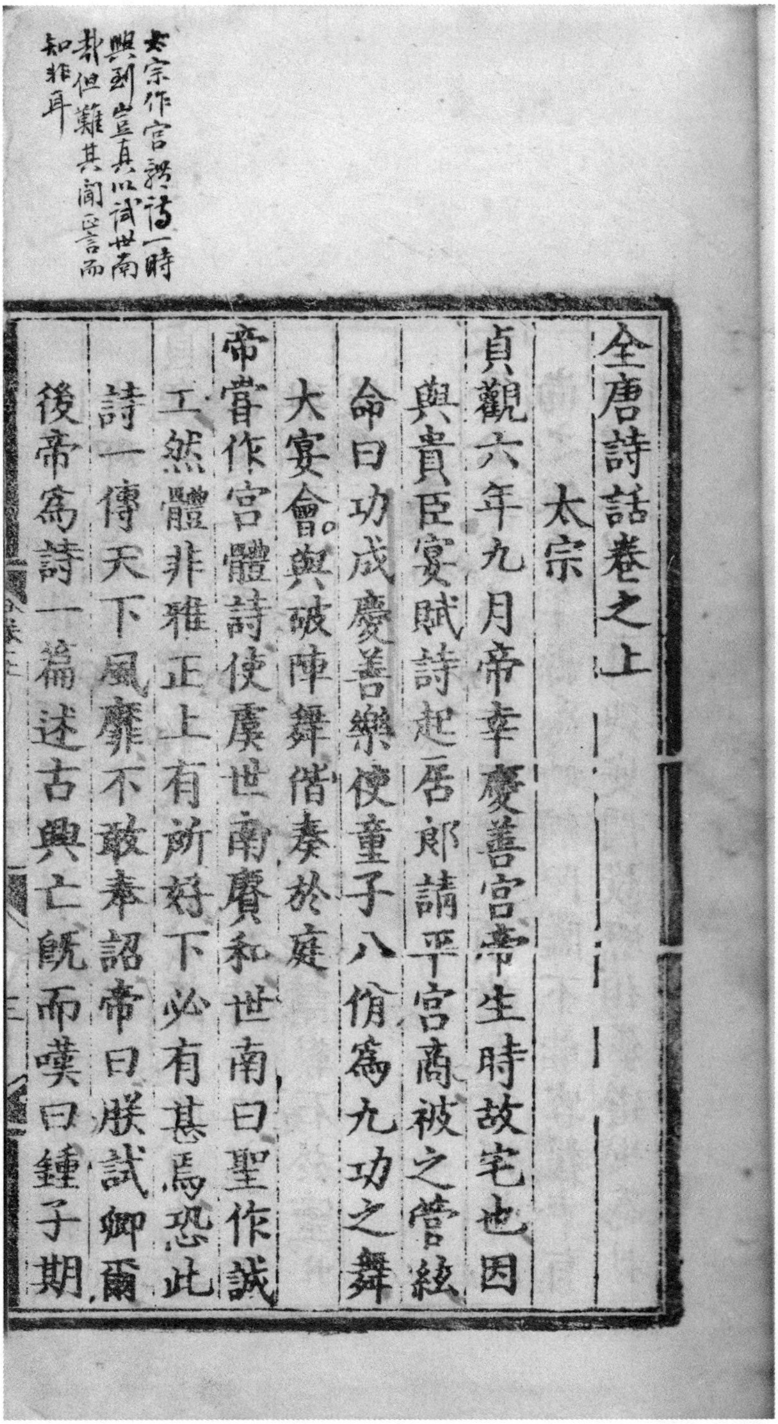

全唐詩話卷之上

太宗

貞觀六年九月帝幸慶善宮帝生時故宅也因與貴臣宴賦詩起居郎請平宮商被之管絃命曰功成慶善樂使童子八佾為九功之舞大宴會與破陣舞皆奏於庭

帝嘗作宮體詩使虞世南賡和世南曰聖作工然體非雅正上有所好下必有甚焉恐此詩一傳天下風靡不敢奉詔帝曰朕試卿爾後帝寫詩一篇述古興亡既而嘆曰鍾子期

太宗作宮體詩一時興到豈真以誠世南邦但難其間直言而知非耳

《全唐詩話》正文首叶

中本人也是南宋颇有成就的诗人、藏书家和刻书家,所以《全唐诗话》在内容上精简扼要,不乏中肯之见,有很高的藏考价值,成书后影响甚大、流传较广。

2.《全唐诗话》正德本考

尽管《全唐诗话》在宋时已成书,但各种文献资料中却未见其早期版本的记载。根据各种书目文献的记录,现在可知的和现存最早的版本是明正德二年（1507）陕西秦昂刻本；此外,明版本还包括伊蔚堂刻本,正德十二年（1517）鲍继文云中教养堂重刊本,嘉靖二十二年（1543）王教、王政刻本,嘉靖三十三年（1554）云间张鹗翼刻本（万历十七年张自宪重修）,万历三十六年（1608）沈徽炌刻本及其蓝印本,明末汲古阁刻本等；清朝有乾隆十二年（1747）徐文止抄本、乾隆三十五年（1770）刻本、乾隆三十九年（1774）清芬堂刻孙涛续辑本、一种不辨具体年份的乾隆刻本、清末石印本、宣统三年（1911）朝记书庄石印本、三乐堂石印本等。

笔者所在的皖西学院图书馆收藏有一部明正德刊本《全唐诗话》三卷,此书不著撰人,分上、中、下三册。版式为十行十八字,大黑口,四周双边,三黑鱼尾；版框为19.9×12.9厘米,白棉纸印刷。书首有明正德二年陕西布政司右参政安惟学序,卷末有宋咸淳七年（1271）遂初堂跋、正德二年汝南强晟后序。如果仅从序跋的时间和古朴的风格来看,该书应该是明正德二年刊本。书中留有原收藏者王体仁藏书室九峰旧庐的藏书签,藏书签标记的版本也是明正德二年刊本。但本馆此书与多家书目所著录的明正德二年秦昂刻本在版式上存在明显差异。在傅增湘所著《藏园群书经眼录》和清代著名藏书家、版本目录学家莫友芝撰、傅增湘订补之《藏园订补郘亭知见传本书目》中,均著录有正德二年秦昂刻《全唐诗话》,但其版式为九行十七字（其他各项与本馆此书相同）[3][4]；《中国古籍善本书目》所收录的国家图书馆、上海图书馆、南京图书馆等10家单位收藏的正德二年刊本《全唐诗话》同样也是九行十七字[5],都不同于本馆此书的十行十八字。显然,本馆此书不是秦昂刻本。

《全唐诗话》在正德十二年还有一种鲍继文刻本,《藏园群书经眼录》、《藏园订补郘亭知见传本书目》著录的此版本为十行十八字、大黑口、四周双边,这些与本馆此书是相同的；但这两部书目所著录的鲍继文刻本在强晟跋后有木记三行,内容是"正德丁丑春正月穀旦东鲁鲍继文伯正重刊于云中教养堂",而本馆此书却无此木记,因而本馆此书亦非正德十二年鲍继文刻本。

现代著名古文献学家、版本目录学家王重民在其《中国善本书提要》中记录有一种收藏于美国国会图书馆的明正德刊本《全唐诗话》,此刊本可能与本馆此书属同一版本。王重民的著录为:"《全唐诗话》三卷,六册,明正德间刊本(十行十八字)……安惟学序(正德二年),遂初堂跋(咸淳七年),强晟后序(正德二年)。"王重民所著录之书除册数不同于本馆此书外,其余各项与本馆此书皆相同。王重民的著录还提到:"丁傅所藏皆云中翻本,此陕中原刻也。"[6]著录中所提及的"丁傅",分别是指清代藏书家丁丙和民国藏书家傅增湘,并指出此二人所藏乃是正德十二年的翻刻本,其中傅增湘所藏就是前文提及之《藏园群书经眼录》所录之书。在这里,王重民指所著录之书为"陕中原刻",而未称其为正德二年秦昂刻本。所以,除了正德二年秦昂刻本、正德十二年云中教养堂翻刻本(鲍继文刻本)外,《全唐诗话》在明正德年间还有一种少见各家文献记录的陕中刻本;而且,正德十二年刊本是正德陕中刻本的翻刻本,而不是秦昂刻本的翻刻本,这样也能解释为什么作为翻刻本的正德十二年本在行数、字数上不同于秦昂刻本而与陕中刻本相同这一疑问。由是看来,本馆这部《全唐诗话》当为正德年间陕中原刻本。

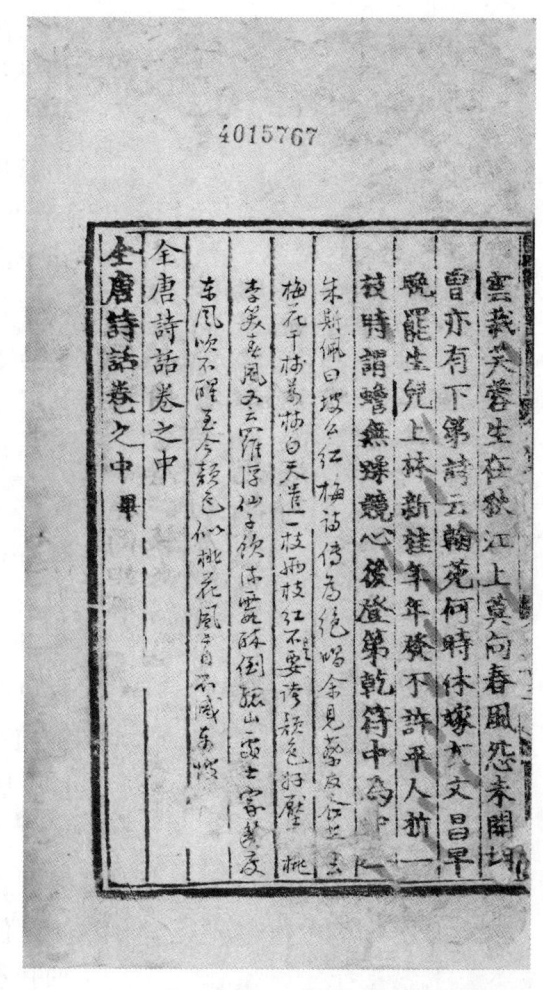

《全唐诗话》卷中末叶及朱思佩评点

王重民所著录的正德陕中刊本《全唐诗话》未见有其他文献记载,而其著录之书又收藏于美国国会图书馆,因而所知之人甚少,这可能是导致多数版本目录学家误认为正德十二年鲍继文刊本翻刻自正德二年秦昂刊本的重要原因。

3. 傅增湘《正德本全唐诗话跋》辨误

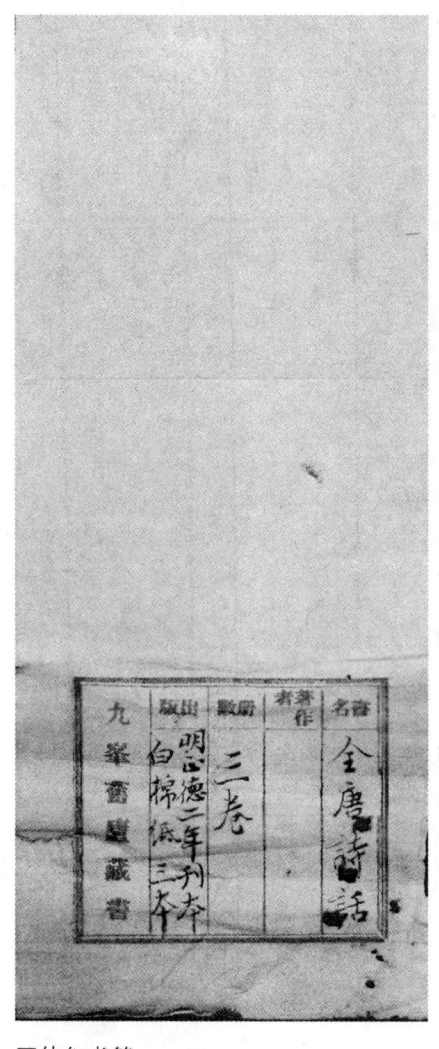

王体仁书签

在上海古籍出版社1989年出版的傅增湘所著《藏园群书题记》中，收录有其《正德本全唐诗话跋》，傅增湘在此跋中是这样记述正德本《全唐诗话》版本的："《全唐诗话》三卷，不著撰人，明正德丁卯刊本，半叶十行，行十八字，黑口，四周双栏。前有正德二年陕西布政司右参政安惟学序，后有正德丁卯汝南强晟跋。跋后木记三行，文曰'正德丁丑春正月穀旦东鲁鲍继文伯正重刊于云中教养堂'。是书刻于晋边，写官既拙，镌工亦粗，然尚存朴厚之风，与《刘随州集》相似。"[7]跋中所记正德丁卯即正德二年，所录木记中"正德丁丑"为正德十二年。这里存在明显的时间误差：在正德二年的刊本中是不可能出现正德十二年木记的，因而跋中当有讹误。从跋中所记版式、序跋、木记来看，傅增湘此跋所记当是明正德十二年鲍继文云中教养堂重刻本，但却把正德丁丑刊本误记为正德丁卯刊本；又根据前述王重民《中国善本书提要》的记录，这个重刻本依据的不是秦昂刻本，而是《中国善本书提要》所录以及本馆所藏的陕中原刻本。

有趣的是，傅增湘《藏园群书经眼录》对于正德二年秦昂刻本和正德十二年鲍继文刻本都有记录，而且均未误记；而且，在《藏园群书经眼录》所著录之正德十二年本条目后，还附有傅增湘之子、文物鉴定专家和版本目录学家傅忠谟的按语："此书别有跋，收入《藏园群书题记》续集卷五。"[8]傅忠谟此按所言之跋即是前文所引《正德本全唐诗话跋》，但傅忠谟并未发现或改正《藏园群书经眼录》中关于两种正德本《全唐诗话》的版本误记。

另外，《藏园订补郘亭知见传本书目》将正德十二年刊本记为"鲍继文云中教养堂重刊秦昂刊本",根据前文对《中国善本书提要》所做记录和本馆所藏正德本《全唐诗话》的分析,正德十二年本应该是正德陕中刊本的翻刻本,因而《藏园订补郘亭知见传本书目》关于正德十二年刊本的著录也是不确切的。

4. 王体仁藏书签

与皖西学院图书馆所收藏的其他多数善本不同的是,这部明正德年间所刊《全唐诗话》中没有留下任何人的收藏印,但却保存有原收藏者王体仁的藏书签。这枚以白棉纸制作的书签上印有蓝色表格,从右至左的栏目顺序为书名、著作者、册数、出版,最后一栏印有"九峰旧庐藏书"六字,而前面的著作者一栏因该书不著撰人而为空白,册数栏所填内容为"三卷",出版栏所填内容为"明正德二年刊本/白棉纸三本"。在书中还存有一方没有表格和栏目但与书签所填内容完全相同的白棉纸片,应该是为填写书签而预作的记录。

在本馆这部明正德刊《全唐诗话》中,留有研读者所作的大量圈点批注,不仅内容精辟,而且书法精美。在卷中结尾处书有一段文字:"朱斯佩曰:坡公红梅诗传为绝唱……"这里的朱斯佩或朱斯应该就是批注之人,但笔者未能查知其相关资料。

第二节 沈知方、沈仲涛所藏古籍

在中国现代藏书史上,有两位很有代表性的藏书家,一位身为出版商,一位身为学者;尽管身份不同,但在上世纪前期急剧动荡变迁的中国历史大背景下,都致力于中国古代文献的抢救与保护,在中国藏书史上留下不少佳话。这两位藏书家就是沈知方、沈仲涛。

一、沈知方、沈仲涛其人

沈知方(1882—1939),原名芝芳、芷芳,浙江山阴(今绍兴)人。清朝乾嘉时期绍兴藏书家、书商沈复粲的后裔。早年在绍兴奎照楼书坊、余姚玉海楼书坊当学徒,后在上海汇文堂书局任职员,1900年入商务印书馆,次年任营业所所长。在商务印书馆任职的同时,先后与人创立国学扶轮社、古书流通社、进步书局、中华舆地学社,出书百余种。1912年,沈知方与陆费逵等创办中华书局,任副经理,又兼文明书局董事;1917年另办广文书局;1921年创办中国近现代史上第三大书局世界书局,任董事兼总经理,出版进步刊物和新式教科书5000余种;1925年盘入陈立炎创办的古书流通处。沈氏不仅是民国时期纵横书业的经营奇才,还曾创办银行、与人合办橡胶厂。晚年的沈知方不惧日伪威胁,拒绝与其合作,病重之时还留下遗嘱,命后人不得与日伪妥协。沈知方秉承先祖沈复粲鸣野山房之遗风,酷好藏书,广泛搜集孤本精刊,藏书室名粹芬阁。其藏书的特点是不求多而求精,首重书品宽大、精刊初印;次重纸色古雅,如白棉纸、桃纸印本,也多有入藏。所藏之书以嘉兴王相信芳阁、会稽徐友兰铸学斋散出之书为多,此二家分别以珍本和旧藏抄本著称;此外,亦收藏有小李山房、述史楼、读易楼等各家旧藏。沈知方藏书有《粹芬阁珍藏善本书目》一册存世。沈知方去世后,其藏书于1940年前后在上海经叶铭山之手散出,郑振铎曾购得其七、八种[9]。

沈仲涛(1892—1981),浙江山阴人。早年在上海经商,后入商务印书馆、启明书局任职,与商务印书馆的王云五交往甚多。沈仲涛长于《易经》研究,从现代自然科学的立场阐释《易经》是其易学研究的主要特征,并曾将《易经》译为英文。作为沈复粲的后裔,沈仲涛承继先祖庭训,酷爱皮藏群籍,并且精于版本目录之学。沈仲涛搜书极广,不惜耗费,上世纪三四十年代供职上海期间,于战乱之中着意搜访诸家散出古籍之精粹,其中包括瞿氏铁琴铜剑楼、潘氏滂喜斋、傅氏双鉴楼、杨氏海源阁散出之精品,故其藏书多宋元明三代之珍本,堪称既富且精,其藏书室名研易楼。1949年,沈仲涛去台湾时,将其藏书精品中的两千余册交太平轮托运,不幸随同该船沉没台湾海峡;幸存的千余册珍本由其随身携带至台湾。1980年,年迈病重的沈仲涛将这批珍本捐赠给保管条件较好的台北故宫博物院。这批古籍珍本包括宋版32种、元版17种、宋版元补1种、明版31种、清版4种、手稿本2种、旧抄本3种,总计1169册。为表彰沈仲涛,蒋经国亲自为其颁赠"名留宛委"牌匾。1986年,台北故宫博物院编辑出版了《"国立故宫博物院"藏沈氏研易楼善本图录》。

二、明刊本《重刊许氏说文解字五音韵谱》十二卷

1.《说文解字五音韵谱》的版本

《重刊许氏说文解字五音韵谱》十二卷,南宋史学家、文字学家李焘撰。全书按韵编排,起于"东"字,终于"甲"字,易于检阅,因而广为流传。但在历史上的版本却并不太多,而且主要刊于宋朝和明朝。根据各种资料的记载,以《说文解字五音韵谱》和《重刊许氏说文解字五音韵谱》之名刊印的各种版本包括宋蜀中刻本、宋末翻刻蜀中本、宋刻元明递修本、宋刻明修本、明弘治十四年

（1501）车玉刻本、嘉靖七年（1528）郭雨山刻本、嘉靖十一年（1532）孙甫刻本、万历二十六年（1598）陈大科刻本、万历四十七年（1619）张经世等刻本、天启七年（1627）世裕堂刻本、明末吴陵宫紫阳刻本以及几种难以确定具体时间和刊刻者的明刻本。到了清代，乾嘉学派推崇许慎之学，出现了段玉裁《说文解字注》、桂馥《说文解字义证》、朱骏声《说文通训定声》等古文经学著作，李焘的《说文解字五音韵谱》便不再流行，因而也无新的版本出现。

2. 皖西学院图书馆藏《重刊许氏说文解字五音韵谱》版本探析

皖西学院图书馆收藏的《重刊许氏说文解字五音韵谱》十二卷被认定为明刻本，版式为七行十四字，小字双行二十字，白口，左右双边，单黑鱼尾，版框19.5×15.0厘米；十二册二函，全书保存完好。由于《说文解字五音韵谱》在历史上影响甚广而其版本却并不太多，完整保存至今的更少，因而具有较高的版本价值和文献价值。

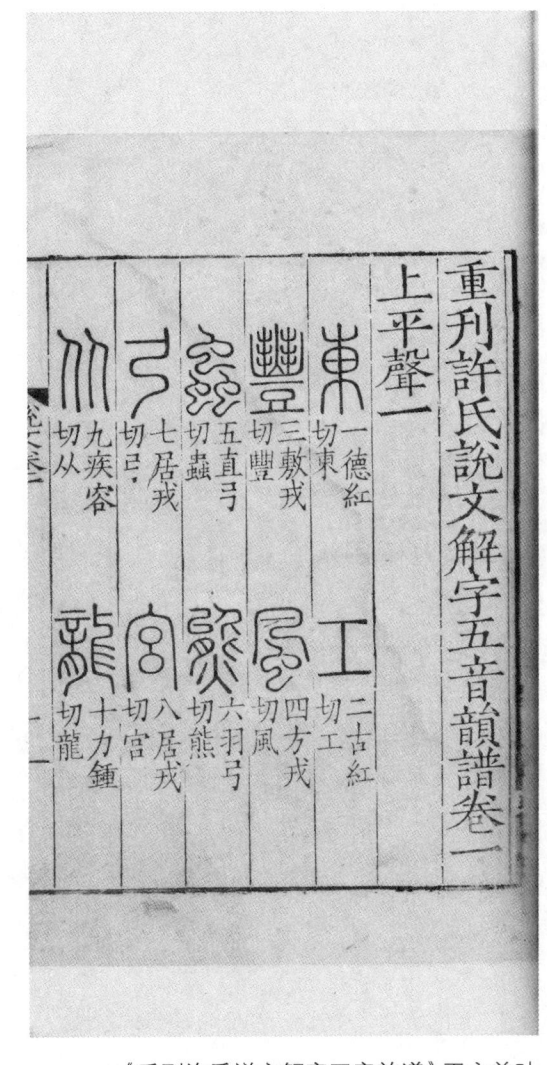

《重刊许氏说文解字五音韵谱》正文首叶

关于本馆此书的版本，我们曾请教国家图书馆的有关专家，最终确定为明刻本，1958年上海古籍书店也是将该书作为明刻本售与六安师范专科学校的。但书中有两点情况还有待解释：一是书首的"说文序"中"慎"字称"御名"，如"诏取许御名《说文解字》精加详校"。根据傅增湘《藏园群书经眼录》的记载，宋刻明修本《重刊许氏说文解字五音韵谱》"卷中慎字称御名"[10]。但傅增湘所

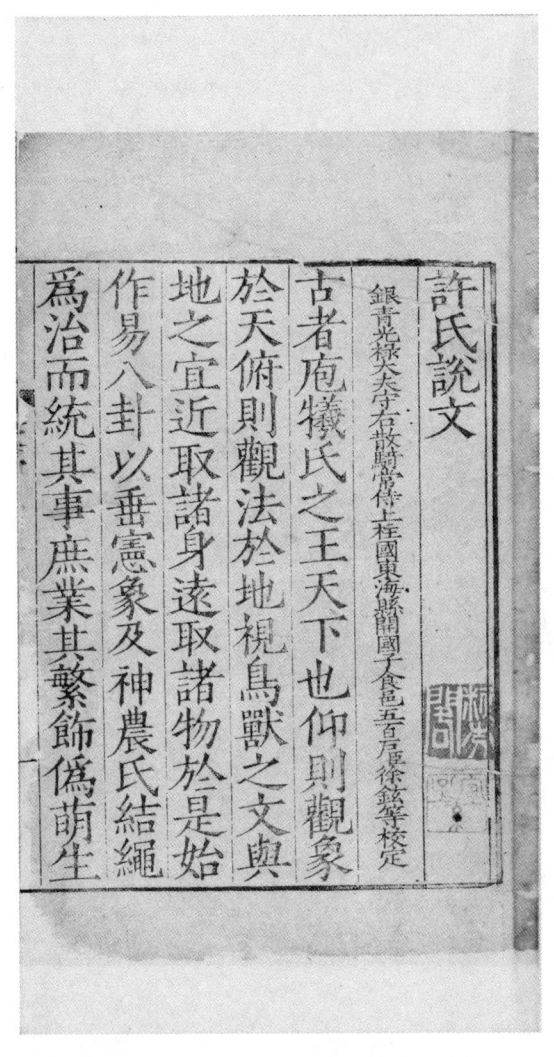

《重刊许氏说文解字五音韵谱》序首叶及沈知方印

录之宋刻明修本"行十二三字不等",而本馆此书行十四字,有所不同。二是本馆此书的卷二叶二十二,卷四叶二十五、二十六,卷五叶三十七、三十八、四十三、四十六,卷六叶七、十二、十七、十八,卷七叶十七,卷九叶二十一、二十二、四十五、四十六,卷十叶五、六、二十七、二十八、三十九、四十、四十三,卷十二叶二十三、四十六,共计30叶为四周双边,也不同于本书其他各叶的左右双边。一般来说,同一种书中出现版式差异,其原因可能是补版重修,或者是以其他版本的书叶来补配残缺书叶。但从版面上看,本馆此书中的这30叶并不像是补配残叶,但若说它们是补版重修,笔者也缺乏相关依据。此书中存在的这种独特现象,笔者尚未在其他书中见到,各家书目所著录的明刊本《重刊许氏说文解字五音韵谱》中也未见有此记录,因而期待有专家能够帮助解释。笔者倾向于认为,这是一部不同于傅增湘所记的另一种宋版明修本。

在皖西学院图书馆收藏的这部《重刊许氏说文解字五音韵谱》的首叶,钤有沈知方的方形阴文朱印,印文为"粹芬阁",表明该书曾为沈知方所收藏。从外观上看,该书书品宽大、刻印精良、白棉纸、金镶玉、函装,正是沈知方搜集、收藏古籍的首选。

在本馆此书中"粹芬阁"印的下方还有一枚方形阳文朱印,印文难以辨识,因而无法得知印主。根据古人藏书钤印自下而上的习惯来判断,这位藏书者当在沈知方之前收藏此书。尽管我们无法知晓本书在沈知方身后的收藏者是何人,但基本可以确定其在上海地区,然后在1958年进入六安师范专科学校。

三、明万历凌濛初刻朱墨套印本《王摩诘诗集》(卷一至四)

1.《王摩诘诗集》的版本

《王摩诘诗集》是唐代诗人王维的作品集。

王维的诗文散佚甚多,经其弟王缙编辑,流传至今的有400多首。其作品在历史上有二卷、六卷、七卷、十卷等不同版本。现存最早的王维诗文集是国家图书馆收藏的南北宋之际蜀刻本《王摩诘文集》十卷。国家图书馆还收藏有一部元刻本《须溪先生校本唐王右丞集》六卷。王维诗文在明代版本众多,有弘治十七年(1504)姜夔刻《唐王右丞诗刘须溪校本》六卷,嘉靖年间有黄埻刻《王摩诘集》二卷(十二家唐诗本)、屠倬、陈凤等刻《王摩诘集》六卷(王孟集本)、顾氏奇字斋刻《类笺唐王右丞诗集》十卷《文集》四卷《集外编》一卷《年谱》一卷《唐诸家同咏集》一卷《赠题集》一卷《历朝诸家评王右丞诗画钞》一卷、洞易书

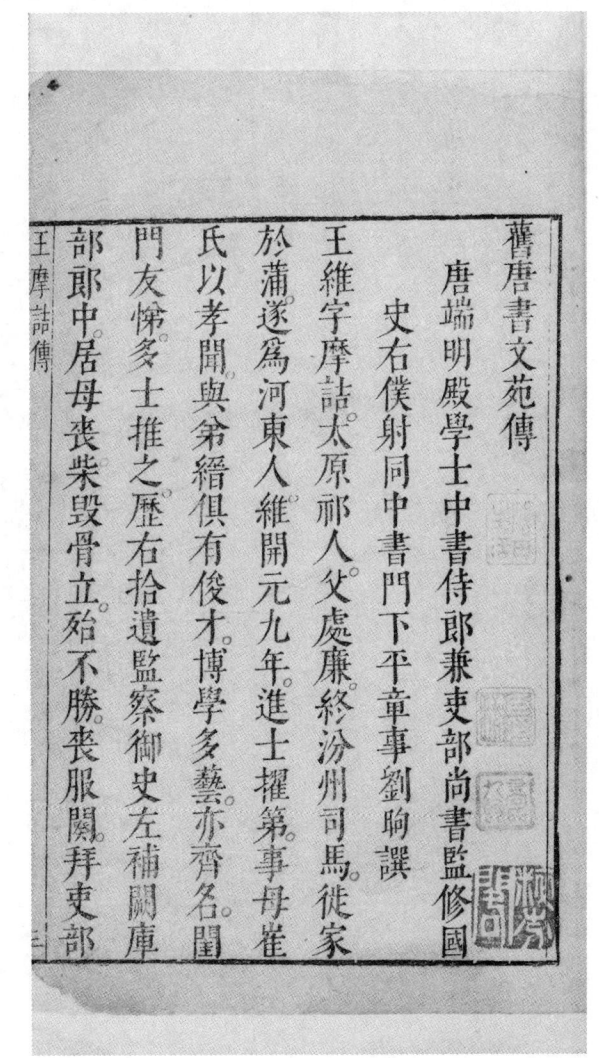

《王摩诘诗集》首叶及沈知方等藏印

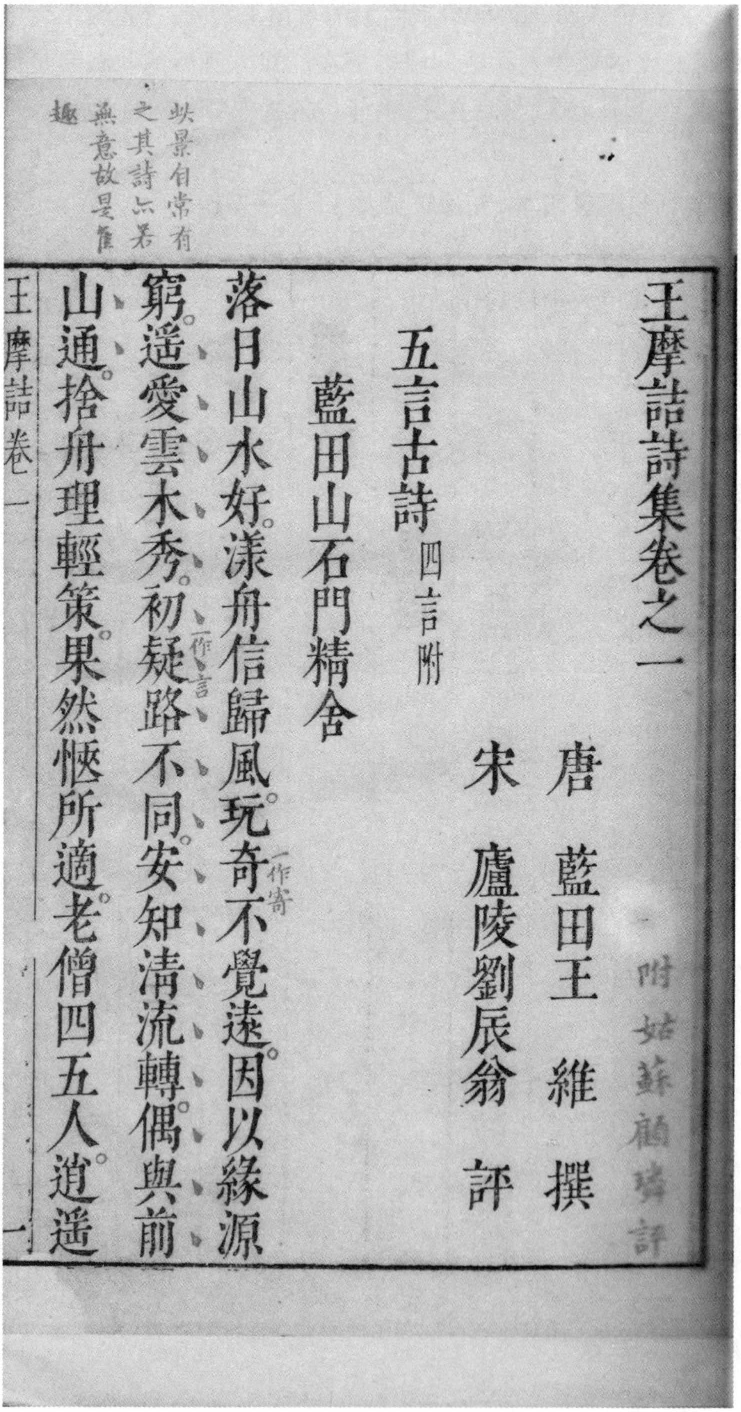

王摩詰詩集卷之一

唐　藍田王維撰

宋　廬陵劉辰翁評

五言古詩 四言附

藍田山石門精舍

落日山水好漾舟信歸風玩奇不覺遠因以緣源窮。遙愛雲木秀初疑路不同安知清流轉偶與前山通捨舟理輕策果然愜所適老僧四五人逍遙

（上方批註）峽景自常有之其詩乃若無意故是佳趣

《王摩詰詩集》正文首葉

院刻《王右丞诗集》六卷等，万历年间有吴氏漱玉斋刻《唐王右丞诗集》六卷、凌濛初刻朱墨套印本《王摩诘诗集》七卷、霏玉轩刻《王摩诘集》二卷（前唐十二家诗本），天启年间刻有《王摩诘诗集》六卷（合刻刘须溪点校书九种本），另外还有几种不辨具体时间的明刻本。王维诗文在清朝的版本包括康熙年间项氏玉渊堂刻《王摩诘集》六卷、乾隆年间刻《王右丞集》二十八卷首一卷末一卷、光绪五年（1879）巴陵方氏碧琳琅馆刻朱墨套印本《王摩诘诗集》七卷、光绪十年（1884）上海同文书局石印本《王摩诘诗集》六卷、光绪二十二年（1896）上海古香阁石印本《王摩诘集》六卷（唐四家诗本）。明清时期还有王维诗文集的多种抄本。

2. 皖西学院馆藏明凌刻朱墨套印本《王摩诘诗集》残本

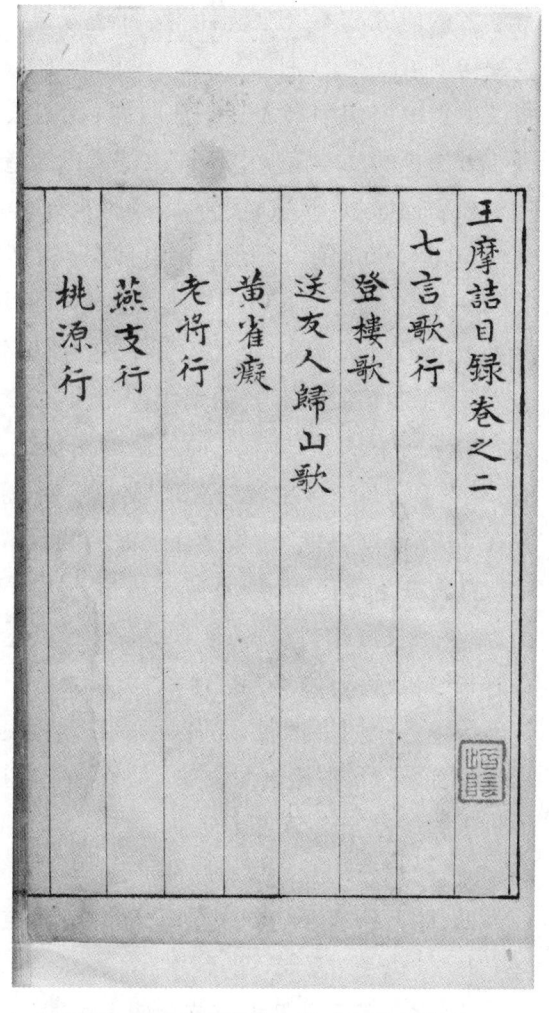

《王摩诘诗集》卷二首叶赵尊岳抄录及印章

皖西学院图书馆收藏有明万历年间凌濛初刻朱墨套印本《王摩诘诗集》七卷残本。凌濛初（1580—1644），明代小说家和刻书家。字玄房，号初成，别号即空观主人，乌程（今浙江湖州）人。副贡生。曾任上海县丞、徐州通判，在率众抵抗李自成起义军时病故于徐州。凌濛初创作有被后人称为"二拍"的初刻和二刻《拍案惊奇》两部短篇小说集，《虬髯翁》、《北红拂》等戏曲杂剧，这些文学成就受到比较多的重视和研究，但其作为刻书家的贡献却很少有人研究。实际上，由凌濛初开创的凌氏家族刻书业、特别是其套印技术因其工艺复杂、刻印精美而与闵氏家族刻书同样辉煌，是中国传统印刷技术和成就的重要代表。根据有学者的研究和不完全统计,仅明万历三十四年(1606)至崇祯五年(1632),凌濛初刻书就达31种[11]。

由于凌濛初刻书大多不注时间,我们只能知道其所刻《王摩诘诗集》大致刻于万历年间。本馆所藏为该书的卷一至卷四,卷端记有:唐蓝田王维撰,宋庐陵刘辰翁评,附姑苏顾璘评。版式为八行十九字,白口,左右双边,天头印评点,版框20.8×14.6厘米。两册。在书首《旧唐书文苑传》首叶,钤有沈知方的"粹芬阁"印;还有一枚阳文朱印"砚田生活",但不知印主是何人;卷二目录系抄补,抄补首叶钤有阳文朱印"惜阴",尽管明清以来以"惜阴"为室名别号者有数人,但鉴于本馆收藏有一部现代著名词学家赵尊岳旧藏之明刻《楚辞》,上面钤有"惜阴堂藏书记"印章,而且赵尊岳也是上海人,这部残本《王摩诘诗集》上的"惜阴"印章应该也属赵尊岳,那些抄补文字也是由赵尊岳留下的。由于沈知方在1939年即去世,其藏书在上海沦陷后散失,而赵尊岳在抗战期间投靠汪伪政权并曾在上海任职,1965年才去世,因而基本可以认定,沈知方收藏此书在前,赵尊岳收藏此书在后,赵尊岳是紧接着沈知方收藏此书的。除了上述三枚印章外,此书还钤有另外三枚印章,可惜无法识读。

国内各家图书馆收藏的保存完整的凌刻套印本《王摩诘诗集》基本上都已入选《国家珍贵古籍名录》,本馆此书可能由于残缺之故,在申报第二批《国家珍贵古籍名录》时,未能入选。

四、明万历凌濛初刻朱墨套印本《李长吉歌诗》四卷《外诗集》一卷

1.《李长吉歌诗》的版本

《李长吉歌诗》是中唐著名诗人李贺的诗集。

李贺生前曾将自己的223首诗编集为四卷,托付友人沈子明,后由杜牧为之作序。至宋时,又增加外集一卷。李贺集在宋代有五种版本,分别是京师本、蜀本、会稽姚氏本、宣城本、鲍钦止家本。现存最早的李贺集是国家图书馆收藏的南宋中期四川眉山刻唐六十家集本《李长吉文集》四卷;国家图书馆还收藏有一部蒙古宪宗六年(1256)赵衍燕京刻本李贺集《歌诗编》四卷。元朝亦有李贺集刻本,但已无存书传世。明代版本较多,包括弘治十三年(1500)马炳然刻《锦囊集》四卷《外集》一卷,于嘉刻本、王家瑞刻本、弘治十五年(1502)刘廷瓒刻本《唐李长吉诗集》四卷,不辨具体刊刻年代的《李长吉诗集》四卷《外诗集》一卷、《李贺诗集》不分卷、姜道生刻本《唐太常寺奉礼郎李长吉诗集》一卷、澂

第三章 浙江藏书家所藏明清古籍（上）

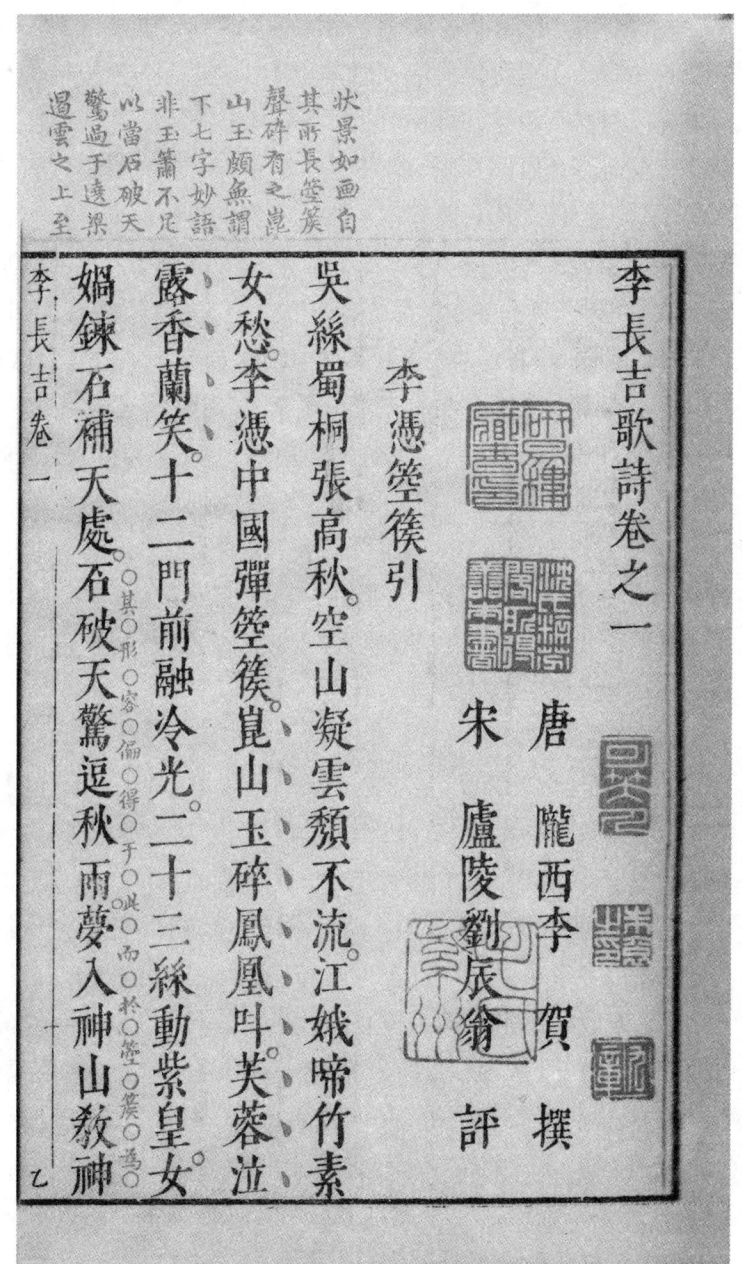

《李长吉歌诗》
正文首叶及收藏印

芬堂刻本《唐李长吉歌诗》四卷，万历年间凌刻朱墨套印本《李长吉歌诗》四卷《外诗集》一卷，万历四十一年（1613）刻《唐李长吉诗集》四卷《外诗集》一卷，天启年间刻《李长吉歌诗》四卷《外集》一卷（合刻宋刘须溪点校书九种本），崇祯年间毛氏汲古阁刻《歌诗编》四卷《集外诗》一卷，明末刻本《昌谷集》四卷等。李贺诗集的清代版本也不少，包括康熙五年（1666）建阳同文书院刻本《昌谷集》四卷，康熙年间刻本《李长吉诗删注》二卷，清初刻本《昌谷诗集》五卷，丘象随西轩刻梅邨书屋印本《李长吉昌谷集句解定本》四卷，雍正九年（1731）金惟骏渔书楼刻本《李长吉集》四卷《外集》一卷，乾隆年间王氏宝笏楼刻本《李长吉歌诗》四卷《外集》一卷，嘉庆十三年（1808）陈裹刻《协律鉤元》四卷《外集》一卷（江都陈氏丛书本），光绪年间有四川宏达堂刻《李长吉歌诗》四卷、朱墨套印本《李长吉集》四卷《外集》一卷、会稽董氏取斯家塾刻本《唐李长吉诗集》四卷卷首一卷（董氏丛书本），还有宣统元年（1909）上海扫叶山房石印本《李长吉集》四卷《外卷》一卷等。另外，日本文政元年（1818）刻有《李长吉歌诗》四卷（昌平丛书本）。

皖西学院图书馆收藏有万历年间凌刻朱墨套印本《李长吉歌诗》四卷《外诗集》一卷，版式为八行十九字，白口，左右双边，版框20.4×14.9厘米。卷端题"唐陇西李贺撰，宋庐陵刘辰翁评"，书首有杜牧序、李长吉小传，卷末有凌濛初跋，天头印评点。二册。

2. 递藏源流

在本馆这部明万历年间凌刻朱墨套印本《李长吉歌诗》中，留有过去收藏者的藏书印达30多枚，这些印章遍布全书，基本无规律可循，其中可辨识的印主有7人。依照收藏者的生活年代，其收藏此书的大致顺序为：

金俊明收藏印。金俊明（1602—1675），初冒明宗室姓朱，名衮，字九章，复姓改名后，字孝章，号耿庵，自称不寐道人，江南吴县（今江苏苏州）人。明代诸生，是明末以江南士大夫为核心的政治、文学团体复社中的名士。明亡后，隐居市廛，佣书自给。去世后，门人私谥其孝贞先生。金俊明好录异书，擅长诗与古文，兼善绘画，尤长于墨梅，书画名倾东南，著有《春草闲房诗集》、《退墨稿》、《康济谱》等。金俊明留于本馆此书中的印章有"九章"、"朱衮之印"、"朱衮私印"、"朱印九章"等。从所钤印章皆为朱姓来判断，金俊明是在明亡之前收藏此书的，因而可能是该书第一位收藏者。

姜绍书收藏印。姜绍书，生卒年不详，字二酉，号晏如居士，明末清初江南丹阳（今江苏丹阳）人。明崇祯十五年（1642）曾为南京工部郎。长于绘画，善于鉴别书画真伪，喜欢探究画家原委。清康熙年间著《无声诗史》及《韵石斋笔谈》。姜绍书留于本书中的印章有"韵石斋收藏金石书籍"、"韵石过眼"、"韵石"等。

毛奇龄收藏印。毛奇龄(1623—1716),明末清初的经学家、文学家。本名甡,字大可,号初晴、秋晴,又以郡望称西河先生,浙江萧山人。明诸生。清初曾参与抗清军事,事败后流亡多年,康熙时举荐博学鸿词科,任翰林院检讨、明史馆纂修官,后请假归里,不再复出。毛奇龄治经史与音韵学,长于散文诗词,并从事诗词的理论批评,博闻强记,著述极丰,后人所编《西河合集》达四百多卷。毛奇龄留于本书中的印章为"西河子鉴藏"等。

曹学诗的批校和收藏印。在这部《李长吉歌诗》中,留有少量的批校文字,其中的第一条批校见于卷一叶二。在书中"及国世沦败"一言后,留有一段手书文字:"国世一作国势,见王琦所注今本,又见全唐诗。"批校中所言"王琦所注今本"是指清代文学家王琦编著的《李长吉歌诗汇解》。批校文字后钤有"以南印"印章。这枚印章的主人是曹学诗。曹学诗(1697—1773),字震亭,号以南,清安徽歙县(今属安徽)人。乾隆十三年进士。历官内阁中书、崇阳知县。长于诗,著有《香雪文钞》、《香雪诗钞》等。曹学诗留于此书中的印章还有"以南之印"(阳)、"以南之印"(阴)、"以南印信"等。

姚嗣懋收藏印。姚

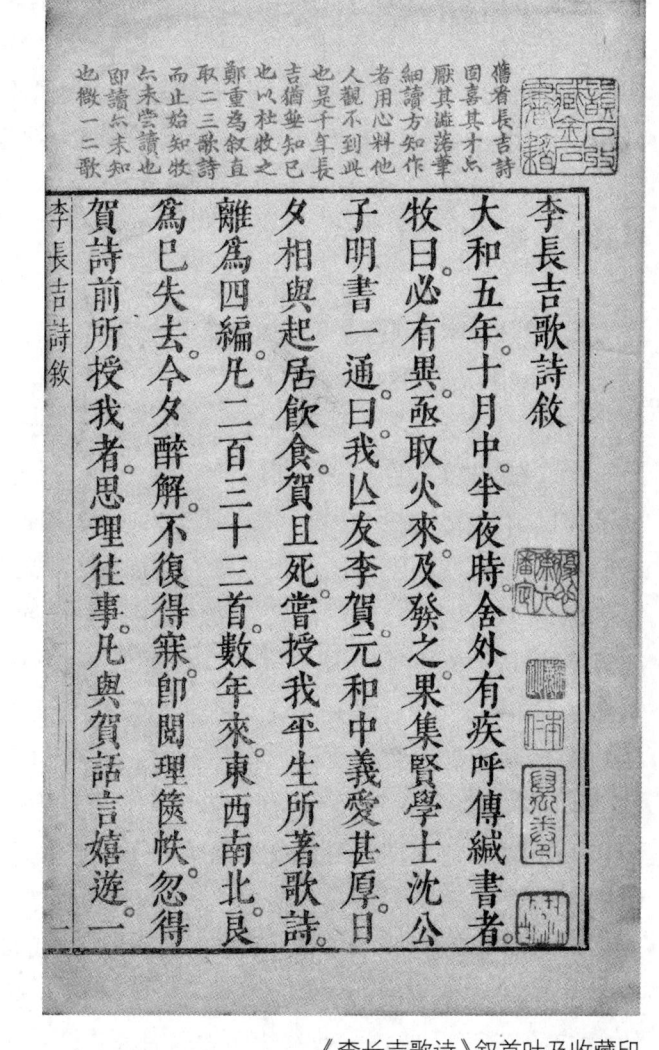

《李长吉歌诗》叙首叶及收藏印

嗣懋,生卒年不详,清朝画家。字本仁,号修白,又号灵石山樵,钱塘(今浙江杭州)人。曾任直隶祁州知州。为清代在诗书画印方面造诣精深的文人艺术家奚冈的入室弟子,长于书画,其山水画取法宋元,花卉图秀雅不俗,多有画作传世。姚嗣懋留于本书中的印章为"本仁"等。

沈知方收藏印。沈知方留于本书中的印章为"沈氏粹芬阁所得善本书"等。

沈仲涛收藏印。沈仲涛留于本书中的印章为"研易楼藏书印"等。从钤印的位置和顺序来看,沈仲涛是紧随沈知方之后收藏此书的。在沈仲涛之后,此书可能流入书肆,并于1958年进入六安师范专科学校图书馆。

除了上述可辨识印主的印章外,本书中还留有笔者不辨印主的诸多印章,包括"可笑人"、"毛氏紫州"、"万卷"、"麟趾"、"复兴斋人审定"、"表里如一"、"绎甫氏"、"红馆箫吟"、"镜香翰墨"、"招君隐"、"飘逸"、"豪放"等;另外,本书中还有一些笔者无法识读的印章。众多名家藏印证明了此书的珍贵,同时也进一步增加了本书的价值。2009年6月,本书入选第二批《国家珍贵古籍名录》,编号05287。

五、明翻刻本《欧阳文忠公文抄》三十二卷

1.《欧阳文忠公文抄》的版本

《欧阳文忠公文抄》是茅坤选编的《唐宋八大家文抄》中的欧阳修文集。分为三十二卷,收文265篇,另附有《五代史记》二十卷,书首依次为引(即序)、本传和目录。在由茅一桂校刊的《唐宋八大家文抄》最初版本中,欧文后未附《五代史记》。皖西学院图书馆收藏有一部《欧阳文忠公文抄》,版式为九行十九字,小字双行同,白口,左右双边;版框20.2×14.2厘米。六册。卷端题有"归安鹿门茅坤批评"。其内容、版式、版框、字体、用纸、书衣等与茅一桂明万历七年刻本都基本相同或相似,但书首缺少茅坤所作之引,而在茅一桂刊《唐宋八大家文抄》中,茅坤所作各引后均有"侄茅一桂校刊"字样,这是茅一桂刊本的主要依据;另外,本馆所藏茅一桂刊《唐宋八大家文抄》中的《王文公文抄》的开本为30.0×18.8厘米,而这部《欧阳文忠公文抄》的开本只有26.8×17.5厘米,差别很明显,因而不太可能是同一种版本。据此判断,本馆这部《欧阳文忠公文抄》应该是茅一桂刊本的翻刻本,而且翻刻时间与原刊本的时间也比较近。

在本馆这部《欧阳文忠公文抄》中的《欧阳文忠公本传》首叶钤有沈知方的"粹芬阁"印,表明该书曾是沈知方的旧藏。

《欧阳文忠公本传》首叶及沈知方、王相收藏印

2. 王相收藏印

在皖西学院图书馆此书《欧阳文忠公本传》首叶所钤沈知方印的上方，还钤有一枚竖长方形阳文朱印，印文为"王氏信芳阁藏书印"；在《目录》首叶也钤有一枚方形阳文朱印，印文为"秀水王相"。这两枚印章的主人是清代藏书家王相。王相（1789—1852），字惜庵，祖籍浙江秀水，生于江苏宿迁。清朝中期著名的文人、收藏家和刻书家。王相出身士大夫家庭，幼读诗书，深通六经典籍，但不屑科举，鄙薄仕途，生性喜好文学艺术，诗风与苏轼、陆游相近，文风效法韩愈、柳宗元。出身藏书世家的王相承继家族古风，酷嗜古籍及金石书画，建有藏书楼百花万卷草堂、池东书库等，藏书40

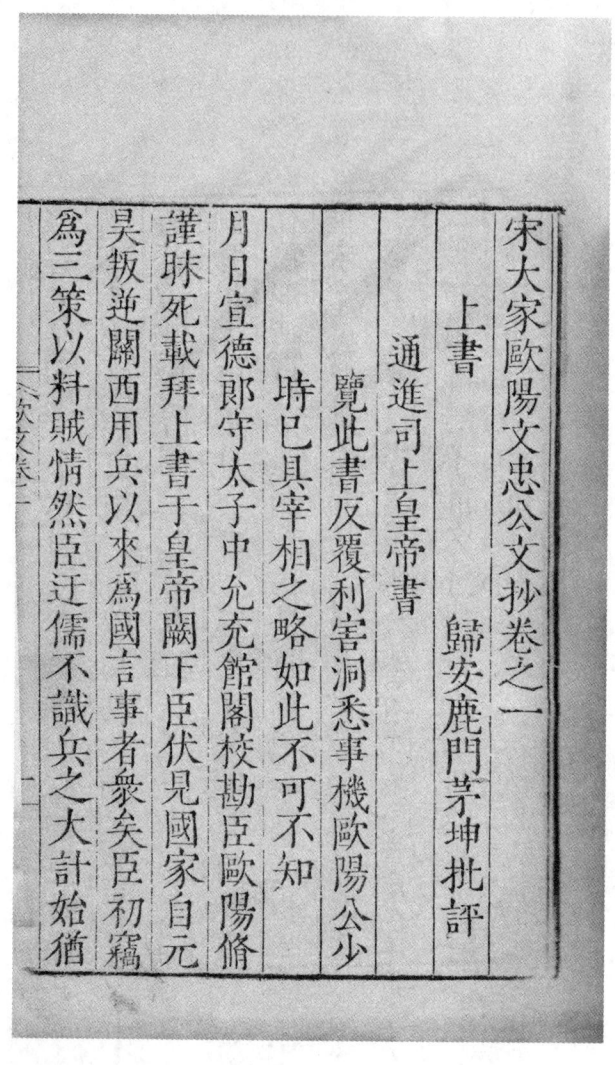

《欧阳文忠公文抄》正文首叶

万卷，是当时江北最大的私家藏书楼，所藏以历代别集最为丰富，卷数为海内之最；其藏书多宋元善本、佳刻珍本。王相还精于校勘和刻书，将其亲手校勘的诸多文献陆续刊印，亦有用木活字版印刷者，所印之书均署"信芳阁"，统称《信芳阁丛书》，其中最著名的，当属由其亲自选辑并校勘的清初至嘉庆年间三百多家诗汇编而成的《信芳阁诗汇》。该书共40函，洋洋大观，是一部清代诗选巨著。王相还爱好金石书画，收藏既富，又精鉴赏，而且擅长楷书，所藏字画佳品甚多，其中多有唐、宋、元、明书画名迹。王相去世后，这些字画一直由其后人保存，直到抗日战争初期,1938年日本军队侵占宿迁,池东书库所藏字画等文物全部散失。王相晚年花费十多年心力,主持摹刻清朝雍正、乾隆年间著名金石书画家高凤翰制砚谱录《砚史》,直至谢世(其摹刻石版现作为国家一级文物珍藏于南京博物院)。王相著有诗集《无止境斋初、续稿》、《乡程日记》、《井窥》、《春明图览》、《草堂随笔》等,均刻版印刷,分赠朋好。

前文曾言,沈知方粹芬阁多有王相信芳阁散出之书,但这部《欧阳文忠公文抄》何时散出、沈知方何时收得、其间是否有其他收藏者,笔者皆无资料可查。

皖西学院图书馆的沈知方、沈仲涛旧藏古籍,除了上述明刊本《重刊许氏说文解字五音韵谱》,明万历凌刻朱墨套印本《王摩诘诗集》、《李长吉歌诗》,明翻刻本《欧阳文忠公文抄》外,还包括前一章所介绍的宋衢州州学刻元明递修本《三国志》,该书曾为沈仲涛所收藏。

六、沈知方、沈仲涛是同胞兄弟吗

沈知方、沈仲涛同为浙江山阴人,出生年月相近,同为清代藏书家沈复粲的后裔,许多古籍善本中同时留有粹芬阁、研易楼的印章(除本馆的万历年间凌刻朱墨套印本《李长吉歌诗》外,明嘉靖刻本《自警编》等多种书中均留有二人印章),这就引出一个有趣的话题:沈知方、沈仲涛二人是何种关系?

笔者曾在互联网的博宝论坛上检索到由沈家后人留下的一段文字,内容涉及沈知方、沈仲涛的关系。这条发表于2008年10月26日的留言内容是:"沈仲涛是我三叔,1948年去台湾;大伯沈知方是上海世界书局董事长,1939年病故;我父沈仲方排行第二。我最近才看到沈仲涛先生捐赠台湾故宫研易楼宋版书藏介绍。幼年时就知道三叔研究《易经》,第一次看到有关他的报道。"[12]从这段留言来看,沈知方、沈仲涛是同胞兄弟,而且两兄弟之间还有一个沈仲方。这是到目前为止,笔者找到的唯一一条关于沈知方、沈仲涛是同胞兄弟的信息,不辨真伪。浙江省社会科学院研究员顾志兴先生所著《浙江藏书史》以搜罗全面、内容详实见长,就内容而言,该书在介绍沈知方、沈仲涛时,就没有提及二人具有同胞兄弟关系,甚至没有将二人放在一起介绍[13]。前述留言中关于沈知方、沈仲涛各自身世的介绍基本上都是正确的,因而其关于二人关系的介绍具有一定的可信度;但从时间上来看,沈知方生于1882年,沈仲涛生于1892年,介于二人之间的沈仲方出生时间距今应该有120年左右,那么在正常情况下,其子女到2008年时应该在70岁以上。一个年逾古稀的老人会在网络论坛上做如此留言吗?

第三节 谢光甫所藏古籍

在皖西学院图书馆的古籍藏书中,有五部明代刊本都留有一枚方形阳文朱印,印文为"余姚谢氏永耀楼藏书",这就是民国时期藏书家谢光甫的藏书印。

一、谢光甫其人

谢光甫(?—1939),字永耀,浙江余姚人,出身金融世家,是清末和民国时期的银行家谢纶辉之子。曾任上海总商会会董、中国通商银行常务董事及总经理等。上世纪二三十年代,因战乱不断、特别是日寇入侵,中华古籍大量散出,其中很大一部分流入上海书肆,为保护古籍并防止其散失海外,谢光甫与叶景葵、郑振铎、阿英等文化名人悉心抢救流散的中华典籍,创建了上海合众图书馆。谢光甫平生喜好搜集古籍善本,并乐此不疲,在上海从事商务活动的同时,经常去中国书店、来薰阁书店寻访珍本;他凭借其丰厚的经济基础,不惜重金收购古籍珍本,先后历时三十余年,因而其书室永耀楼藏书甚丰,所收以清人集部及参考书为多,宋本和精抄本亦有不少,郑振铎评价其为"最热忱的藏书家"。可惜谢光甫英年早逝,其永耀楼藏书在其去世两年后陆续散出,其中一部分流入来薰阁书店。来薰阁书店正是上海古籍书店的源头之一,六安师范专科学校于1958年自此购得包括谢光甫部分旧藏在内的大批珍籍。

二、明万历四年刻《史记评林》一百三十卷

《史记评林》一百三十卷,明凌稚隆辑。凌氏为乌程望族,凌稚隆在家族遗风和当时社会文学复古思想的影响下,专心出版和著述事业。《史记评林》以黄善夫本系统的柯维熊本为底本,以数种宋本校勘,是历史评论和阐发《史记》的集大成之作。

凌稚隆编成《史记评林》后,于明万历二至四年将其刻印成书,立即风行海内,极受欢迎。明代吴兴刻书业的兴盛,就是自凌稚隆刻印《史记评林》及《汉书评林》获得巨大成功后开始的,凌稚隆之侄凌濛初后来成为中国出版史上著名的刻书家;而凌氏的成功吸引了闵氏加入刻书行业,闵齐伋于万历四十四年(1616)首先将套印与评点结合起来,刊刻《春秋左传》套印本,开启套印先河,

同样成为中国历史上著名的刻书家。

凌稚隆编刻的《史记评林》获得成功以后，又出现李光缙、黄长吉、陈仁锡等对凌氏集评本的改进本，所以《史记评林》在明朝末年还有熊氏积德堂刻本、熊氏宏远堂刻本、立本堂刻本、翰墨林刻本、陈仁锡刻本等。陈仁锡本流行后，凌稚隆原刻本已不多见，仅有清致和堂刻本、同治十三年（1874）星沙养翩书斋刻本、光绪十年（1884）湖南刘鸿年翻刻本、光绪十七年（1891）星沙养翩书斋刻本等。《史记评林》在传到日本、朝鲜后，出现了大量的翻刻本，前后有十几种之多。

皖西学院图书馆收藏有三部凌稚隆辑校并刊刻的《史记评林》一百三十卷，版式为十行十九字，小字双行十九字，上下两栏，黑口，左右双边，单黑鱼尾；版框24.7×14.9厘米。卷一首叶版心下方记有"长洲顾□写同邑沈玄易刊"，全书所记刻工有钱世英、章右之、杨顺之、戴文等。三部书分别为30册、24册、20册。其中30册本《史记评林》中钤有谢光甫的藏书印"余姚谢氏永耀楼藏书"。

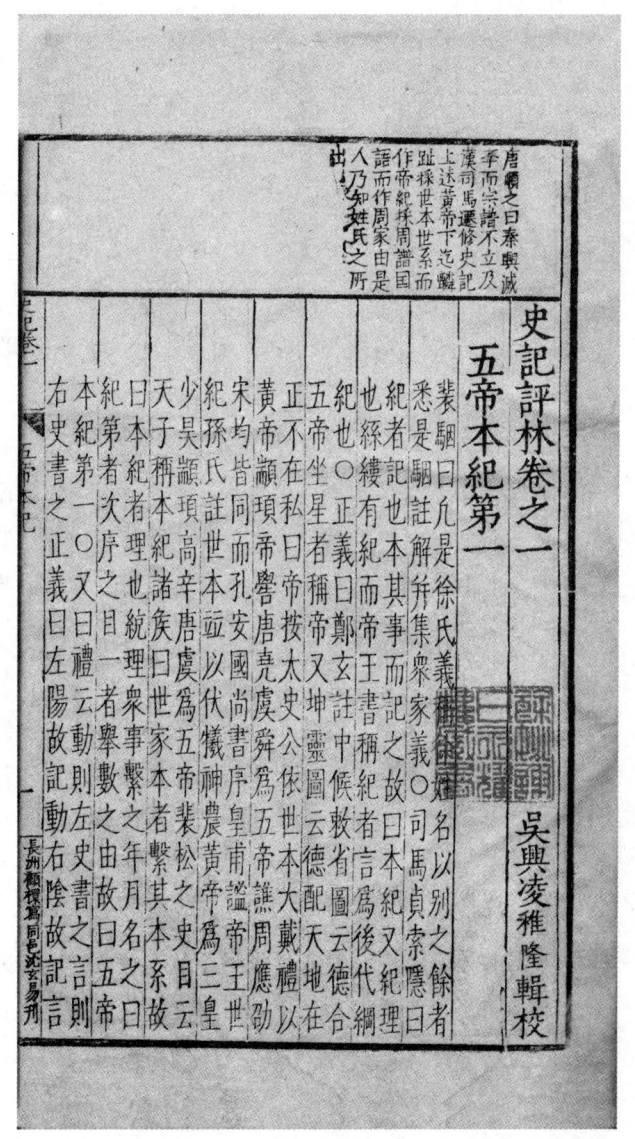

《史记评林》正文首叶

三、明嘉靖汪文盛等刻《后汉书》九十卷《志》三十卷

《后汉书》是纪传体史书,南朝宋史学家范晔撰。此书记录了光武帝建武元年(25)至献帝建安二十五年(220)之史事。唐时以此书与《史记》、《汉书》、《三国志》合称"四史",其他东汉史书则逐渐亡佚,使得本书成为研究东汉历史的基本资料。

由于范晔计划中的十志未及完成,到北宋时,有人把晋史学家司马彪《续汉书》中的八志(简称续志)三十卷与范晔的十纪、八十列传合刊,成为后世通行的《后汉书》。

《后汉书》通行的注本,纪传部分为唐高宗之子章怀太子李贤所注,其注着重于训诂,重点是解释文字,但也参考其他东汉史书,对史实有所补正。为各志作注的是南朝梁刘昭,其注偏重于事实的补充而略于文字训诂,类似于裴松之注《三国志》。

《后汉书》的版本比较复杂。在唐代,李贤所注《后汉书》与刘昭所注《后汉志》都是单独行世的。北宋淳化五年(994),《后汉书》有了初刻本,景德二年(1005)有了校定本,但这两种版本都没有收入《续志》;从北宋乾兴元年(1022)开始,由于经学家、礼部尚书孙奭的建议,各种版本的《后汉书》才将续志与纪传合刻,将《续志》

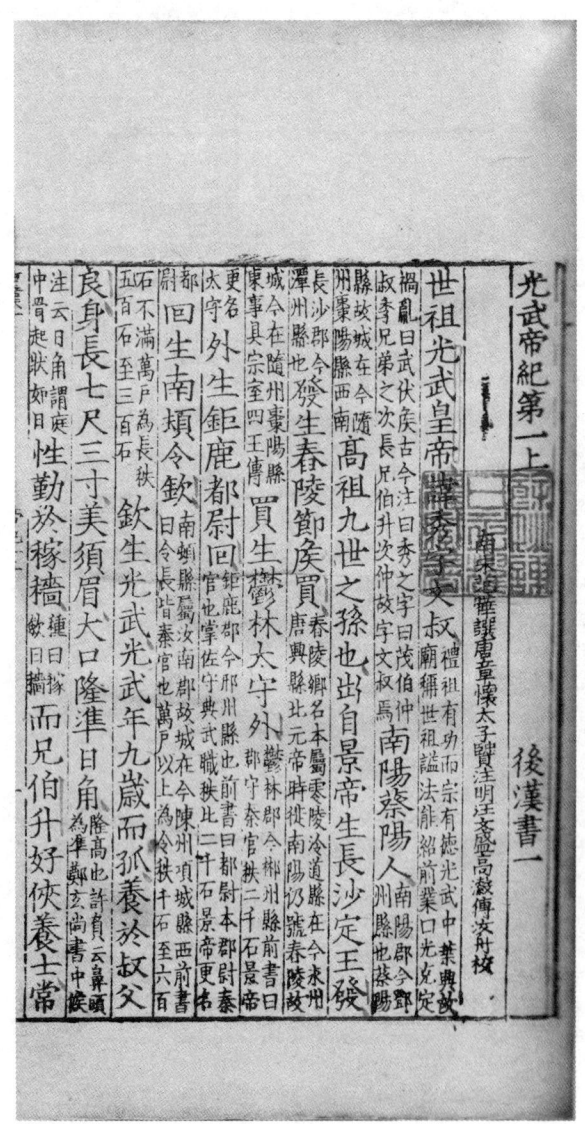

《后汉书》正文首叶

附于范晔著纪传之后。国家图书馆收藏的北宋刻递修本《后汉书》（存一百一十五卷，有补配）就包括有续志；此外，宋刻本还包括绍兴江南东路转运司刻本（有宋元明递修本）、王叔边建阳刻本、白鹭洲书院刻本、黄善夫刻本等，其中以绍兴本为最善。元代有大德九年（1305）宁国路儒学刻本（有明朝递修本）。明清时期版本众多，明版本主要包括：新安吴勉学刻本、正统八至十一年（1443—1446）刻本、嘉靖汪文盛等刻本、嘉靖七至九年（1528—1530）南监本（有明清递修本）、明刻嘉靖十六年广东崇正书院重修本（清康熙三十九年又重修）、万历二十四年（1596）北监本、万历间钱塘钱人杰刻本、天启七年（1627）云林积秀堂刻本、崇祯十六年（1643）汲古阁刻本（有清顺治重修本）等。清版本主要有乾隆四年（1739）武英殿刻本、咸丰元年（1851）新会陈焯之刻本、同治八年（1869）金陵书局刻本、同治光绪间成都书局刻本、同治十二年（1873）岭东使署刻本、光绪五年（1879）湖北崇文书局刻本、光绪九年（1883）上海点石斋石印本、光绪十年（1884）上海同文书局石印本、光绪十三年（1887）金陵书局石印本、光绪十四年（1888）上海蜚英馆石印本和上海图书集成印书局铅印本、光绪十八年（1892）武林竹简斋石印本、光绪二十八年

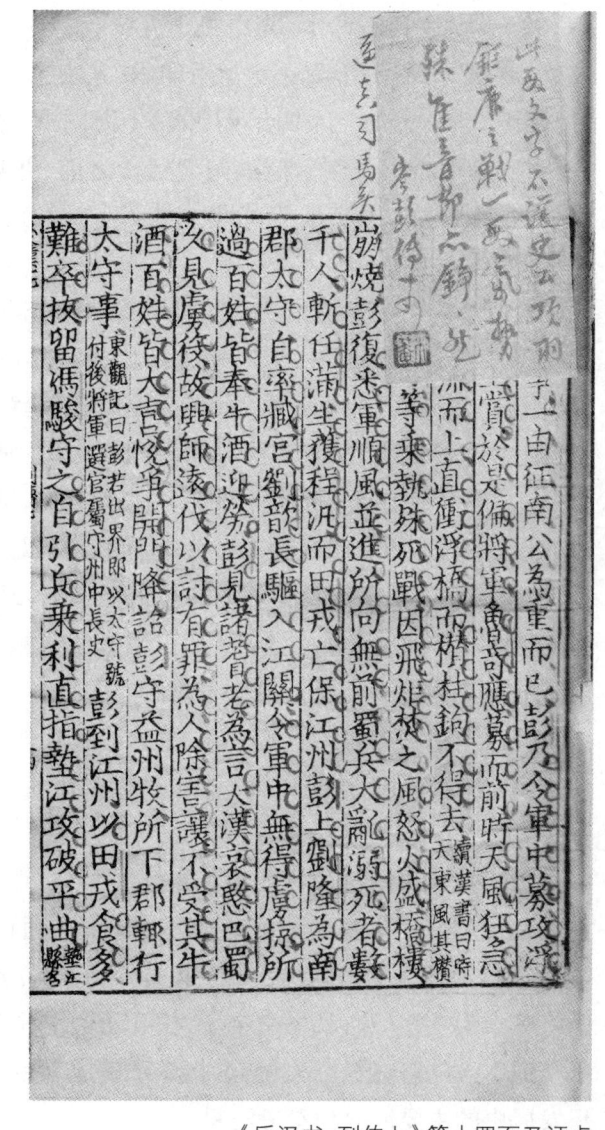

《后汉书·列传七》第十四页及评点

(1902)文澜书局石印本、光绪二十九年(1903)上海五洲同文书局影印本、光绪三十一年(1905)上海久敬斋石印本、光绪三十三年(1907)上海华商集成图书公司铅印本、光绪三十四年(1908)上海图书集成公司铅印本等。需要注意的是，明监本把续志合刻于范书纪之后传之前，并且抹去司马彪之名、改刘昭之"注补"为"注并补"，清武英殿本又照明监本翻刻，容易使人误以为八志是刘昭所补并加注的。

皖西学院图书馆收藏有一部明嘉靖汪文盛等刻本《后汉书》，版式为十二行二十二字，小字双行二十八字，白口，左右双边，无鱼尾，有书耳，版框 18.6×13.4 厘米。二十册。每卷卷首题"南宋范晔撰，唐章怀太子贤注，明汪文盛、高瀫、傅汝舟校"书中留有大量以朱笔所作圈点，天头则有许多以朱、黄、蓝、黑四色所作批注，其中直接题于天头上的批注均无署名，而书于飞签上的批注则钤有一枚方形的阳文朱印，印文为"木庵"。明后期以来，以"木庵"为室名别号者较多，包括清朝前期东渡日本传禅的高僧释木庵、近代书法家程振甲等，我们无法确切判断此印的主人。在这部《后汉书》的卷端，钤有谢光甫的"余姚谢氏永耀楼藏书"印，这是我们唯一可知身份的收藏者。

皖西学院图书馆的这部明嘉靖汪文盛等刻本《后汉书》九十卷《志》三十卷于 2009 年 6 月入选第二批《国家珍贵古籍名录》，编号 03545。

四、明桐荫书屋刻本《中说》十卷

《中说》亦称《文中子》，题隋王通撰。王通(584—618)，隋朝思想家、教育家；私谥文中子。主张儒、佛、道三教合一，基本立足点则是儒学。王通死后，众弟子将其奉为"圣人"，私谥文中子，仿孔子门徒作《论语》而编《中说》一书。由于王通本人的著述皆已失传，《中说》就成为后人研究王通思想及隋唐之际思想发展史的主要依据和参考资料。

由于《中说》立足儒学却又试图在理论上调和儒、佛、道三教，因而其在历史上影响较大，宋代以来以《中说》或《文中子》为题的各种版本众多，特别是明清时期，由于被几部丛书所收录，因而广为流传。其早期版本主要包括宋王氏取瑟堂刻本、一种不辨刊刻者的宋刻本。明代版本包括明初刻本、嘉靖四年(1525)郑庆云刻本、嘉靖十二年(1533)顾春世德堂刻《六子书》本、桐荫书屋刻《六子书》本、一种不辨刊刻者的《六子书》本、敬忍居刻本、《汉魏丛书》本、万历何允中刻《广汉魏丛书》本、万历新安吴氏刻《二十子全书》本、万历六年

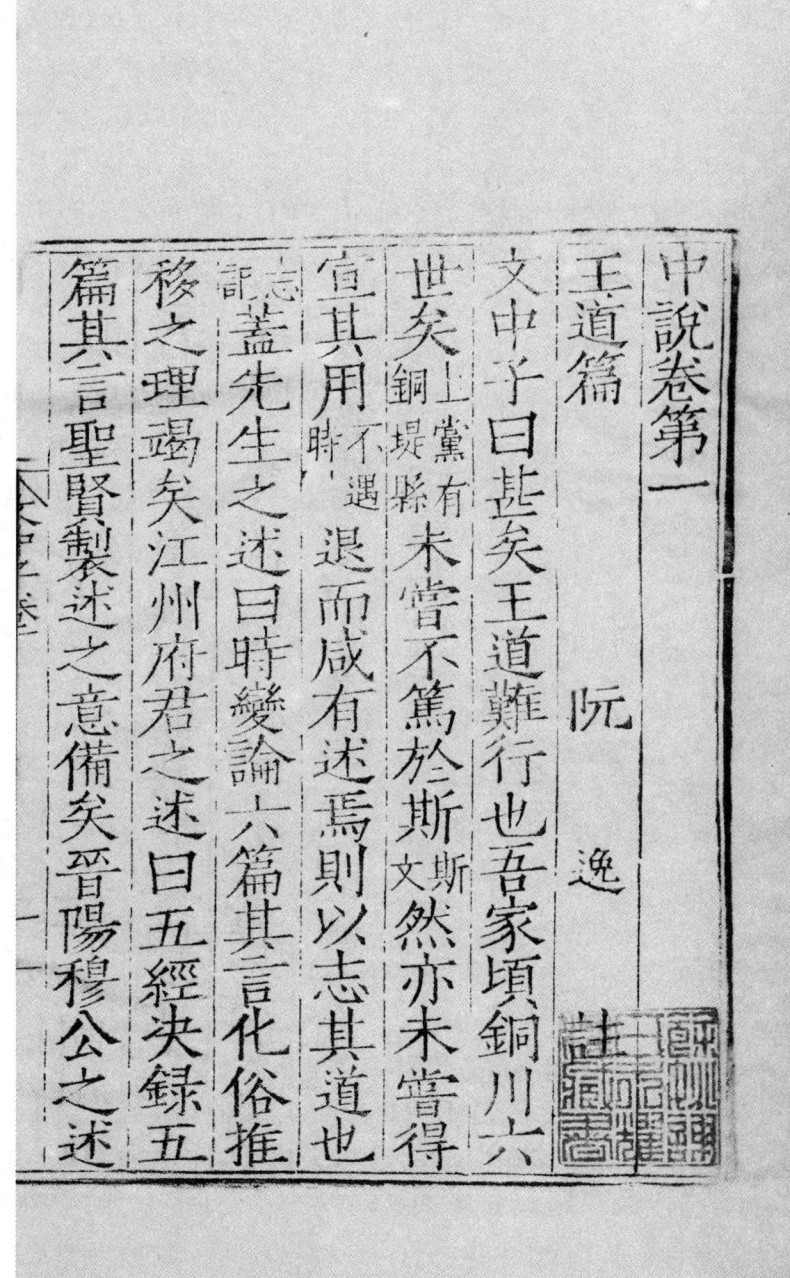

《中说》正文首叶

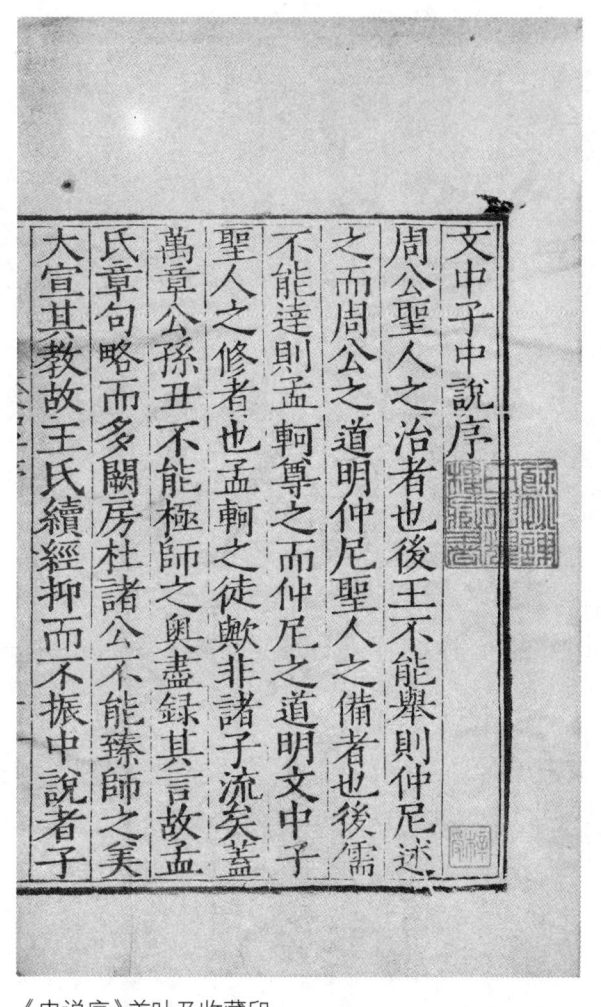

《中说序》首叶及收藏印

（1578）吉藩崇德书院刻《二十子全书》本等。清代版本更多，包括《汉魏丛书本》、《广汉魏丛书本》、《增订汉魏丛书》本、《二十二子全书》本、嘉庆九年（1804）聚文堂刻本、道光二年（1822）阎氏刻本、光绪二年（1876）浙江书局刻本、清朝末年的多种石印本和铅印本等。

皖西学院图书馆收藏有一部明桐荫书屋刻本《中说》十卷，版式为八行十七字，小字双行十七字，黑口，四周双边，单白鱼尾，版框19.1×14.4厘米。二册。在卷一首叶下方和书首序之首叶，均钤有谢光甫的藏书印，在书首序之首叶还钤有一枚"梓受"印章，不知印主为何人。但从钤印位于谢光甫印的下方来判断，"梓受"印的主人很可能是在谢光甫之前收藏此书的。

五、明崇祯五年汲古阁刻本《唐诗纪事》八十一卷

《唐诗纪事》是唐代诗人及作品评论总集，南宋计有功撰。由于该书广泛采辑，有名必录，使许多不名于世的唐代诗人及其诗作得以存传；有关唐诗研究的零散资料也因之流传甚多，对唐诗研究有重要的文献价值，向为唐诗研究者重视。而且，在诗纪事类著作中，以《唐诗纪事》为最早，对后人编纂《宋诗纪事》、《明诗纪事》等也产生了影响。

或许是由于计有功本人的历史影响有限，尽管唐诗在中国文学史上处于非

常突出的地位,《唐诗纪事》也是一部开创性的诗与评总集,但其在历史上的版本并不多。根据现有资料,《唐诗纪事》最早的刊本是南宋嘉定十七年(1224)的王禧刻本,但已失传。现存的《唐诗纪事》版本均为明代刻本或抄本,包括:一种不辨刊刻者的嘉靖刻本、嘉靖二十四年(1545)张子立刻本、嘉靖二十四年洪楩清平山堂刻本、崇祯五年(1632)毛晋汲古阁刻本,以及一种明抄本等。

皖西学院图书馆所藏《唐诗纪事》八十一卷为明崇祯五年毛晋汲古阁刻本。毛晋(1599—1659),字子晋,号潜在,原名凤苞,字子九,江苏常熟人。早年为诸生,屡试不第,便隐居故里,变卖田产,以经营校勘刻书为业,所刻书初题绿君亭或世美堂,后皆题汲古阁。毛晋常以高价求购宋元刻本,藏书84000余册,雇工达百人以上,先后刻书600多种,多经精校。他不仅是历代私家刻书最多之人,而且亦好抄录罕见秘籍,缮写精良,世称"毛钞",极受重视。本馆这部汲古阁刻《唐诗纪事》的版式为八行十九字,小字双行十九字,白口,左右双边,版框19.3×13.5厘米。三十二册。在叙首叶和卷一首叶均钤有谢光甫的藏书印。全书

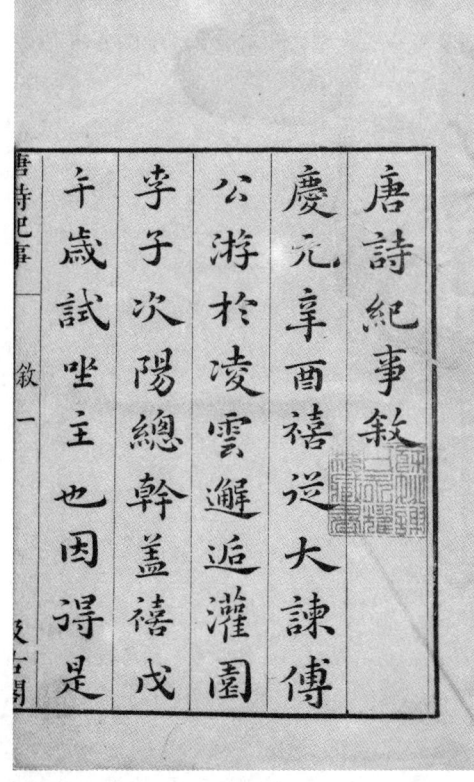

《唐诗纪事叙》首叶:版心印有"汲古阁"字样

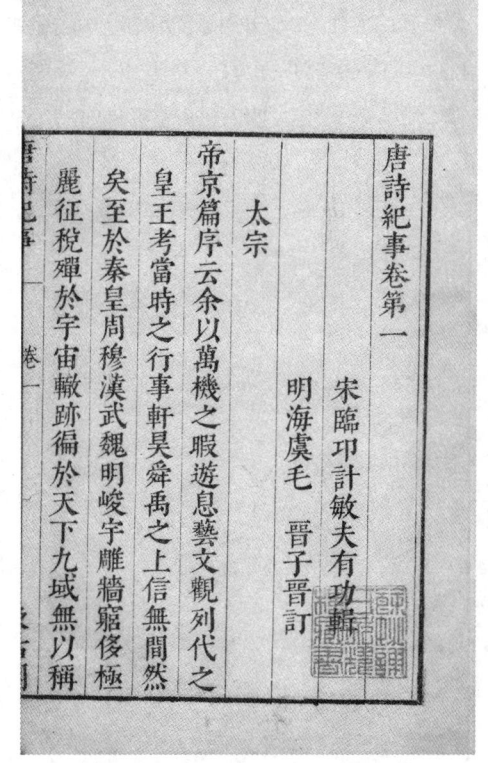

《唐诗纪事》正文首叶

保存完好。

除了前面介绍的四种明刻本外，皖西学院图书馆收藏的谢光甫旧藏古籍还包括一部明嘉靖汪文盛等刻《汉书》一百卷，后文将做具体介绍。

参考文献

〔1〕〔7〕傅增湘:《藏园群书题记》,上海古籍出版社 1989 年版,第 1102—1103、999 页。

〔2〕《钦定四库全书总目》(整理本,下册),中华书局 1997 年版,第 2765 页。

〔3〕〔8〕傅增湘:《藏园群书经眼录(四)》,中华书局 2009 年版,第 1322 页。

〔4〕莫友芝、傅增湘:《藏园订补邵亭知见传本书目（四）》,中华书局 2009 年版,第 1588 页。

〔5〕《中国古籍善本书目·集部(下)》,上海古籍出版社 1998 年版,第 1875 页。

〔6〕王重民:《中国善本书提要》,上海古籍出版社 1983 年版,补遗 257 页。

〔9〕〔13〕顾志兴:《浙江藏书史》,杭州出版社 2006 年版,第 584、584—585、586—587 页。

〔10〕傅增湘:《藏园群书经眼录(一)》,中华书局 2009 年版,第 110 页。

〔11〕(日)表野和江:《明末吴兴凌氏刻书活动考——凌濛初和出版》,《中国典籍与文化》2003 年第 3 期,第 57—67 页。

〔12〕博宝论坛 http://bbs.artxun.com/thread-19351-19-1.html

第四章

浙江藏书家所藏明清古籍(下)

第四节 沈廷芳等名家藏清乾隆钤印本 《飞鸿堂印谱》四十卷

钤印本是中国古籍中一种比较特殊的文献形式,它不是通过制版印刷形成的,而是将治印名家的若干印章直接钤盖于书叶、按照一定的顺序进行编排并装订成书的印谱。钤印本中的印文是钤盖的,而释文、治印人、印谱名、目录、序跋、卷次等信息则是刻印的。钤印本印谱既有个人专辑,也有多人合集;同一种钤印本印谱既可能仅有一部,也可能有若干部。

一、《飞鸿堂印谱》介绍

《飞鸿堂印谱》是清代前期著名的藏书家、金石收藏家汪启淑于乾隆十年至四十一年(1745—1776)编印的大型总集式印谱,分初集、二集、三集、四集、五集,每集八卷;每卷二十五叶,每叶钤印二至四枚,印旁刻印有释文和治印人;每二卷为一册,全书共四十卷二十册,收印3596方[1],风格各异。汪启淑在选编该谱时,首先对印作文字严格考订,力求每字皆有出处和来历。印文内容多摘取自经史、诸子百家、诗文词曲、格言成语等,除名号轩斋外,无只字杜撰。所收印材质地上等,印谱装帧精致美观。该谱每册前后均有作为汪启淑好友的名家名人题诗或作序跋。据统计,在该谱留下墨迹者达40余人。由于汪启淑精心编选的《飞鸿堂印谱》汇集了明清时期篆刻名家300多人的篆刻作品,又有诸多名家名人所作诗序跋,因而对研究篆刻艺术的发展具有重要价值,影响甚大,该谱与此前张灏所辑《学山堂印谱》、周亮工所辑《赖古堂印谱》并称三堂印谱,而《飞鸿堂印谱》的编校质量与收印数量均在另外二谱之上,堪称为当时印谱之首。

由于《飞鸿堂印谱》的编印历时30余年,全书有五集,在编辑过程中陆续刊行,因而其版本比较多,如现在的通行本都是每集四册,但乾隆十年(1745)编辑刊行的初辑却有十册本,而乾隆十三年(1748)编辑刊行有二十四卷再辑本。据西泠印社社员沈慧兴研究,其所见西泠印社、上海博物馆、上海图书馆所藏四部《飞鸿堂印谱》,在版框、开本、封面、结构等方面均有所不同[2]。该谱全部刊行后,影响甚大,在清朝后期和民国初年,还出现了几种影印本和石印本。

二、皖西学院图书馆所藏《飞鸿堂印谱》

皖西学院图书馆收藏有一部清乾隆年间钤印本《飞鸿堂印谱》,现存五集三十六卷,缺初集卷一、二和二集卷三、四。版式为白口,四周双边,单黑鱼尾,版框22.6×14.1厘米。十八册。全书缺少四卷,特别是缺少初集卷一,不仅使本馆这部《飞鸿堂印谱》不再完整,对其版本的研究也产生很大影响,因为前已有述,该印谱在乾隆年间刊印完毕后,又出现了几种石印本和影印本。不过从该谱中留有几位清前期和中期收藏者的印章来判断,该谱确为乾隆年间的钤印本。

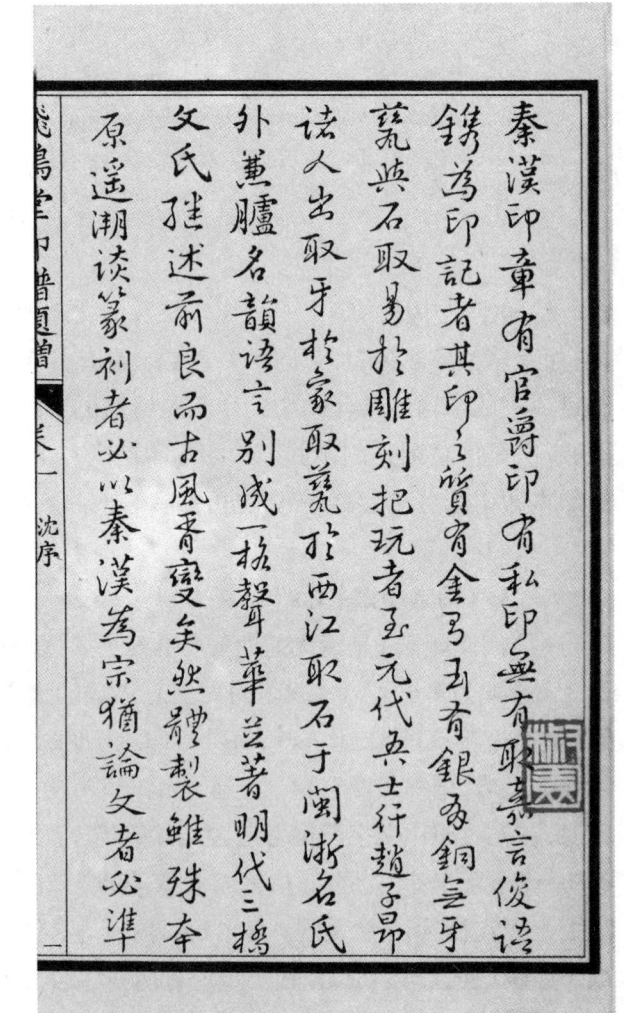

《飞鸿堂印谱》三集卷一沈序首叶及沈廷芳印

第四章　浙江藏书家所藏明清古籍(下)

三、递藏源流

缺少包括首卷在内的四卷,不仅给皖西学院图书馆这部《飞鸿堂印谱》的版本研究带来困难,也对研究其递藏源流产生了不利影响。根据尚存于该谱中的藏书印,这部大型印谱总集的收藏者大致如下:

1. 清代收藏者

沈廷芳收藏印。在本馆这部《飞鸿堂印谱》的三集卷一《沈德潜序》首叶,钤有一枚竖长方形阴文朱印,印文为"椒园",此印的主人是沈廷芳。沈廷芳(1702—1772),本姓徐,从舅氏姓沈,字畹叔,一字萩林,号椒园,浙江仁和(今杭州)人。著名学者、藏书家。乾隆初年(1736),由监生召试博学鸿词科,授翰林院庶吉士,官至山东按察使,为政清正,深得百姓拥戴。沈氏出身世家,年少时笃志于学,先后跟从方苞学古文,随查慎行学作诗文,亦究心经学,风流儒雅,诗书俱佳,尤其精于古文,著有《十三经注疏正字》《理学渊源》《读经义考》《隐拙斋诗文集》等;晚年曾掌教于粤秀书院、敬敷书院等。沈廷芳喜好藏书,藏书楼名隐拙斋,其藏书多得自其舅父旧藏,藏书甚富,其中包括南宋刻本《类编增广黄先生大全文集》五十册(现藏北京大学图书馆);后因家境渐贫,藏书散失。沈廷

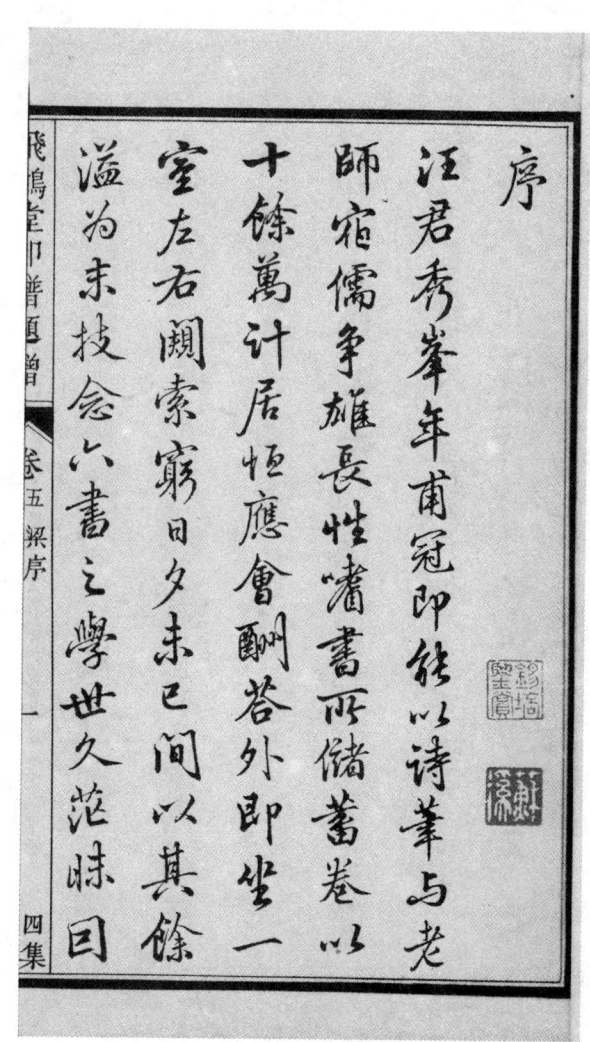

《飞鸿堂印谱》四集卷五梁序首叶及罗饶典印

75

芳不仅潜心著述和收藏,还热心刻书,精刊有《滋兰堂文集》四卷、《诗集》十卷等。喜好藏书、斯文儒雅、生活于康雍乾时期的沈廷芳收藏《飞鸿堂印谱》是很自然合理的事情,但家境渐贫、离世于乾隆中期也使得沈廷芳不可能搜得该谱其后各集。

罗饶典收藏印。在本馆这部《飞鸿堂印谱》四集卷五《梁诗正序》的首叶、末叶,均钤有一枚方形阴文朱印,印文为"苏溪",此印的主人为罗饶典。罗饶典(1793—1854),字兰陔,一字苏溪,湖南安化人。清道光九年(1829)进士,授编修,历官平阳知府、贵州布政使、云贵总督,在贵州布政使任上的政绩深为当时的云贵总督林则徐称赏。曾参与镇压太平军、回民起事,后来病亡于军中,得谥文僖。罗饶典承继湖湘理学学风,既讲求义理,又注重经世实用,长于诗书,著有《知养恬斋诗文集》等,书法从晋唐,不拘一格,饶有韵味。长于诗书的罗饶典收藏《飞鸿堂印谱》,表明其为官勤政、四处征讨的同时,未失文人本色。

姜筠收藏印。在这部名谱的四集卷一《叶世度序》首叶,钤有一枚方形阴文朱印,印文为"颖生";在五集卷一《齐召南序》首叶,钤有一枚竖长方形阳文朱印,印文为"颖生考藏之印"。这两枚印章的主人为姜筠。姜筠(1847—1919),字颖生,别号大雄山民,安徽怀宁人。晚

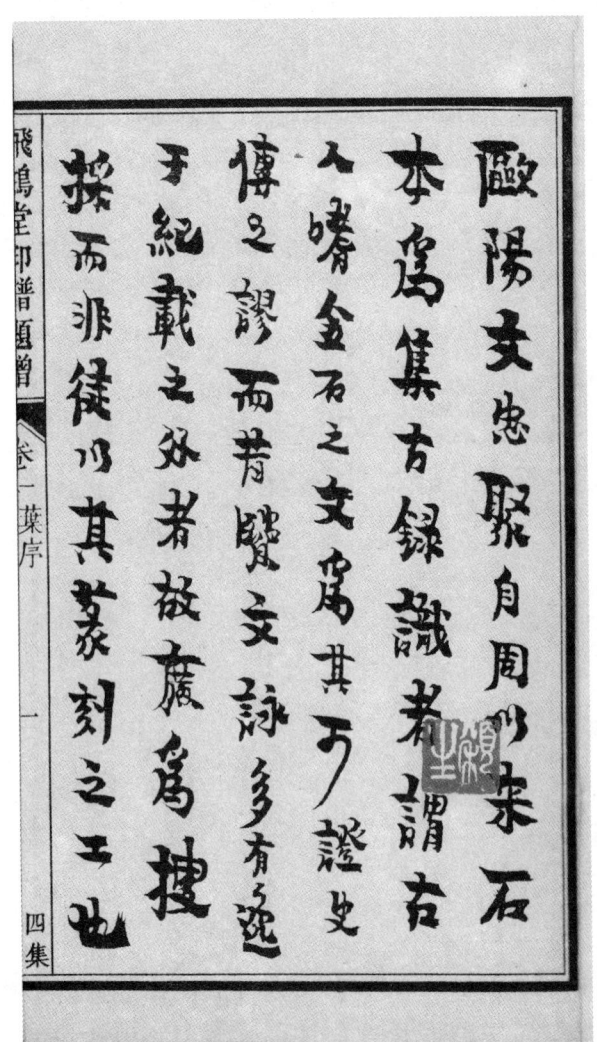

《飞鸿堂印谱》四集卷一叶序首叶及姜筠印

清著名画家。光绪十七年（1891）举人，官礼部主事。姜筠长于书法绘画，政事之余作山水花卉，名噪京师。其山水专学王翚，笔墨浓重，间作花卉；书法效法苏轼，很有韵味，可惜为画名所掩。此外，姜筠亦长于篆刻。对于一个喜好书法、长于篆刻的人来说，《飞鸿堂印谱》当是案头必备之书。

2. 傅熹年收藏印

在皖西学院图书馆收藏的这部《飞鸿堂印谱》二集卷二末叶等处，钤盖有一枚方形朱印，印文为"傅熹年"，其中"傅"为阳文，"熹年"为阴文。笔者曾请教国家古籍保护中心相关人士，确认这枚印章的主人为傅熹年先生。傅熹年（1933—），祖籍四川省

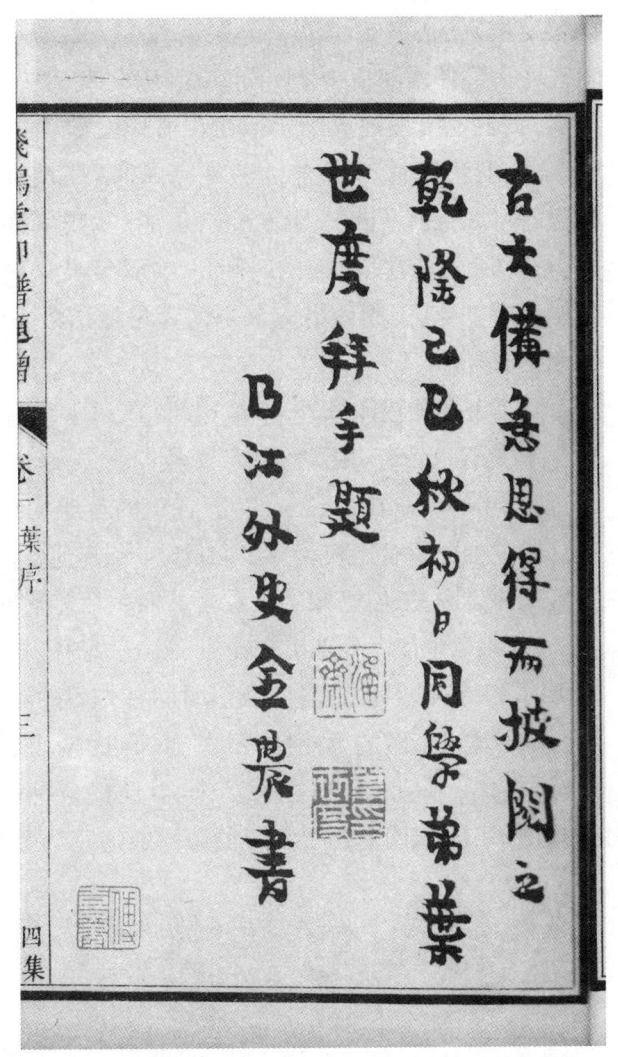

《飞鸿堂印谱》四集卷一叶序第三叶及傅熹年印

江安县，生于北京。是现代著名教育家、藏书家、目录学家、版本学家傅增湘的长孙，现代古玉研究专家傅忠谟的长子，著名书法家启功的私淑弟子。也是我国当代著名的建筑学家、文物鉴定专家、古籍整理研究专家。傅熹年先生在从事中国建筑史研究的同时，进行中国艺术史和版本目录学的研究，他整理祖父遗稿，编成《藏园群书经眼录》、《藏园群书题记》、《藏园订补郘亭知见传本书目》、《藏园游记》四书，分别由中华书局和上海古籍出版社出版；整理父亲遗稿，编成《古玉精英》、《古玉掇英》两部专著，由香港中华书局出版；编著有《傅熹年书

画鉴定集》等。

考虑到傅增湘自1944年起就卧病在床、1949年秋去世,当时的傅熹年人尚年少,而且他上世纪五十年代初在清华大学学的是建筑专业,由傅熹年搜得这部分集刊行、历时30余年才最终完成的《飞鸿堂印谱》的可能性不大,因而该谱很有可能是傅增湘的旧藏,也有可能是傅忠谟的旧藏。而且,由于本馆自上海购得这部《飞鸿堂印谱》的时间是1958年,当时的傅熹年年方25岁、自清华大学毕业才三年,因而该谱应该是傅熹年最初藏书中的一种,而且其收藏的时间也相当有限。

除了上述几枚印章外,本馆这部《飞鸿堂印谱》的二集卷一留有"芸奥堂藏书"、四集卷五留有"锡埥鉴赏"两枚印章,笔者不知印主为何人。在所有藏书印中,傅熹年的印章在二、三、四、五各集的首册均有出现,可以推测,在佚失的初集首册中也会留有这枚印章。除此之外,其他各位收藏者的印章都只出现在某一集或两集中;三位已知的收藏者按照生活年代的顺序依次为沈廷芳、罗饶典、姜筠,其印章也依序分别出现在三、四、五集中。这个现象与《飞鸿堂印谱》的辑印历时30余年才完成、各集成书时间有先后的历史事实相吻合,同时也增加了该谱属傅增湘旧藏的可能性:要收全不同时期成书、分属不同收藏者的《飞鸿堂印谱》各集,不是一件容易的事,年少且非专业人士的傅熹年当时不太可能做到,而阅历丰富、南北访书多年的傅增湘则完全可能做到。

第五节 徐氏镕经铸史斋藏清咸丰庚申补刊本 《皇清经解》一千四百零八卷

皖西学院图书馆的名家旧藏古籍多为清乾隆以前的善本,但也包括几种版本年代虽晚、学术价值却很高的鸿篇巨帙,清咸丰年间刻印的《皇清经解》即是其中的一种。

一、《皇清经解》介绍

《皇清经解》又名《学海堂经解》,经学丛书,一千四百卷,清阮元辑。阮元(1764—1849)精于经学,长于考证,生平著述甚富,主张用金于书,遗经于世。他在任两广总督时,于广州粤秀山麓建学海堂,汇集清代著名学者所撰经解,由严杰负责编辑,阮福等人监刻,孙成彦负责复校,于道光九年(1829)刊印成书,名《皇清经解》。所汇经解不以书之内容为次序，而以人之先后为次序，包括顾炎武、阎若璩、胡渭、毛奇龄、全祖望、杭世骏、惠栋、段玉裁、王念孙、王引之、孙星衍、阮元、焦循、郝懿行、刘逢禄等74人经解著作，其他如《日知录》、《读书杂志》、《说文解字注》、《古文尚书考》、《尚书今古文注疏》、《孟子正义》等不纯言经的考订、训释类著作也有收录，共计录书188种，是体现清代经学各方面成就和水平的集大成之作，对于经学著作的流传和经学的发展具有重要作用。

清咸丰七年（1857）九月，英军攻粤，《皇清经解》书版毁失过半。咸丰十年（1860），两广总督

《皇清经解》内封及徐氏印

劳崇光等人捐资补刻数百卷，并增刻冯登府著作7种计8卷，此即"咸丰庚申补刊本"。同治九年（1870），广东巡抚李福泰刊其同里许鸿磐《尚书札记》四卷，附诸《皇清经解》之后，被称为"庚午续刊本"。

二、绍兴徐氏收藏印

皖西学院图书馆收藏有一部咸丰庚申补刊本《皇清经解》一千四百零八卷（原1400卷，补刊时加冯登府著作7种8卷），卷首内容依次为夏修恕序、总

目、补刻后序、补刊衔名、捐资姓名、补刊捐资姓名。版式为十一行二十二字，小字双行同，左右双边，白口，单黑鱼尾；版心标有"庚申补刊"字样。版框18.6×13.4厘米。全书原为一千四百零八卷、三百六十册，现存一千三百二十三卷、三百四十册，缺卷四百三十九至四百四十二、四百五十五至四百六十一、四百六十八至四百七十三、四百七十九至四百八十七、四百九十一至五百零三、六百四十一、八百四十、八百四十一、八百五十至八百五十六、八百六十四至八百七十一、八百七十五至八百八十一、一千三百三十一至一千三百三十五。

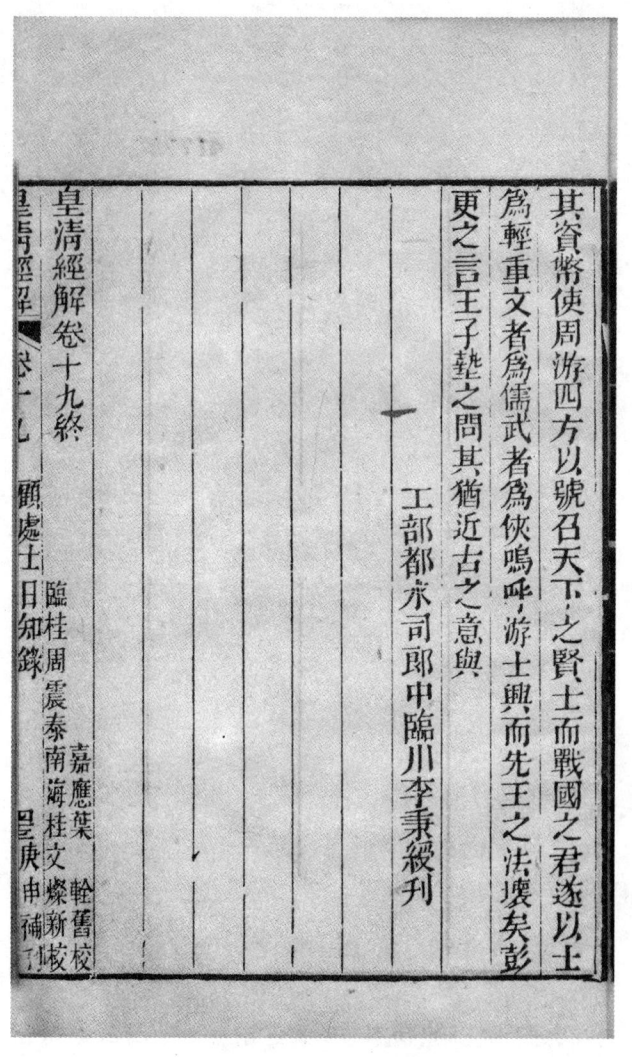

《皇清经解》卷十九末叶及刊校者姓名

在这部咸丰庚申补刊本《皇清经解》首册内封正面，钤有一枚方形阳文朱印，印文为"镕经铸史斋"，这是清末民初绍兴藏书家徐友兰、徐维则父子的藏书印。

徐友兰（1842—1905），字佩之，号叔蓓，别号八杉斋主人，浙江绍兴人，曾居上海。清光绪七年（1881）纳资为员外郎，供职户部，次年告假归里。光绪十六年（1890）后在沪经商办厂，亏负甚多。喜好看书、藏书，其分别建于绍兴、上海的藏书处有八杉斋、铸学斋、述史楼、熔经馆，藏书甚富，所藏多明本，尤以毛晋汲古阁刻本为多，影宋影元抄本亦不少，还有部分海外汉文古籍；徐友兰自己亦喜抄书,其藏自抄书近20种。徐维则(1867—1919),字仲咫,号以孙、贻孙等。与好友蔡元培同为光绪乙丑(1889)科举人。曾任江西候补知县、北京大学国史编纂处编纂。徐维则喜好藏书,其父徐友兰在上海兴办实业期间,家中的藏书事宜就是由其主持的,藏书室名铸学斋、初学堂、看云楼等。徐维则学识渊博,编有《会稽徐氏初学堂群书辑录》36种97卷(其稿本现存上海师范大学图书馆),铸学斋藏跋记也多出自其手;他不仅长于国学,亦关心西学,编有《东西学书录》,收书目537种,其中自然科学387种、社会科学126种、报章21种。徐友兰、徐维则父子广泛搜书,前后达10万卷,为清末藏书大家。不仅如此,徐氏父子还热心刻书,择精要鲜见之本雕版付印,并校刊多种丛书,包括徐友兰辑刻的《融经堂丛书》、《绍兴先正遗书》,徐维则辑刻的《会稽徐氏铸学斋丛书》等,均称精雅。由于蔡元培与徐维则同读于铸学斋,并曾为徐友兰校书,因而《绍兴先正遗书》中有多篇卷尾留有"山阴蔡元培校"字样。徐氏父子的藏书中留有多种藏书印,"镕经铸史斋"印即是其中的一种。这些藏书于清末民初逐渐散出,其中一部分流入沈知方粹芬阁,另外50余橱则被商务印书馆的张元济所收购,并以此为基础成立了涵芬楼。

第六节 宋泽元藏清咸丰九年刊《文献通考》三百四十八卷

一、《文献通考》的版本

《文献通考》是宋末元初著名历史学家马端临所著典制文献。该书以时间为序,记载了上古至南宋宁宗嘉定年间典章制度的沿革。从其体例与内容来看,实为《通典》的扩大与续作。马端临在《自序》中反复说明,写作《文献通考》既为续补杜佑《通典》天宝以后之事迹,又为补配司马光之《资治通鉴》,以使"有志于经邦稽古者,或有考焉"。

元仁宗延祐五年(1318),《文献通考》书稿被一位道士访得,次年奏之于朝;英宗至治二年(1322)由西湖书院为之刊行,至泰定元年(1324)刊成,现国家图书馆收藏有此版残本二百八十二卷。该版在元代有至元五年(1339)余谦重修本,台北"中央图书馆"现收藏有两部[3],上海图书馆、广东中山图书馆亦有收藏;在明代亦有递修,存书较多。该书在明代有正德十一至十四年(1516—1519)刘洪慎独斋刻本(有明清递修本)、嘉靖三年(1524)司礼监刻本(有明中期映旭斋重印本、清康熙十二年修补本)、嘉靖年间蕲阳冯天驭刻本(有万

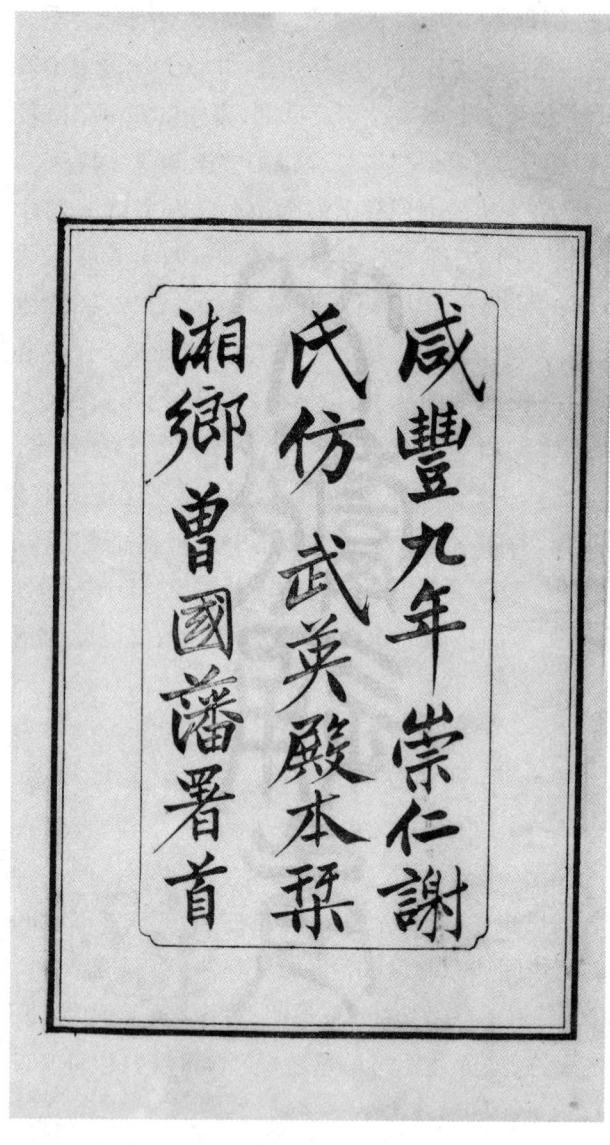

《文献通考》版本叶

历、崇祯递修本)、明末刻梅墅石渠阁印本、一种以元泰定刊本为底本的明抄本等。清代版本包括乾隆年间武英殿聚珍本、乾隆十二年(1747)武英殿"三通"(《通典》、《通志》、《文献通考》)合刻本(有后印本)、嘉庆十九年孙璞山抄本、咸丰九年(1850)江西崇仁谢氏刻本、光绪年间上海图书集成公司铅印本、光绪十一年(1885)上海点石斋石印本、光绪二十二年(1896)浙江书局刻本、光绪二十七年(1901)上海图书集成局石印本、光绪二十八年(1902)上海鸿宝书局石印本等。此外,明清时期还有多种二十四卷的节本。通行的刻本为清乾隆年间武英殿合刻本,此本附有考证三卷,其后复刻者多以此为底本,如咸丰九年谢氏刻本、光绪年间浙江书局刻本等。

二、宋泽元收藏印

皖西学院图书馆收藏有一部清咸丰九年崇仁谢氏仿武英殿刊本刻印的《文献通考》三百四十八卷,版式为十行二十一字,小字双行二十一字,左右双边,白口,单黑鱼尾,书口记有"崇仁谢氏重刊"字样;版框21.7×15.2厘米。一百二十册。该书是由清代文学家谢兰生及诸弟、子侄刊刻。谢兰生(1805—1845),字子湘,江西崇仁人。道光十八年(1838)进士。曾任山东即墨知县、工部郎中、翰林院庶吉士;因淡泊仕途,告假归,不久病逝。谢兰生致力于历代创制沿革、名物象数考据及古籍研究,学问精湛,亦长于诗文,著有《兰生全集》三种(《鹅湖客话》、《鹅湖游草》、《音律指迷》)、《种香山馆文集》、《潜东堂文集》、《历代帝王陵寝考》、《纲鉴洞观评略》、《救荒策评》及本县《黄洲桥图志》等。谢氏家族为当地刻书世家,谢兰生曾与诸弟、子侄校刊《太平寰宇记》、《唐宋诗醇》、《唐宋文醇》等;咸丰九年,谢家仿照乾隆年间武英殿合刻本"三通",复刻《通典》、《通志》、《文献通考》,谢兰生请求好友曾国藩为书署首,曾国藩欣然应允;书成之后,谢兰生之侄谢希迁赠送曾国藩《通典》、《通志》、《文献通考》各五部,爱书如命的曾国藩即以此书与各地书友分赏。谢兰生还曾在家乡建挽霞楼,贮藏图书及"三通"木版,后书版散失,挽霞楼亦于上世纪60年代被拆。

在皖西学院图书馆收藏的这部《文献通考》各册中,均留有一枚方形阳文朱印,印文为"山阴宋氏藏书",这是清代后期诗人、篆刻家、刻书家宋泽元的藏书印。宋泽元(1832—1912),

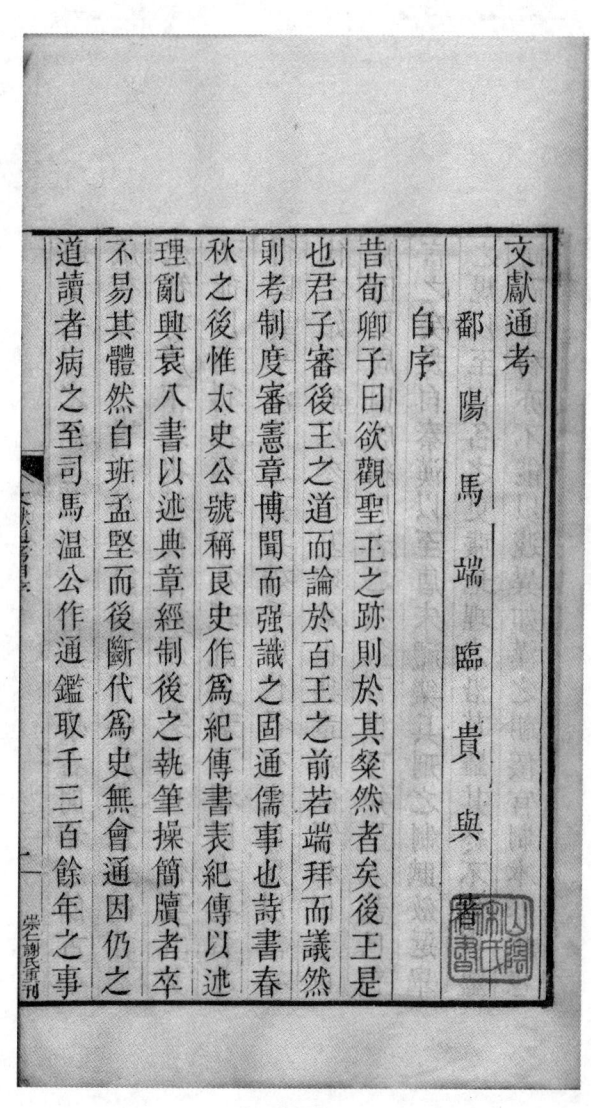

《文献通考》自序首叶及宋泽元印

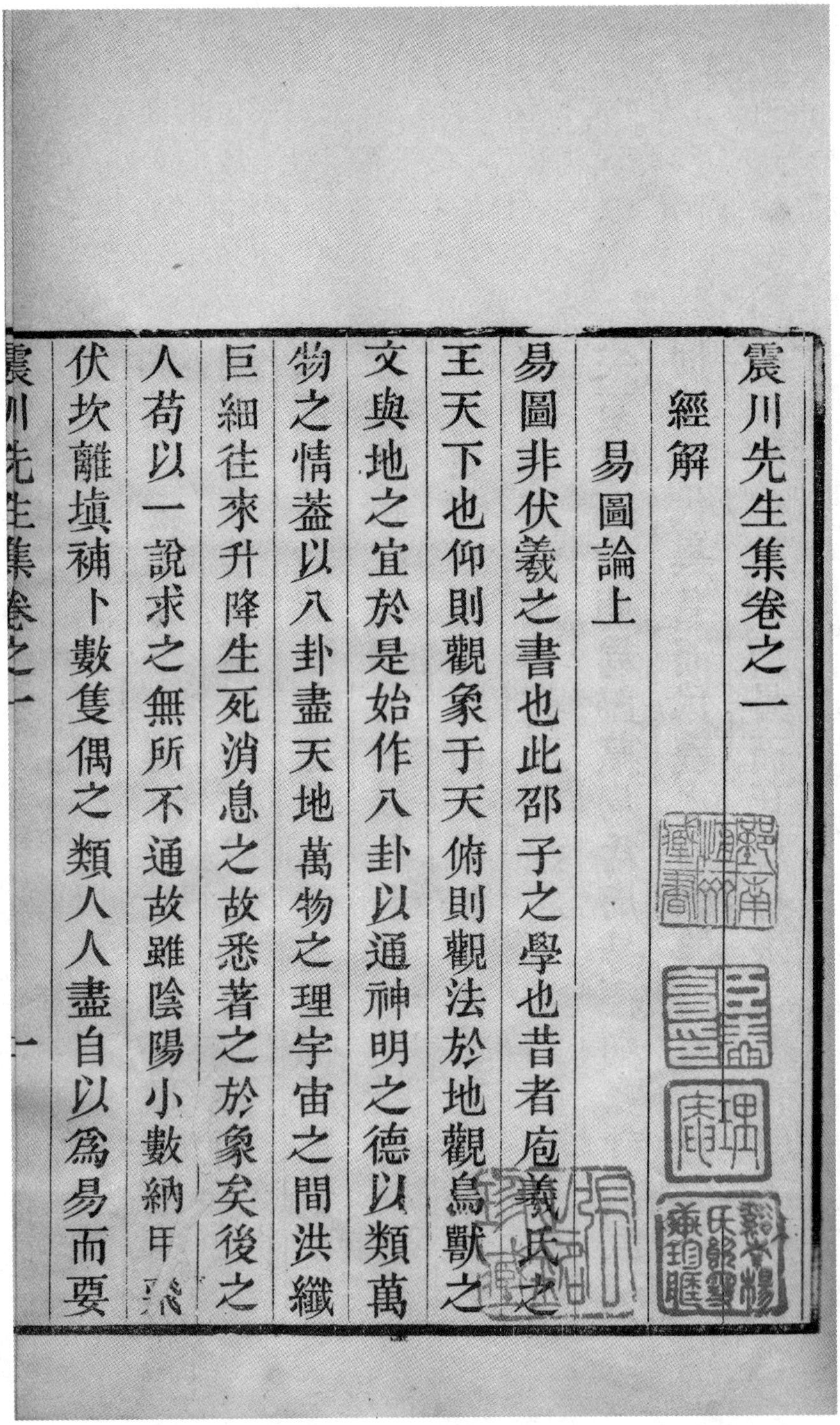

震川先生集卷之一

經解

易圖論上

易圖非伏羲之書也此邵子之學也昔者庖犧氏之王天下也仰則觀象于天俯則觀法於地觀鳥獸之文與地之宜於是始作八卦以通神明之德以類萬物之情蓋以八卦盡天地萬物之理宇宙之間洪纖巨細往來升降生死消息之故悉著之於象矣後之人苟以一說求之無所不通故雖陰陽小數納甲飛伏坎離填補卜數隻偶之類人人盡自以為易而要

《震川先生全集》卷首及印章

号瀛士、华庭，浙江山阴（今绍兴）人。长于诗，著有《忏花庵诗钞》；喜好篆刻，师法汉印、元朱及浙派，面貌多样，藏印甚富，辑有《忏花庵印存》；热心搜罗、刊刻古诗文，光绪十三年（1887）辑刻《忏花庵丛书》数十种，此外还刊刻有其他文献。从谢氏刊刻《文献通考》的时间（1850年）和宋泽元的生活年代（1832—1912）来看，宋泽元很可能是本馆这部《文献通考》的第一个收藏者；而且这部保存基本完好的咸丰刻本中也没有留下其他的收藏印记。

第七节　张之铭藏清光绪六年重刻本《震川先生全集》三十卷《别集》十卷

一、《震川先生全集》的版本

《震川先生全集》是明代散文家归有光的作品集。归有光一生著作繁富，涉及经史子集各部，但是其主要成就则在散文创作上。后人将其遗文编为《震川先生全集》，内容包括经解、序跋、论议、书说、杂文、寿文、记事、墓志铭、碑文、行状、传记、谱牒、祭文等，突出反映了归有光的散文成就。

归有光的文集虽然版本不太多，但内容差异却比较大。归有光身后，其文集最初有三种版本：闽刻本、昆山本、常熟本。闽刻本，即复古堂本，分上下卷，最不完备的一个本子，因闽地偏在海隅，故而流传不广；昆山本，即归有光之子归伯景、归伯枚刻于昆山之本，词句多有改窜；常熟本也有不足，非删则改。明末清初归有光之孙归昌世与著名文人钱谦益遍搜遗文，细加校勘，编为文集四十卷，未能全刻；清康熙年间，归昌世之子归庄又增益部分遗文，经董正位等人襄助刻成《震川先生全集》，正集三十卷、别集十卷，共四十卷。内收各种体裁之散文774篇、诗歌113首。清代的归有光全集包括清刻《归震川稿》，康熙刻《归震川先生全集》，吕葆中刻《归震川先生全稿》，康熙十至十四年（1671—1675）归庄、归玠等刻《震川先生集》，康熙十四年刻《震川先生集》（钱谦益编），康熙十八年吕氏天盖楼刻《归震川先生全稿不分卷》，乾隆六十年（1795）玉鏞堂刻《震川大全集正集》，光绪元年（1875）常熟归氏刻《归震川先生全集》，光绪六年（1880）常熟归氏刻《震川先生全集》等。

皖西学院图书馆收藏有一部清光绪六年常熟归氏刻《震川先生全集》三十卷《别集》十卷附传，版式为十行二十字，白口，左右双边，版框18.3×14.3厘米。6册。保存完好。此本虽然刊刻时间最晚，但其收录内容最全、校勘最精，刻印也很精致，是归有光文集中的最佳版本。

二、张之铭收藏印

在皖西学院图书馆收藏的这部《震川先生全集》的正文首叶、各册封面以及其他地方，钤有"张之铭珍藏"、"之铭珍藏"等多枚印章，这是清末民初著名藏书家张之铭的收藏印。

张之铭（1872—1937），号伯岸，晚豚翁，浙江鄞县人。年少时在上海与学校诸友建立实学通艺馆，专门储藏各种仪器，供有需求者使用。当时许多人认为故书雅记，无益于用，而且旧家藏书者其子弟多不成才。于是，张之铭便游历日本，在日本东京横滨侨居多年。他看见日本的藏书情况后慨叹道："不及百年，中国图籍尽矣!"张之铭从小经商，却嗜书如命。他不遗余力求购搜集图籍，从四部、释典道书以至碑版书画，无不收藏。若听闻有孤本珍版，即使资金不足，也不惜奔走乞借收购，收得古今中外图书千余种，卷数以万计，在日本东京桥区建书室三楹以庋藏，命名"古骊室"。张之铭收藏范围很广泛，不仅有众多刻印精美的中国古籍书画，也有相当一部分"和刻本"（日本刻本）。民国十二年（1923），因日本东京地震，藏书皆毁。次年返回上海，继续广收群书，以原通艺馆为藏书室，仍命名为"古骊室"，章太炎曾经为其作《古骊室记》。1951年时，张之铭藏书尚未散佚；三年后，其家人却将其陆续出售，基本散失殆尽。

张之铭不仅是个收藏家，而且著编有多种著作，包括《历代甲子纪年表》、《历代帝王纪元表三编》、《新撰朝鲜日本国年表》、《新撰安南国年表》、《江浙两省沿海列岛图》等，其中《江浙两省沿海列岛图》是中国早期引进西方科技绘制的地图之一。

除了上述"张之铭珍藏"、"之铭珍藏"两枚印章外，本馆这部清光绪六年常熟归氏刻《震川先生全集》中还留有"鄞南恒斋藏书"等其他几枚印章，但笔者均未能查知其属于何人。从钤印顺序来看，这些印章的主人既有在张之铭之前收藏者，也有在张之铭之后收藏者。

第八节 孙家淮藏明嘉靖元年刻《白虎通德论》二卷

一、《白虎通德论》的版本

《白虎通德论》即《白虎通义》，亦简称《白虎通》，东汉著名史学家、文学家班固撰。班固受汉章帝之命所编纂的《白虎通德论》实际上是参加白虎观讲论的儒生讨论、汉章帝选定、班固编纂的经学论文,其内容是训释概念、阐明大义并引经据典进行论证。在写作方式上不是以文释经,而是以经释文,即以经术来阐发重大社会政治问题,体现了汉代"以经术缘饰吏事"(班固语)的学风。

历代文献关于《白虎通德论》的记载多有不同。宋代王尧臣所撰《崇文总目》著录为:"《白虎通德论》十卷,后汉班固撰,凡四十四篇。"此说遂成此后学术界定论。关于宋版《白虎通》,《增订四库简明目录标注》的著录为:"北宋本。半叶十二行,行二十三字。"[4]《藏园订补郘亭知见传本书目》著录为:"白虎通义四卷,汉班固撰……北宋本分上下二卷,篇目内作圆圈者十,半页十二行,行二十三字。抱经老人跋,藏海昌吴氏。"[5]此宋本书现不知去向,《中国古籍善本书目》已无宋版《白虎通》的记载。大陆现存最早的《白虎通》版本是国家图书馆和上海图书馆各藏一部的元大德九年(1305)无锡州学刻本(大字本)及此二馆各藏一部的另一种元刻本(小字本),国家图书馆还藏有一部元大德九年无锡州学刻明修本。明代的版本包括嘉靖元年(1522)傅钥刻本、嘉靖二十一年(1542)葛氏刻本及杨祐刻本、万历十年(1582)胡维新刻两京遗编本、增订古今逸史五十五种刻本、万历年间程荣刻《汉魏丛书》本、万历二十二年(1594)蒋杰刻本、天启六年(1626)刻本、明末胡文焕刻《格致丛书》本、俞元符刻本、《诸子汇函》本等。清代有康熙七年(1668)汪士汉刻《秘书二十一种》本、乾隆七年(1742)新安汪氏刻本、乾隆五十六年(1791)金溪王氏刻《汉魏丛书》本、乾隆嘉庆年间刻《抱经堂丛书》本、嘉庆十五年(1810)刻艺林述记本、嘉庆十六年(1811)人境轩刻《文萃十三种》本、道光二十六年(1846)刻《秘书二十八种》本、同治光绪年间蜀南红杏山房重刻《汉魏丛书》本、光绪元年(1875)淮南书局刻本和湖北崇文书局刻《子书百家》本、光绪六年(1880)三余堂刻《汉魏丛书》本、光绪二十年(1894)湖南艺文书局刻《汉魏丛书》本、光绪二十一年(1895)黄氏石印《增订汉魏丛书本》和南陵徐氏影刻元本等,明清时期还有几种抄本。明清时期各本多数都是依据元大德九年无锡州学刻本刻印的,但书名、卷数各有差异。此外,日本宽文二年(1662)有堂策槛刻本。

二、明嘉靖元年傅钥刊《白虎通德论》版本考

1. 皖西学院馆藏之《白虎通德论》

皖西学院图书馆所藏《白虎通德论》为上下两卷四十四篇，白绵纸。版式为十行十六字，白口，左右双边，单黑鱼尾；版框17.2×13.2厘米。二册。卷端首行题"白虎通德论卷之上"，次行题"汉玄武司马班固纂集"。书首依次为：《白虎通德论序》，落款是"大德九年四月旦日东平克郡张楷序"；《题白虎通德论》，落款是"大德乙巳四月望日中奉大夫云南诸路行中书省参知政事东平严度恪斋题"；《刻白虎通序》，落款是"嘉靖改元夏五月壬申后学蜀昌冷宗元序"；白虎通德论目录。在冷宗元《刻白虎通序》中有言："辽阳傅公希准乃正其误而刻之……夫公名钥。"所以，从冷宗元序来看，此书应为明嘉靖元年傅钥刻本；但各种书目文献所记载的傅钥刻本与本馆此书存在明显差异。

2. 《藏园群书经眼录》著录的傅钥刊本

傅增湘《藏园群书经眼录》关于傅钥刊本的著录为："白虎通德论二卷，汉班固撰。明嘉靖元年傅钥刊本，十行十八字，白口，左右双栏。前嘉靖改元冷宗元序，称为辽阳傅钥希准所刊。次大德九年张楷序，次大德乙巳严度序，次目录。本书首行题'白虎通德论卷之上'，次行题'汉玄武司马班固纂集'。"[6]《藏园订补郘亭知见传本书目》中傅增湘补记傅钥刊本的内容与上述内容基本相同[7]。不难看出，傅氏著录傅钥刊本的依据是冷宗元序"称为辽阳傅钥希准所刊"。若以此序为依据，本馆此书也可定为傅钥刊本；而傅增湘著录的傅钥刊本与本馆此书却存在着明显差异：前者为十行十八字，后者为十行十六字；前者书首的顺序为冷宗元序、张楷序、严度序，后者书首的顺序为张楷序、严度序、冷宗元序。因此，两书不是同一版本。

3. 《中国善本书提要》著录的另一版本

王重民在《中国善本书提要》中著录有另一种版本："白虎通德论二卷，四册（北图），明翻元大德本〔十行十六字（17.1×12.4）〕。原题'汉玄武司马班固纂集'。元本张楷序行书，有云：'然不知出于何代谁氏之手。'此本误'出'为'止'；今虽不知谁氏所翻刻，当非出于大雅之手。按《艺风藏书记》卷一引某氏云：'明辽阳傅钥本，改迎子刘为迎子钊，并删去此跋。'考此本正作子钊，卷端亦无或谓是书云云一跋，然则此本殆即傅钥所翻耶？……张楷序〔大德九年（1305）〕，刘世常序（原未署名），严度序〔大德九年（1305）〕。"[8] 王重民著录提及的《艺风藏书记》的全名为《艺风堂藏书记》，是近代著名藏书家、版本目录学家缪荃孙的专著。王重民著录的这个版本的卷数、行数、字数和卷端次行所题作者皆与本馆此书相同,但其所录书首各序不同于本馆此书:本馆此书并无刘世常序,而冷宗元序也是王重民著录本中所没有的。关于王重民著录中所提到的刘世常,张楷序中称其为州守,字平父,家中藏有《白虎通》旧本。元大德九年刊《白虎通德论》就是据刘世常家藏旧本刻印的。但除了《中国善本书提要》外,笔者并未在其他文献中发现刘世常为《白虎通》作序的记载。由是看来,王重民著录本与本馆此书也非同一版本;但本馆此书将张楷序"然不知出于何代谁氏之手"一句中的"出"误为"止",这与王重民著录本是相同的;而且,王重民著录中转引《艺风藏书记》某氏语:"明辽阳傅钥本,改迎子刘为迎子钊,并删去此跋。"本馆此书上卷《爵》篇第七叶确有"以尚书言迎子钊"一句,并且书中无刘跋。尽管王重民对其著录本是否傅钥刊本未有定论,但若从《艺风藏书记》的描述来看,本馆此书应该就是傅钥刊本,但问题并不是这么简单。

4.《藏园订补邵亭知见传本书目》关于傅钥刊本的不同记录

不仅傅增湘《藏园群书经眼录》所记的傅钥刊本不同于本馆此书,邵懿辰、邵章《增订四库简明目录标注》[9]和莫友芝《邵亭知见传本书目》[10]关于傅钥刊本还有另一种说法:白虎通义四卷……明嘉靖仿元刊十卷。而其他各种书目文献所记傅钥刊本以及本馆此书皆为"白虎通德论二卷",差别是明显的。

综上所述,各种书目文献关于明嘉靖元年刊《白虎通德论》的记录很多,甚至存在一定的混乱,其原因可能在于,由于宋元本《白虎通》存世甚少,在傅钥于嘉靖元年重刻《白虎通德论》后,作为除宋元本之外最早且最容易得到的版本,被同时代人或后来者重刻或翻刻,但重刻本、翻刻本在书名、卷数和版式上各有不同。根据各家书目的著录,笔者认为:(1)各家认定傅钥刊本的依据是冷宗元序中"称为辽阳傅钥希准所刊"一句,而多种版本均收有此序,因而为版本的认定带来困难;(2)傅钥刊本的版式为十行十六字,白口,左右双边,这与中国古籍保护网上《中国古籍善本书目联合导航系统》所著录的国家图书馆、北京大学图书馆等单位收藏的傅钥刊本是一致的[11];(3)傅钥刊本的书首内容为元大德九年张楷序、元大德九年严度序、明嘉靖元年冷宗元序,但三序的排列顺序可能不是固定的。据此可以认定,本馆所收藏的这部《白虎通德论》二卷为明嘉靖元年傅钥刊本,而《增订四库简明目录标注》、《藏园群书经眼录》《邵亭知见传本书目》所记的傅钥刊本应该是源于傅本的重刻本，《中国善本书提要》所著录的明翻元大德本则可能是不同于其他各本的另一种版本。

5.《增订四库简明目录标注》关于元大德九年刊《白虎通德论》的版本误记

邵懿辰在《增订四库简明目录标注》中著录有"大德九年刘平父刊本，题曰白虎通德论十卷"[12]。据本馆所藏傅钥刊本《白虎通德论》书首张楷元大德九年序记载："州守刘公家藏旧本。公名世常，字平父……收书不啻万卷……此帙世所罕见。郡之博士与二三子请归于学，将镂板以广其传，守慨然许之。今募匠矣，求余识于卷首。余谓是书韬晦于世何止数百年而已……以郡守之博古广文暨诸生之好事，俱可嘉尚，于是乎书。"从这段序文中可以看出，州守刘世常（平父）收藏有旧本（很可能是宋本）《白虎通德论》，应诸学人之求交州学刊印，在新版即将开雕之际，张楷应邀为之作序。可见，大德九年本《白虎通德论》是据刘世常家藏旧本刊印，而非刘世常所刊，所刊印之本就是元大德九年无锡州学本。至明嘉靖元年时，傅钥又据元大德九年无锡州学刻本重新刻印了《白虎通德论》。所以，邵懿辰在《增订四库简明目录标注》中关于"大德九年刘平父刊本"的著录是错误的。

三、孙家溎收藏印

在皖西学院图书馆所藏明嘉靖元年傅钥刊《白虎通德论》上、下两册的书衣和卷上首叶，均钤有一枚方形阳文朱印，印文为"鄞蜗寄庐孙氏藏书"；在目录首叶钤有一枚竖长方形阳文朱印，印文为"祥熊清玩"；在卷下末叶钤有一枚方形阳文朱印，印文为"祥熊所藏"。这三枚印章均为现代藏书家孙家溎的藏书印。

孙家溎（1879—1945），字祥熊，号蜗庐，浙江宁波人。清朝末代秀才，曾在上海当过小职员，工书法绘画。孙祥熊家居宁波城南塔街，楼层三楹，楼中之室即是其藏书之所，因书室狭小，故将其命名为蜗寄庐。祥熊生性好学，亦好藏书，其藏书不求量多，而重质佳，尤其看重版本，以明刊白绵纸本诗文集最具特色。孙氏早期收藏艺术小品，后来逐步扩展到四部各书，每遇佳本，身为小职员、自身并不富有的孙家溎不惜以高价收购，甚至以家藏交换，因而收得众多善本。根据收得先后，分贮木箱，共有44箱之多。所藏多明抄本、精抄本及天一阁抄本，

第四章 浙江藏书家所藏明清古籍（下）

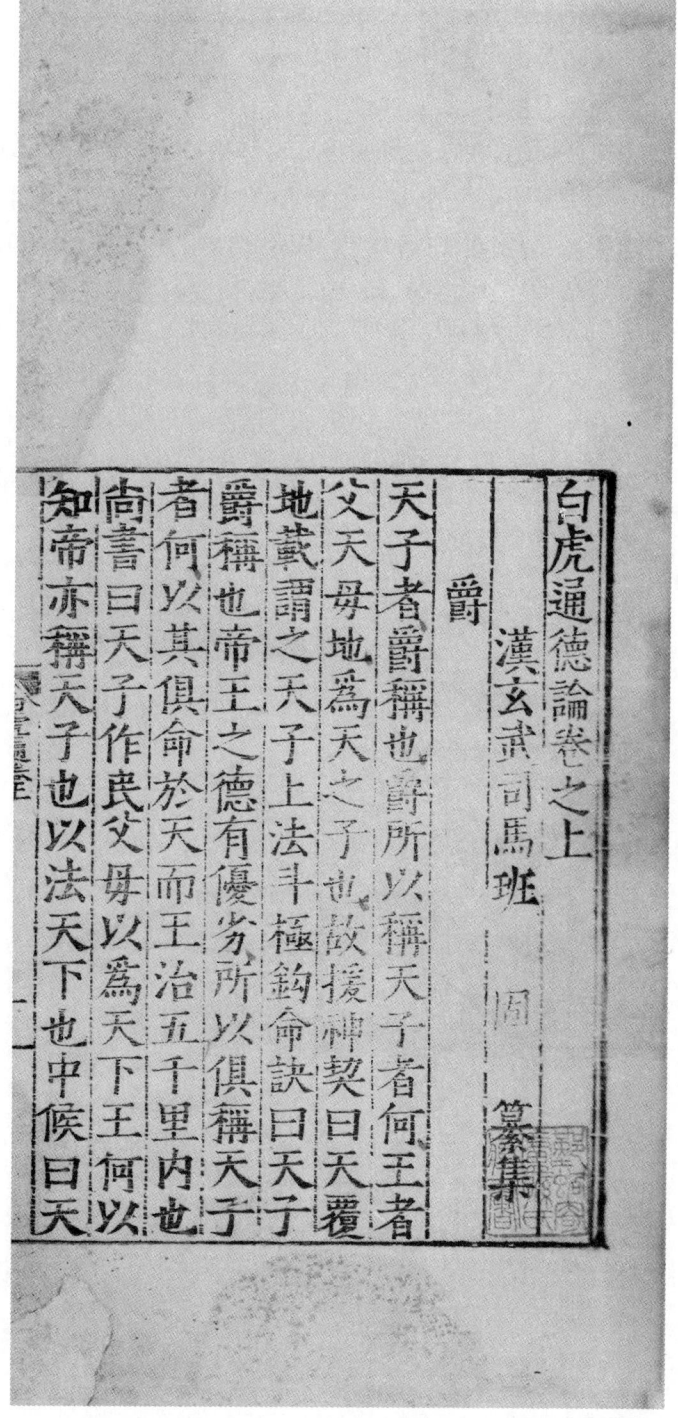

《白虎通德论》正文首叶及孙家淦印

也有宋本《隋书》、元至正本《荀子》等宋元旧刻，多有范氏天一阁、卢氏抱经楼和沈氏鸣野山房的旧藏，其中以天一阁旧藏最多。对于一些不易收得的珍本，孙祥熊便雇人抄录，累计抄录两万余卷。1931年夏，郑振铎曾与赵万里一道，由上海去宁波访书，在孙家溎处得见明蓝格抄本《录鬼簿》以及被其称为"研究元明间文学史最重要之未发现史料"的明刊《新镌女贞观重会玉簪记》，一见倾心，费尽周折，分别在1946年和1958年购得此二书。由此可见孙家溎藏书之珍贵。抗日战争期间，宁波曾被日军占领，为保护家藏珍本的安全，年过六旬的孙家溎

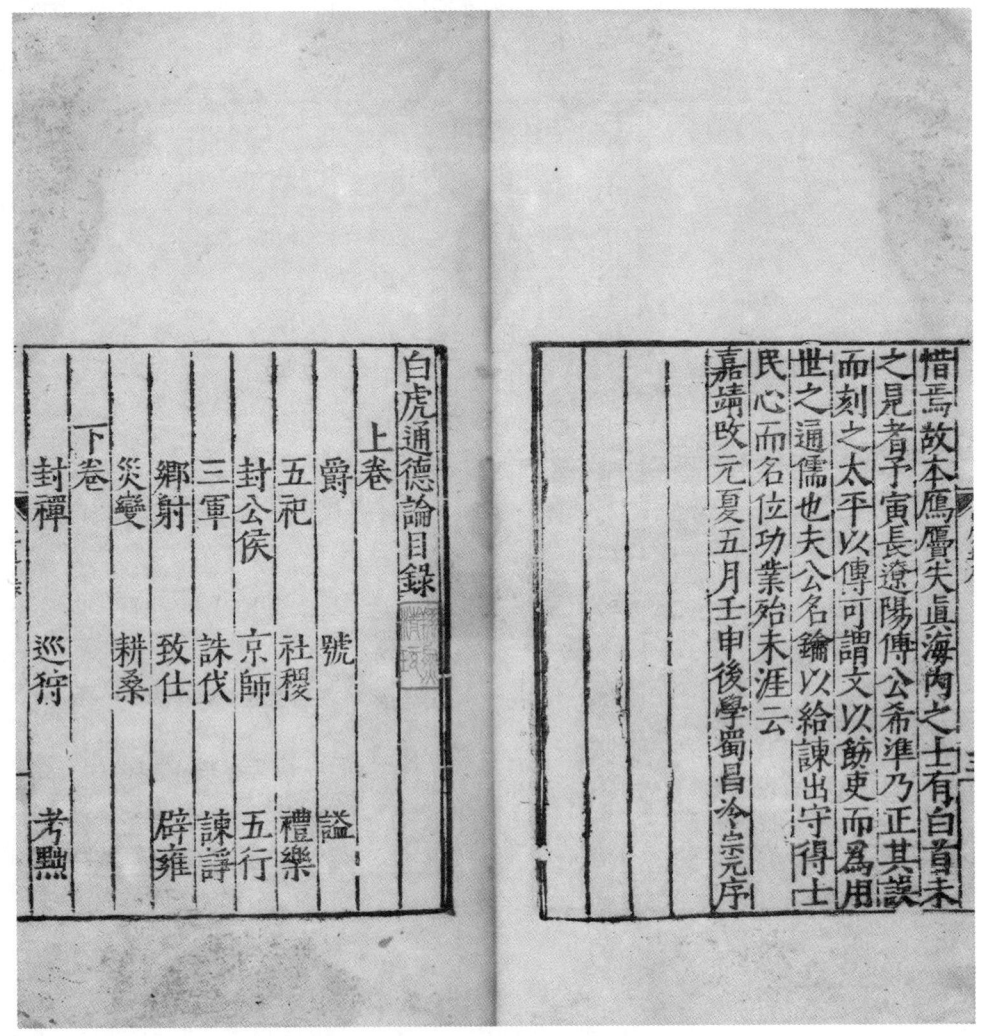

《白虎通德论》目录及"祥熊清玩"印章

曾与长子孙定观一道,雇船将藏书秘密运往鄞县山区。1945年孙家溎去世后,其藏书逐步散出。新中国成立后,子承父业的孙定观将尚存藏书运返城内加以整理。1964年,孙定观将整理好的藏书低价出让或捐赠天一阁;1966年"文革"开始后,为防古籍受损,孙定观又将一批古籍字画捐赠天一阁。现在天一阁共有蜗寄庐捐赠古籍14947卷[13]。

在孙家溎钤于本馆这部《白虎通德论》中的三枚印章中,"祥熊清玩"一印未见其他文献有记载。

第九节　朱鼎煦藏明万历鱼乐轩刊《元白长庆集》一百三十七卷

一、《元白长庆集》介绍

《元白长庆集》是明万历年间马元调编选并校刊的白居易《白氏长庆集》与元稹《元氏长庆集》合集。

白居易生前曾对自己的诗文进行过几次编集,初名《白氏长庆集》,后改名《白氏文集》。《白氏长庆集》前集五十卷,由元稹于长庆四年(824)为其编定,并写了序文,此五十卷诗文皆作于长庆以前;后集二十卷是由白居易自己在大和二年(828)编定的,并写了自序;这二十卷虽然仍为《长庆集》,所收已是宝历(825—

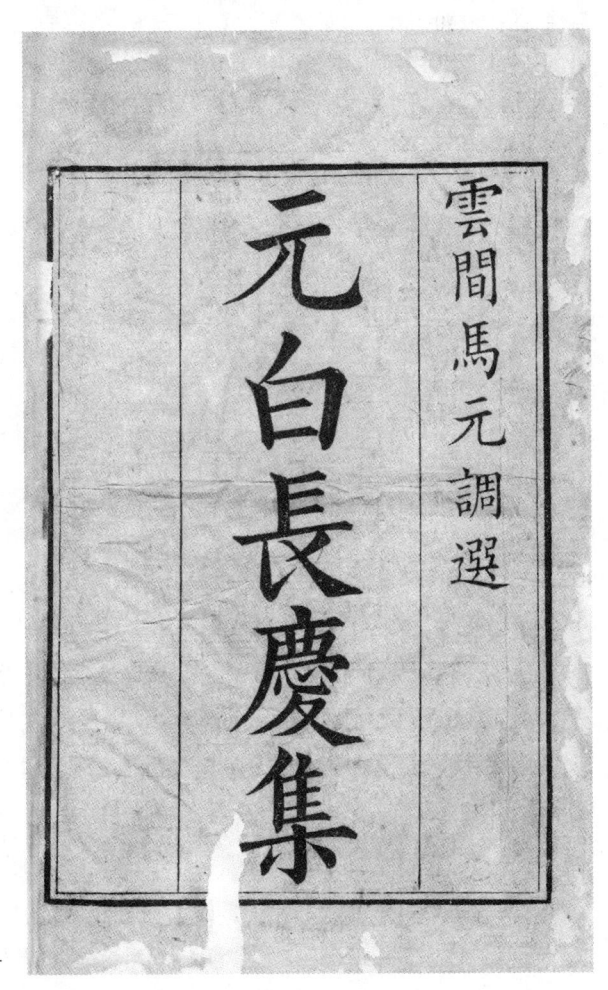

《元白长庆集》书名叶

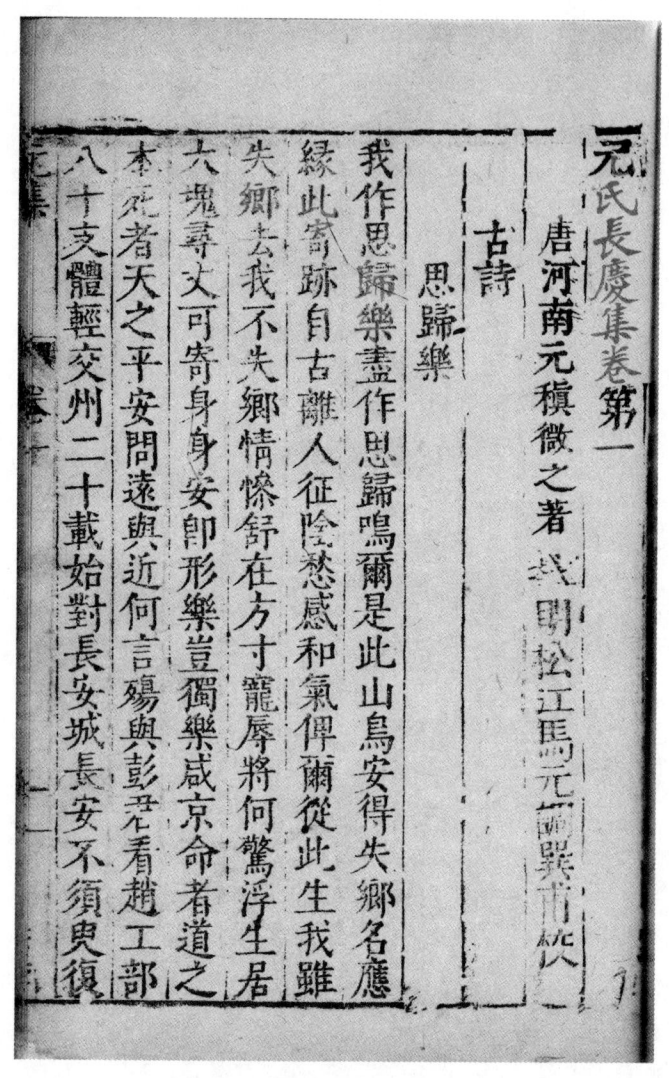

《元氏长庆集》正文首叶

827）以后的诗文了。最初的《白氏长庆集》共收诗文 3800 多篇，分为 75 卷，当时抄写五部，分藏于庐山、苏州、洛阳及其侄子、外孙的家里。唐末动乱，抄本散乱，又经辗转刻写，已非原貌。此后，白居易诗文集版本较多，但内容较全面的七十一卷本《白氏长庆集》或《白氏文集》的版本则并不太多。国家图书馆现收藏有两种宋刻《白氏文集》七十一卷残本，明嘉靖十七年（1538）伍忠光龙池草堂也刻有《白氏文集》七十一卷（有钱应能重修本），此外还有日本文政六年（1823）刻本。《白氏长庆集》七十一卷的刻本包括明正德八年（1513）华坚兰雪堂铜活字本、明万历三十四年（1606）马元调刻本、明末刻本、清光绪十三年

（1887）上海蜚英馆影印本等。

元稹生前曾编定自己的诗文集，前后三次辑集，名为《元氏长庆集》，但早已失传。元稹诗文在历史上也有多种版本，但全本的诗文集版本并不多。现存最早的版本是国家图书馆收藏的宋刻《新刊元微之文集》六十卷的残本二十五卷；此外，以《元氏长庆集》为名的版本包括明正德年间华坚兰雪堂铜活字本、明嘉靖三十一年（1552）董氏茭门别墅刻本、明万历三十二年（1604）马元调鱼乐轩刻本、一种不辨具体时间的万历刻本、清光绪十三年上海蜚英馆影印《群书拾遗初编》丛书本等；此外，明清时期还有几种抄本。

马元调（？—1645），字巽甫，又字简堂，明苏州府嘉定（今上海嘉定）人。诸生。是当时著名的刻书家，刻书室名鱼乐轩，其刻书时均选用最佳底本，校核精细，因而所刻之书很为后世重视；他曾刊印宋朝洪迈的《容斋随笔》和沈括的《梦溪笔谈》。傅增湘《藏园群书经眼录》言其收藏有多种明本《容斋随笔》，"然其文字殊未有胜于马氏本者"，并谓马氏所云"改定千余字者，其说固非妄"，盛赞其"精勤"[14]。《白氏长庆集》与《元氏长庆集》本各自成书，但由于其作者白居易、元稹是生活于同一时代的好友，文学观点相同，同为新乐府运动的倡导者，且常相唱和，诗文集同为《长庆集》，因而马元调将二书合编，并以《元白长庆集》之名分别于万历三十二年和万历三十四年刊出，其中《元氏长庆集》六十卷《补遗》六卷，收诗文 830 多篇；《白氏长庆集》七十一卷，收诗文 3600 多篇。

二、朱鼎煦收藏印

皖西学院图书馆收藏有一部明万历年间马元调鱼乐轩刊印的《元白长庆集》一百三十七卷，包括《元氏长庆集》六十卷《补遗》六卷和《白氏长庆集》七十一卷。版式为十行二十一字，小字双行同；白口，左右双边，单黑鱼尾，版心记有字数；版框 20.8×14.8 厘米。二十册。在这部《元白长庆集》首册《重刻元氏长庆集序》首叶等多处，均留有一枚竖长方形阴文朱印，印文为"萧山朱鼎煦收藏书籍"。

朱鼎煦（1886—1968），字鄦卿，又字赞卿，号别宥，浙江萧山朱家坛人。近代著名藏书家、版本目录学家、文物收藏家、鉴赏家和律师。1909 年考入浙江公立法政学校别科，毕业后任鄞县法院推事，未满一年即辞职，1914 年正式改业律师，后成为浙江很有影响的大律师。1953 年被聘为浙江文史馆馆员，1955 年被

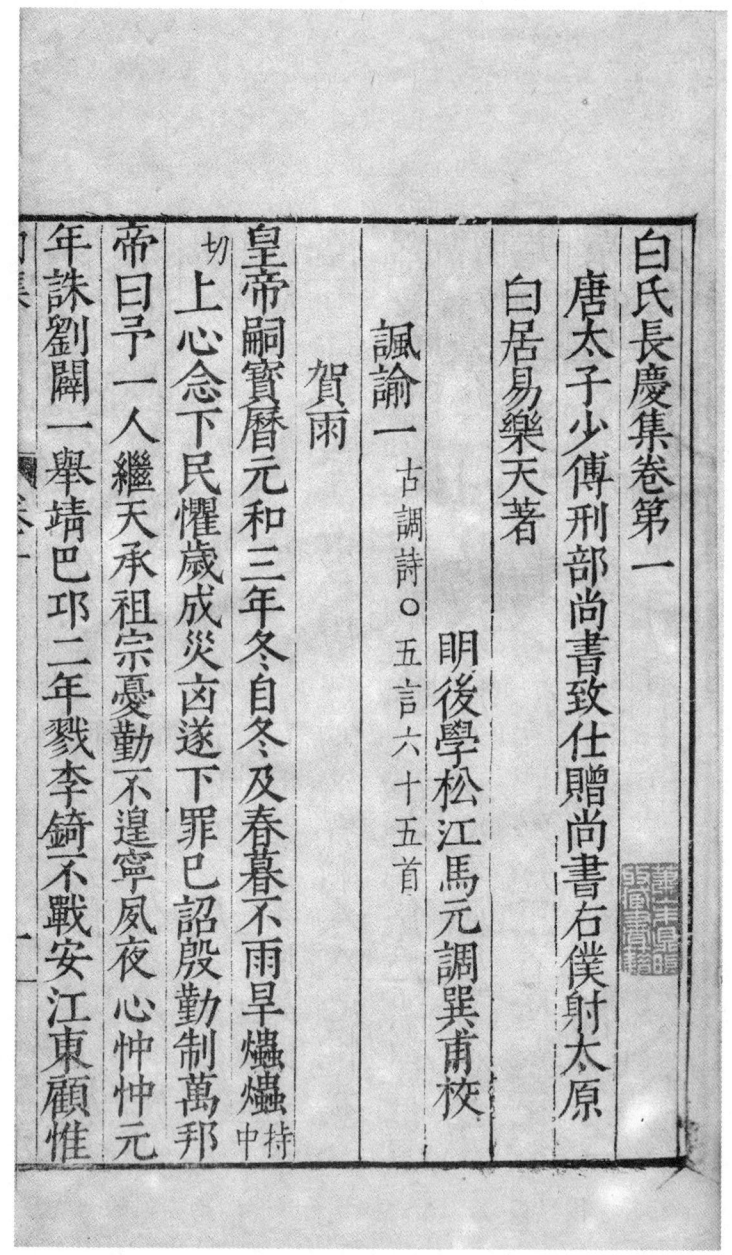

《白氏长庆集》正文首叶及朱鼎煦印

邀为宁波市第一届政协委员,后又被邀为市文物管理委员会委员。朱鼎煦酷好收藏典籍,有"书痴"之称,其收入几乎全部用于购藏古籍、文物,遇故家藏书散出,不惜重金收购。上世纪前期,毛氏汲古阁、鲍氏知不足斋、卢氏抱经堂、王氏十万卷楼、沈氏鸣野山房、范氏天一阁、卢氏抱经楼、陈氏湖海楼、叶氏得一居等明清藏书名楼散出之旧藏，如水赴壑集于朱氏；朱鼎煦还来往于杭州、上海间，购藏所未备图书。其藏书分贮宁波府侧街与萧山故居。1932年，郑振铎、赵万里赴宁波访书，就曾目睹朱鼎煦所藏珍本。1940年日寇入侵萧山，藏于萧山的明代方志、清初禁书及家乡先哲未刊稿本尽毁于战火。宁波寓所有房屋六楹，名别宥斋，收藏有大量文献典籍；1941年宁波沦陷，朱鼎煦雇车托运书箱辗转藏护，途遇盗贼抢劫，为护书手与臂皆被刺伤；不得已由西郊入城租居云石街，又遭白蚁蚕食。历经火水盗虫四劫，其精华之本多已散失；但仍继续搜辑，又得诸多佳本，总藏十万余卷，另有书画文物千余件。建国后，其藏书逐渐散出；"文革"初期，朱鼎煦因收藏众多古籍、文物等"四旧"而备受批判，悲愤交加中离开人世，谢世前嘱将所藏捐赠天一阁。1979年9月，朱鼎煦藏品由其家属代表捐献给天一阁，包括古籍177054卷，书画1148件，瓷、石、玉等文物近2000件，碑帖538种、1309页（册）[15]。朱鼎煦的藏品不仅数量巨大，而且质量也相当高，近年出版的《宁波文物精粹》中多件为其旧藏。

本馆这部朱鼎煦旧藏明万历马元调编选并刊印的《元白长庆集》于1958年购自上海，应该是在建国前战乱中或建国初期自宁波别宥斋散出的。

参考文献

〔1〕杨正阳：《〈飞鸿堂印谱〉研究》，中国优秀硕士论文全文数据库，2008年11月25日。

〔2〕沈慧兴：《〈飞鸿堂印谱〉简考》，http://bbs.zgzkw.net/archiver/tid-54263.htm

〔3〕刘兆祐：《〈文献通考〉版本考》，《"国家图书馆"馆刊》（台湾）2005年第2期，第155—172页。

〔4〕〔9〕〔12〕邵懿辰，邵章：《增订四库简明目录标注》，上海古籍出版社1979年版，第512页。

〔5〕〔7〕〔10〕莫友芝、傅增湘：《藏园订补邵亭知见传本书目（二）》，中华书局2009年版，第678、679、678页。

〔6〕〔14〕傅增湘：《藏园群书经眼录（三）》，中华书局2009年版，第558、587页。

〔8〕王重民：《中国善本书提要》，上海古籍出版社1983年版，第313—314页。

〔11〕中国古籍善本书目联合导航系统 http://202.96.31.45/libAction.do?method=goToBaseDetailByNewgid&newgid=54579&class=kind

〔13〕杨古城：《"蜗寄庐"与它的三代主人》http://www.haishu.gov.cn/Govjinfo.asp?id

〔15〕陶文仓：《甬上藏砖之：朱鼎煦与别宥斋》 http://blog.sina.com.cn/s/blog_5e32d8eb0100cmhl.html

第五章

江苏学者、藏书家所藏明清古籍

与浙江一样,宋代以来,江苏的经济文化也很发达,出现了大量的藏书家。皖西学院图书馆的省外名家旧藏古籍中,除了浙江藏书家的藏书外,以江苏籍人士的旧藏最多,所涉及的收藏者,既有著名藏书家,也有著名学者、文人。

第一节 曹仁虎等藏明末宝翰楼刊
《东坡先生全集》七十二卷

一、苏轼诗文集的版本

苏轼诗文集版本众多,其全集的版本也相当的多。苏轼生前或其身后,诗文先后编定为《东坡集》(又称《东坡前集》)四十卷、《后集》二十卷、《奏议集》十五卷、《外制集》三卷、《内制集》十卷、《和陶集》四卷、《应诏集》十卷,总共七集。其中前集、和陶集、应诏集为苏轼自己所编,后集也可能是由苏轼自己编定的,其余各集则是由苏轼家人以其手稿或底稿编定而成。所以,宋时所刊刻的以"东坡"冠名的各集所收诗文皆为原作,先后次序也相当合理,而后来由书坊改编增补而成的东坡集则难免有些真赝杂糅、先后错乱。

东坡各集在宋代的刊行方式比较多样,蜀本为七集合刻,建安本与杭本是六集合刻(未纳入《应诏集》),姑苏本则只有前、后两集。即便是多集合刻本,各集也是独自成书,并没有一个如东坡全集或东坡集之类的概括性书名。由于明成化四年(1468)的吉安刻本《苏文忠公全集》包括了前述七集,在此之后,《东坡七集》的书名便逐步流行起来;清末端方宝华庵翻刻明成化本《东坡七集》,使其得以广为流传。

由于宋时所刻苏轼诗文各集并无概括性书名,因而各收藏单位现存的宋版苏轼诗文集就显得多而杂乱。根据四川省图书馆胡波的研究,大陆和台湾现存的宋版苏轼集有十几种之多,包括京师(杭州)刻本、建安刻本、宋孝宗(1163—1173)时刻本、乾道九年(1173)刻本、淳熙(1174—1189)刻本、眉山大字本、蜀刻小字本、庆元(1195—1200)间黄州刻本以及其他几种宋刻本等。国家图书馆、上海图书馆、南京图书馆、北京大学图书馆、台湾"中央图书馆"等收藏单位现在都还收藏有宋版东坡集残本。元朝没有东坡全集刊印,有关书目中关于元刊东坡集的记载实际上是将宋版或明版误为元版[1]。

苏轼诗文集在明代的版本最多,包括成化四年(1468)吉安程宗刻《苏文忠公全集》一百十五卷(即《东坡七集》,诗文分类编辑)、嘉靖十三年(1534)江西布政司刻《苏文忠公全集》一百十一卷《年谱》一卷、不辨具体刊刻年代的《苏文忠公集》一百十二卷《年谱》一卷、《东坡全集》一百十五卷《目录》七卷《东坡先生墓志铭》一卷和《东坡全集》一百十五卷《目录》七卷《年谱》一卷、万历刊《东坡全集》一百十二卷、万历三十四年(1606)吴兴茅维刻《东坡先生全集》七十五卷《本传》一卷《墓志铭》一卷《年谱》一卷(将全部苏文单独辑集,分类合编)、明末文盛堂重刻茅氏本、明末陈仁锡刻《东坡先生全集》七十五卷、金阊宝翰楼刻《东坡先生全集》七十五卷等。清代的苏轼诗文集版本包括康熙年间蔡士英刻《东坡全集》一百十五卷《目录》七卷《年谱》一卷、黄冈陶子麟刻《苏文忠公全集》一百十一卷、道光十二(1832)年刻《东坡全集》八十四卷、光绪三十四年(1908)至宣统元年(1909)端方宝华庵重刻明成化本等。

二、《东坡先生全集》七十二卷未见其他文献著录

皖西学院图书馆收藏有一部《东坡先生全集》七十二卷,版式为十行十九字,小字双行同;左右双边,白口,无鱼尾;版框20.1×15.0厘米。24册,分为四函,各函以元、亨、利、贞为序。内封为"陈明卿太史订正 苏文忠公全集 金阊宝翰楼藏版";卷首为项煜《刻苏文忠公全集叙》和《目录》。项煜(?—1645),字仲昭,号水心,明末苏州府吴县人。天启五年(1625)进士,累官至少詹事兼翰林侍读。李自成领导的农民起义军进入北京后,项煜转投大顺政权,成为李自成首辅;起义军失败后,项煜逃至南京,因曾投靠李自成被南明政权投入监狱,后得他人之助而出狱,亡命至慈溪,为乡民所杀。从本馆这部《东坡先生全集》的内封和版式上看,该书应该就是明末金阊宝翰楼刻本(也有文献称项煜刻本),但各种文献所记载的金阊宝翰楼刻本都是七十五卷,如《中国古籍善本书目》所收录的首都图书馆、故宫博物院图书馆、华东师范大学图书馆、哈尔滨师范大学图书馆、绍兴市鲁迅图书馆、江西吉安县图书馆、福建省图书馆、中山图书馆、四川眉山县三苏文物保管所、贵州省博物馆所藏皆为七十五卷本[2],而本馆此书却只有七十二卷。当然,本馆此书并非残本,因为卷首《目录》在七十二卷后有"东坡先生全集目录终"的字样。

从内封尊称陈仁锡(1581—1636,字明卿,长洲人。天启进士,授编修,累迁

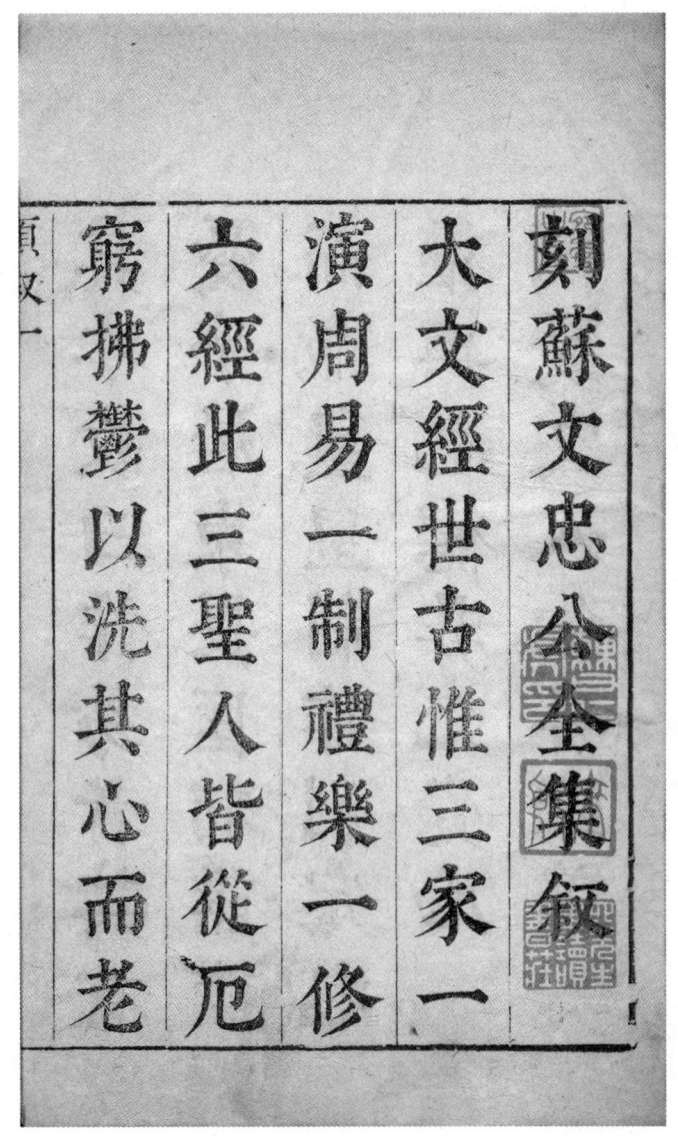

《东坡先生全集》项叙首叶及收藏印

至南京国子祭酒,卒谥文庄)为太史来看,本馆这部东坡全集应该刻于明后期;从卷首收入项煜序和版藏宝翰楼来看,此书也应该是明末宝翰楼刻本,或称项煜刻本。至于为什么只有七十二卷而不是流传较多的七十五卷,其原因可能是,七十二卷本为初印本,七十五卷本则可能是增补内容(主要是新搜集到的苏轼所作之词等)的后印本;初印的七十二卷本或是由于印量较少、或是由于时间较早,流传下来的极为少见。

需要指出的是,将宝翰楼刻本称为项煜刻本的依据是书首项煜所作《刻苏文忠公全集叙》,但项煜此序在明末清初的其他一些版本中也有出现,如明末文盛堂重刻茅氏本中就收录有项煜之序。

三、递藏源流

曹仁虎收藏印。在皖西学院图书馆所收藏的这部宝翰楼刻《东坡先生全集》初印本的项煜序首叶和《目录》首叶,钤有几枚藏书印,分别是方形阳文朱印"来殷"、方形阴文朱印"曹仁虎印"、方形阳文朱印"宛委山房",这些都是清代学者曹仁虎的收藏印。曹仁虎(1731—1787),字来殷,号习庵,江苏嘉定(今属上海)人。自幼聪慧,喜好读书,十六岁补为诸生,因其才学而名噪乡里;乾隆二十六年(1761)进士,授编修,官至侍读学士。其所作之文在当时很受推崇,也深受乾隆赏识,每遇大礼,高文典册多出自曹仁虎之手,他也因此得以参与纂修清《皇朝通志》、《皇朝续文献通考》。曹仁虎博学多通,诗尤妙绝,与王鸣盛、王昶、钱大昕、赵文哲及吴泰来、黄文莲常相唱和,并称"吴中七子"。乾隆五十一年(1786)任广东学政,因其母病逝,悲伤致病而卒。著有《宛委山房诗集》、《蓉镜堂文稿》等。

在本书之项煜序首叶,还钤有一枚方形阴文朱印"四先生里读书庄",此印很有可能也是曹仁虎的印章。因为曹仁虎的家乡在嘉定,而明末在嘉定居住有四位影响很大的文人,他们分别是程嘉燧(1565—1644,字孟阳,号松圆,休宁人,侨居嘉定。能诗善画,通晓音律)、唐时升(1551—1636,字叔达,嘉定人。师从归有光,专心古学,长于诗文,家境虽贫却好施予)、李流芳(1575—1629,字茂宰、长蘅,号香海、泡庵,晚号慎娱居士,嘉定人。万历举人,能诗善书,尤精绘画)和娄坚(1567—1631,字子柔、歇庵,祖籍长洲,后迁至嘉定城南。擅长诗歌与古文辞,师从归有光,融会师说,自成一家,诗律在元和长庆间,古风尤胜,书法从于苏轼,妙绝天下),这四人各以诗文书画蜚声海内,人称"嘉定四先生"。

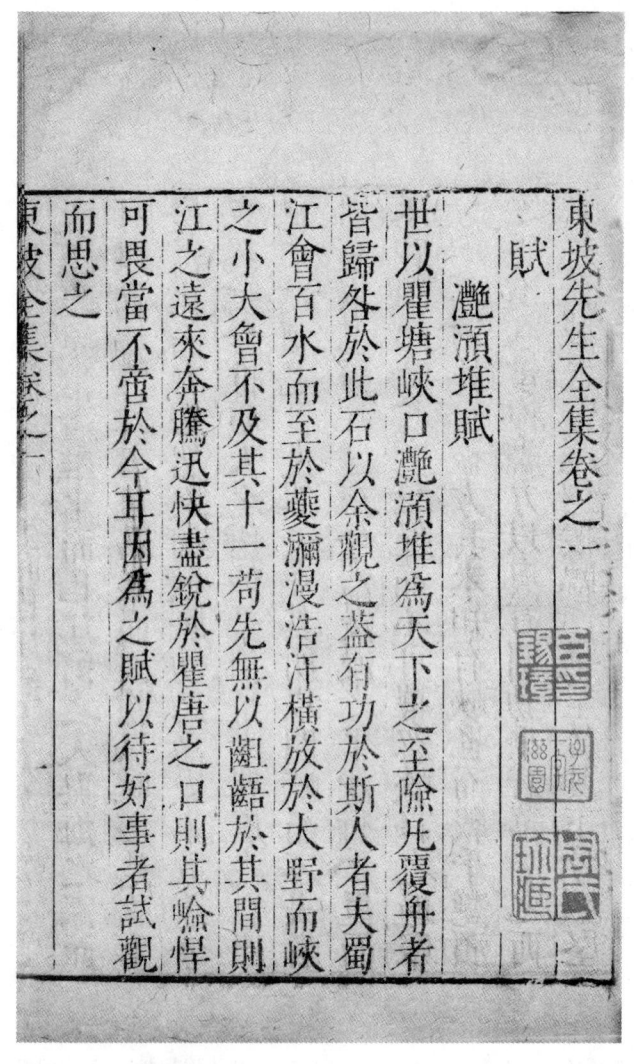

《东坡先生全集》正文首叶及收藏印

所以，本书中的"四先生里读书庄"印章很可能也属于嘉定人曹仁虎。

周锡璋收藏印。在本馆此书卷一首叶，钤有方形朱印"周氏珍藏"（其中"周氏"为阴文，"珍藏"为阳文）、方形阳文朱印"子元一字滋园"、方形阴文朱印"臣印锡璋"三枚印章，在护叶还钤有一枚方形阴文朱印"光风霁月人家"，这四枚印章都是清末学者周锡璋的印章。周锡璋，生卒年不详，浙江山阴人。监生，同治四年（1865）署抚宁县知县，光绪元年主持重修《邯郸县志》，有《乙巳东瀛游记》等传世。藏书颇多。

在本馆这部明末刊本东坡全集的收藏者中，曹仁虎生活在清前期，周锡璋则生活在晚清时期，显然，在二人之间，应该还有其他的收藏者。

第二节　汪士钟等藏《史记》一百三十卷：王延喆刻本与秦藩刻本的精妙补配

一、《史记》的版本

《史记》一百三十卷，原名《太史公书》，是中国历史上第一部纪传体史书，西汉史学家、文学家、思想家司马迁撰。大约在东汉中期以后，《史记》开始得到广泛传播；到唐朝时，由于古文运动兴起，《史记》受到文人的高度重视，韩愈、柳宗元等都非常推崇《史记》；宋元明清时期，从欧阳修到桐城派，都十分赞赏《史记》。《史记》成书并广泛传播以后，出现多家关于《史记》的注释和评论，其中影响最大、最为通行的就是"三家注"，即南朝宋裴骃（注释《三国志》的裴松之的儿子）的《史记集解》、唐朝司马贞的《史记索隐》和唐朝张守节的《史记正义》。宋人开始将"三家注"合刊，以便阅览。

由于《史记》在中国史学和文学中的突出地位，因而版本众多，是我国历史上版本最多的古代文献之一，其中最早的刻本是北宋淳化年间的《史记集解》单刻本，《史记集解》单刻本还包括南宋绍兴年间淮南路转运司刻本等；南宋乾道七年（1171）蔡梦弼东塾刻有集解、索隐本，南宋淳熙三年（1176）张杅桐川郡斋也刻有集解、索隐本；南宋绍兴年间的黄善夫刻本是最早的"三家注"合刻本。此后的《史记》版本还包括：蒙古中统二年（1261）段子明刻本（明代重修），元朝至元二十五年（1288）彭寅翁崇道精舍刻本，大德饶州路儒学刻本；明朝正德年间白鹿洞书院刻本，正德十二年（1517）廖铠刻本，建宁府刻本，邵宗周刻本，刘弘毅慎独斋刻本，吴勉学刻本，嘉靖四至六年（1525—1527）王延喆恩褒四世之堂刻本，嘉靖四年汪谅刻本，嘉靖八至九年（1529—1530）南监本（万历至清乾隆年间递修），嘉靖十三年（1534）秦藩朱惟焯刻本，万历年间北监本，崇祯元年（1628）刻本，崇祯十四年（1641）汲古阁刻本（清顺治十一年补修），钟人杰刻本，明末程正揆刻清怀德堂印本等；清朝康熙四十年（1701）刻二十一史本，乾隆四年（1739）武英殿刻二十四史本，嘉庆道光年间汲古阁刻十七史本，嘉庆年间同人堂刻本，咸丰元年（1851）陈焯之刻二十四史本，同治五至九年（1866—1870）金陵书局刻本，同治九年湖北崇文书局刻本，同治十一年（1872）成都书局刻五史本以及光绪年间约二十种刻本、石印本、铅印本、影印本等。

《史记》版本众多，各图书馆的《史记》收藏也很多，其中包括多种早期刊本。国家图书馆、上海图书馆、北京大学图书馆、中国书店等单位现在还藏有多种宋刻本或宋刻元明递修本。

二、皖西学院馆藏明嘉靖王延喆刻本、秦藩刻本《史记》之补配

在留存至今的各种古代文献中，多数都存在有不同的版本。由于自然变迁和社会动荡,流传下来的古籍经常会出现缺卷残叶的情况,这就需要进行补配。而如何进行古籍残本的补配,不仅是一个艰难的过程(如第二章所介绍的傅增湘补配元刻《增刊校正王状元集注分类东坡先生诗》的经历),而且也是一门很有讲究的学问。最理想的补配方式,当然是用同一种文献的同一版本来补齐缺卷残叶;但在很多情况下,这都是难以做到的,因而需要以同一种文献的其他版本来补配。用同一种文献的不同版本相互补配不应该随意拉郎配,而要使这种补配尽可能和谐得体、相得益彰。

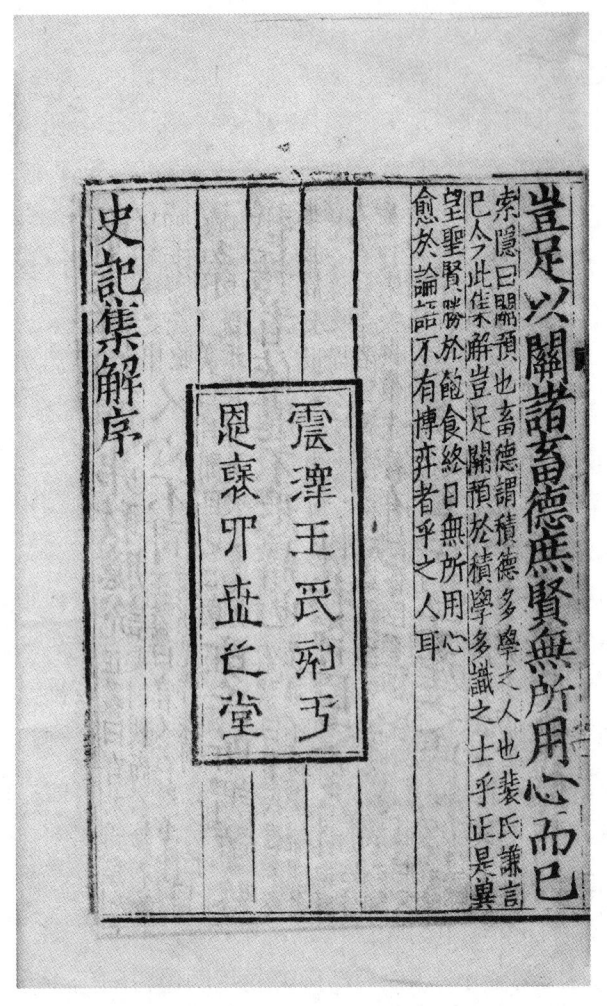

《史记集解序》末牌记

在皖西学院图书馆收藏的五部不同版本的《史记》中,有一部是两种明嘉靖刻本的补配本:卷一至十八是明嘉靖四至六年王延喆刻本,卷十九至一百三十为嘉靖十三年秦藩朱惟焯刻本。王延喆(1483—1541),字子贞,江苏吴县(今苏州)人。明中后期藏书家、刻书家。王延喆曾任兖州府推官,后因病告归。他喜好藏书,所藏善本书甚多,精于校勘,尤好刻书,书室和刻书处名恩褒四世之堂。王延喆于嘉靖四至六年翻刻南宋黄善夫刻本《史记》,行款与黄本完全相同,字体极为近似,摹印非常精致,几可乱真,被称为《史记》覆宋本中最佳者,常被一些书商撤去序跋、挖去牌记,以冒充宋本。朱惟焯(约1500—1544),安徽凤阳人,明太祖朱元璋七世孙,明正德四年(1509)嗣封秦王,在位三十六年,身后谥号定王。生平循理乐，善稽古，喜刻书，署名"鉴抑道人"。朱惟焯于嘉靖十三年覆刻王延喆刻本《史记》，版心下以千字文顺序分册，全书有"天地玄黄，宇宙洪荒，日月盈昃，辰宿列张，寒来暑往"20 册，纸墨精良，校正精细，为明代《史记》刻本中的精品，也是明代藩府刻书中的代表作。

皖西学院图书馆所藏王延喆刻本《史记》存卷一至十八，共 8 册。版式为十行十八字，小字双行二十三字，白口，左右双边，单黑鱼尾；版框 20.2×13.2 厘米。《集解序》后有牌记"震泽王氏刻于恩褒四世之堂"，《目录》后有牌记"震泽王氏刻梓"。本馆所藏秦藩刻本《史记》存卷十九至一百三十，共 24 册，没有保留原书以千字文顺序所作的分册顺序，其卷十九与王延喆刻本卷十八合订为一册（以致笔者在申报第二批《国家珍贵古籍名录》时，都未注意到卷十九是秦藩刻本，而是将其作为王延喆刻本）。版式为十行十八字，小字双行二十三字，白口，左右双边，无鱼尾；版框 20.6×13.0 厘米。书后有陕西左布政使前翰林院庶吉士黄臣撰于嘉靖十三年的《重刻后序》。可以看出，除了版心中有无鱼尾的差异外，秦藩刻本与王延喆刻本的版式基本相同。

由于王延喆刻本与秦藩朱惟焯刻本的刻书时间相近（前后相距不到十年），同出一源（王延喆本

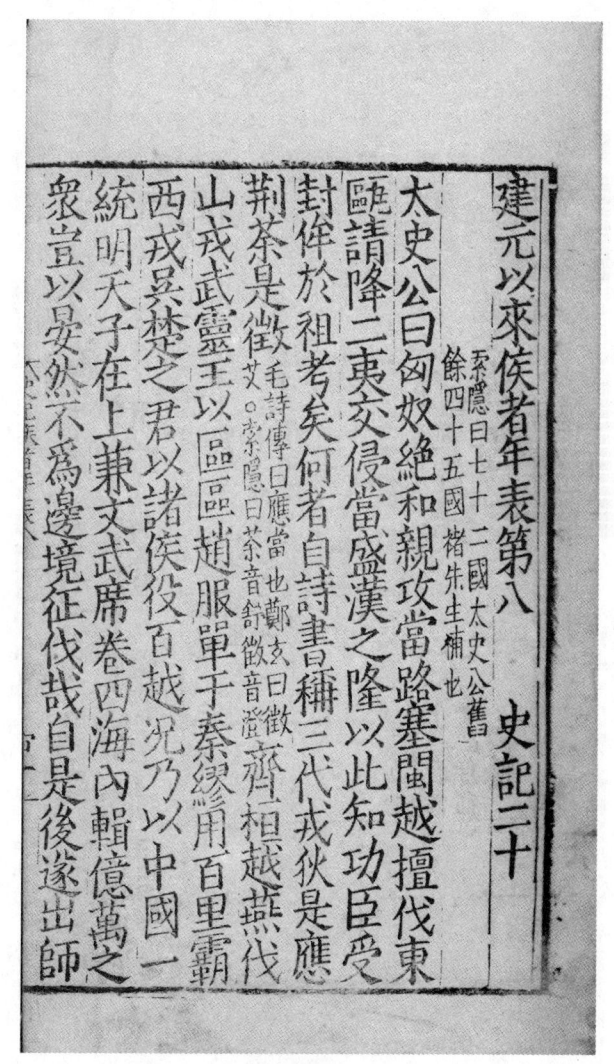

《史记》卷二十首叶（秦藩刻本），版心以千字文排序

翻刻自南宋黄善夫本，秦藩本为王延喆本的覆刻本），版式、字体、用纸、开本皆相同或相仿，因而以此二本相互补配，可谓珠联璧合、相得益彰，当为残缺古籍补配之典范。

在皖西学院图书馆收藏的这部补配而成的《史记》中，留有五枚收藏印，其中的两枚分别属于汪士钟和何维朴。

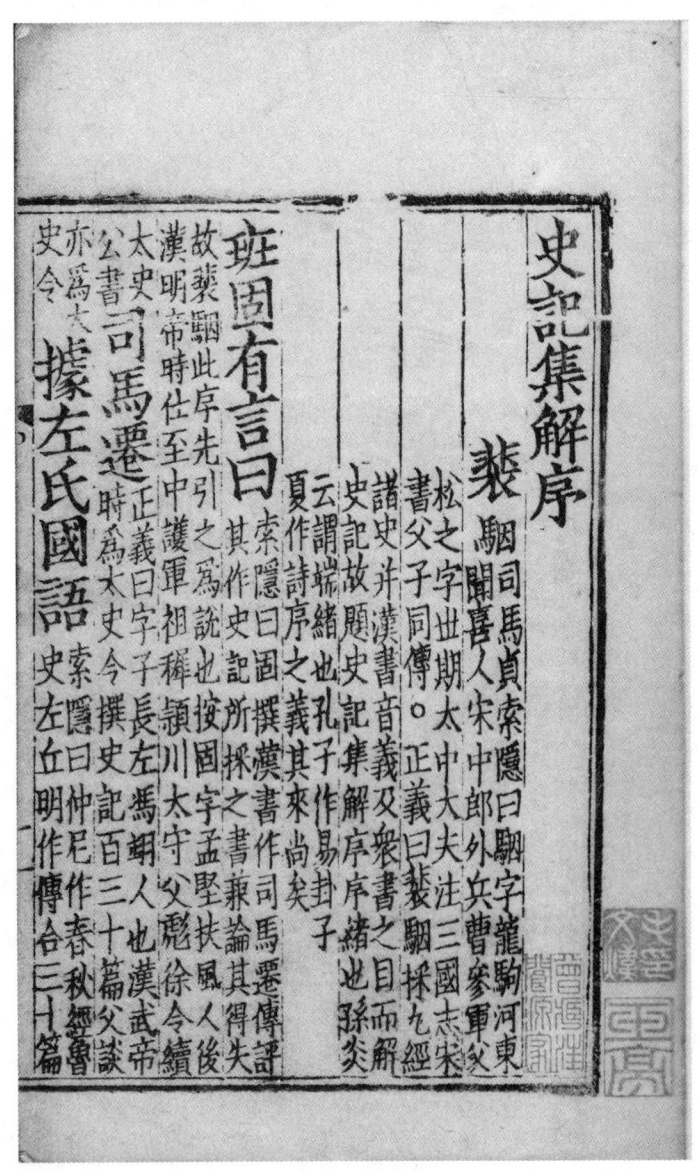

《史记集解序》首叶及收藏印

三、汪士钟收藏印

在本馆这部《史记》的前五册（卷一至十二，均属王延喆刻本部分），每册首叶均留有一枚竖长方形阳文朱印，印文是"曾藏汪阆源家"，这是清朝著名藏书家汪士钟的收藏印。汪士钟，生卒年不详，清长洲（今江苏苏州）人。曾为观察使，官至户部侍郎。汪士钟早年读南宋王应麟所藏四部之书，以为是寻常普通之本，后来在先世所藏四部寻常之书的基础上，广为搜采宋元旧刻以及四库未收之书；因家资雄厚，以高价收书，特别喜好黄丕烈旧藏，凡有黄丕烈跋语之书，即便只是一行数字，也必重价收藏，因而藏书日富；嘉庆年间，江南有四大著名藏书家，即黄丕烈、周锡瓒、顾之逵、袁廷梼，藏书皆以精

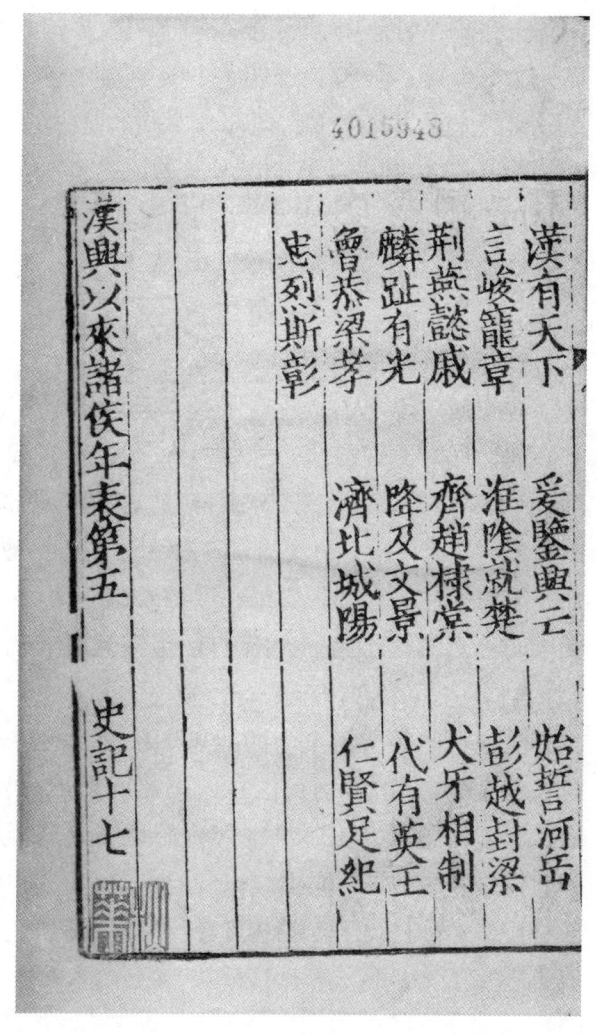

《史记》卷十七末叶（王延喆刻本）及收藏印

博著称，后均归于汪士钟门下，其藏书楼名艺芸书舍，藏书为当时海内之首。汪士钟还喜好刻书，摹刻宋元珍本，所刻均校雠精审；编有《艺芸书舍宋元书目》、《艺芸书舍书目》。咸丰年间，汪士钟藏书基本散出，多为杨以增海源阁、瞿镛铁琴铜剑楼和上海郁松年宜稼堂所购得。

除了汪士钟的收藏印外，在这部《史记》王延喆本部分的第一至五册和第八册（卷十八、十九），还钤有"毛印文炜"、"玉亭"两枚印章。从钤印的位置来看，汪士钟印钤于栏内，这两枚印章钤于栏外，因而可以认定，这两枚收藏印当

在汪士钟印之后,但笔者未能查知这两枚藏印的主人。在这部《史记》王延喆本部分的第六册(卷十三、十四)首叶,还钤有一枚"四知传家"印,笔者也未能得知该印的主人。与该书其他部分不同的是,第六、七册(卷十三至十七)留有以黑色楷书所作的批校,但批校者也未留下名姓和印章。

在这部《史记》的秦藩本部分,没有留下任何藏印,但全都留有以朱笔所作的圈点批校,不知何人所为。

五、何维朴收藏印

在皖西学院图书馆收藏的这部补配本《史记》王延喆本部分卷十七末,钤有一枚方形阴文朱印,印文为"秋华",这是近代著名书画家何维朴的印章。何维朴(1842—1922),字诗孙,号盘止、盘叟、秋华居士、晚遂老人,湖南道县人,书法家何绍基之孙。清同治六年(1867)副贡,曾任内阁中书、江苏候补知府,清末任上海浚浦局总办。何维朴以山水画著称,亦精篆刻,为近代六十名家之一。辛亥革命后寓居上海,以书画自给,室名颐素斋、盘止山房,收藏古印甚多,有《颐素斋印存》六卷传世。

从藏书印和留于书中的圈点批校来看,这部补配本《史记》的卷一至十二曾为汪士钟收藏,其后可能在咸丰年间散出,被上海郁松年宜稼堂所购得,从而存于上海地区;王延喆本部分的卷十三至十八和秦藩本部分是否曾为汪士钟收藏则难以确定。同样难以确定的是,另一位收藏者何维朴是否曾收藏了这部补配本《史记》的全部。但何维朴晚年寓居上海,这部《史记》在其身后很可能仍存于上海地区,并于1958年自上海古籍书店流入皖西的六安师范专科学校。

第三节 吴育等藏明嘉靖汪文盛等刊《汉书》一百二十卷

一、《汉书》的版本

《汉书》又名《前汉书》,一百二十卷,东汉班固撰。作为二十四史中的第二史和第一部纪传体断代史书,《汉书》的版本众多,现存最早的版本为宋本。根据《汉书》版本研究者周晨的考证,宋刊本《汉书》有十多种[3]。国家图书馆收藏有一部北宋刻递修本(卷二十九、三十分别以两种南宋刊本补配);北京大学图书馆、国家图书馆等单位还收藏有宋建安黄善夫刻庆元元年(1195)建安刘元起修印本、蔡琪家塾刻本、嘉定十七年（1224）白鹭洲书院刻本、宋刻宋元递修本、宋刻元修本、宋刻元明递修本。元代有大德九年（1305）太平路儒学刻本（明代多次补修）。明代有吴勉学刻本、正统八至十年（1443—1445）刻本、德藩

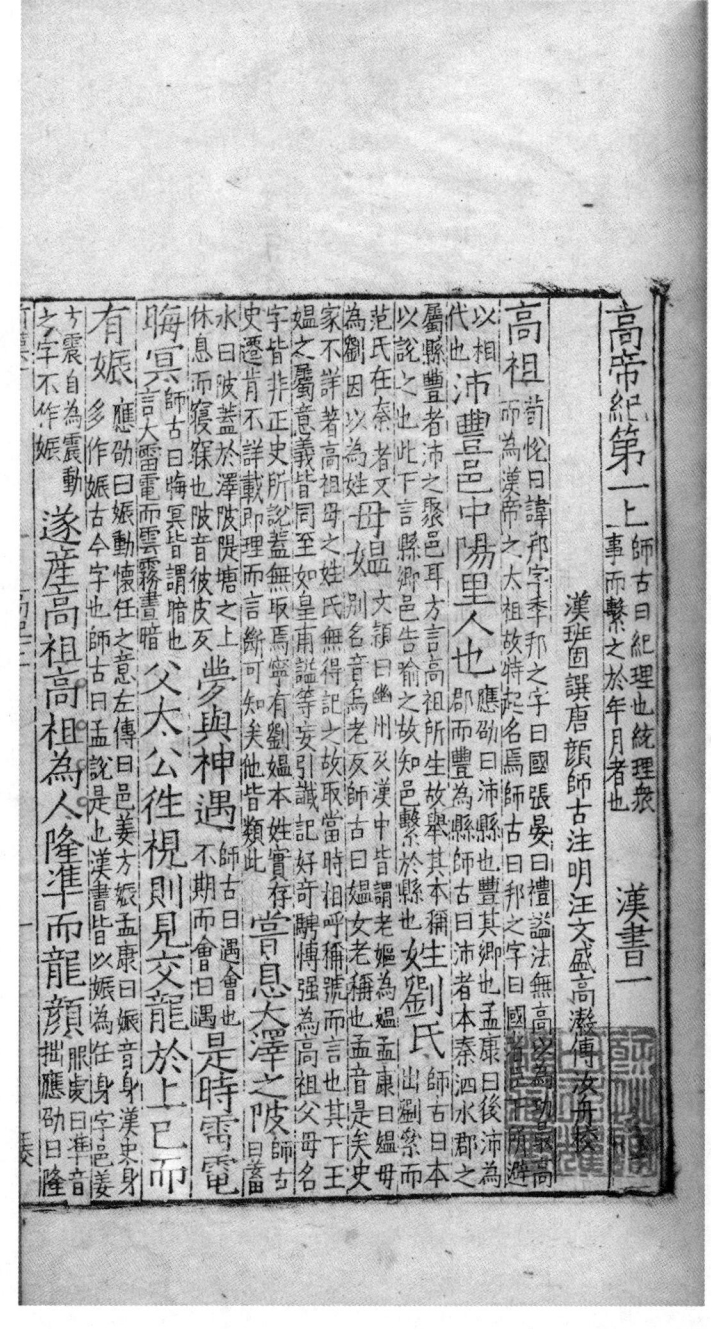

《汉书》正文首叶

最乐轩刻本、嘉靖南监本（万历至清乾隆递修）、嘉靖汪文盛等刻本（二十八年有周采等剜改印本）、嘉靖十六年（1537）崇正书院刻本（有重修本）、新安吴中珩刻本、万历二十五年（1597）北监本、万历四十七年（1619）钟人杰刻本、崇祯十五年（1642）毛氏汲古阁刻本（清代有补修）、明末刻本等。清代版本更多，包括清初刻本、清初影宋抄本、康熙刻本、乾隆四年（1739）武英殿刻本、金阊书业堂翻刻汲古阁本、咸丰元年（1851）陈焯之刻本、同治四年（1865）成都书局刻本、同治八年（1869）金陵书局刻本、同治十二年（1873）岭东使署刻本以及光绪年间近二十种刻本、石印本、影印本、铅印本等。

皖西学院图书馆收藏有一部明嘉靖汪文盛等刻《汉书》一百二十卷，版式为十二行二十二字，小字双行二十八字；白口，左右双边，无鱼尾，有书耳；版框18.9×13.6厘米。二十册。卷端题：汉班固撰，唐颜师古注，明嘉靖汪文盛、高瀔、傅汝舟校。该书曾为多人所收藏，并留有收藏者的大量批校圈点和藏书印。

二、吴育过录之张惠言评点

1. 张惠言其人

张惠言（1761—1802），清代著名经学家、词人和散文家。原名一鸣，字皋文，武进（今江苏常州）人。嘉庆四年（1799）进士，改庶吉士，授翰林院编修。自幼聪慧，最初研读骈文，辞藻极美；后又用心于词，是常州词派创始人。词论强调比兴，强调词作应该重视内容，所作之词颇为沉着，且意旨隐晦。治唐宋古文，学韩愈、欧阳修，为文简洁，或恢宏绝丽，或温润朴健，与同乡恽敬并称阳湖派之首；进而治经学，深研《周易》、《仪礼》，易主虞翻，礼主郑玄，特别钻研孤经绝学，成就卓然。善于篆书。著有《周易虞氏义》等阐发《易》义之书九种、释《礼》之书二种以及《茗柯文编》、《茗柯词》等，并编有《词选》、《七十家赋钞》。

在皖西学院图书馆收藏的这部《汉书》的末叶，书有一段以朱笔所作的后记，内容是："余以乾隆甲寅点阅此书，未几南还，书留京师；越嘉庆庚申于役陪京，乃卒业焉。其本纪、列传自第一至第卅八前所点也，用朱黄别异；其表、志、列传三十九以下后所点，无黄笔，体例亦不能画也。惠言。"在这段文字后面另有一行说明文字："右张先生评点《汉书》，嘉庆丙子孟冬录于私艾斋。吴育记。"从笔迹上看，这两段端庄的楷书文字显然出于一人之手，但落款却是两人之名。不难看出，前一段文字系张惠言评点《汉书》后记的内容，它表明，遍布全书的以多种颜色笔迹所作的众多评注和圈点是张惠言评点《汉书》的内容；而所有这些评点和后记都是由吴育过录于本书之上的，它也回答了书首《叙例》首叶"延陵吴氏"这一藏书印主人是谁的问题。张惠言的后记也表明，他对《汉书》的评点分为前后两段时间，从乾隆甲寅（1794）到嘉庆庚申

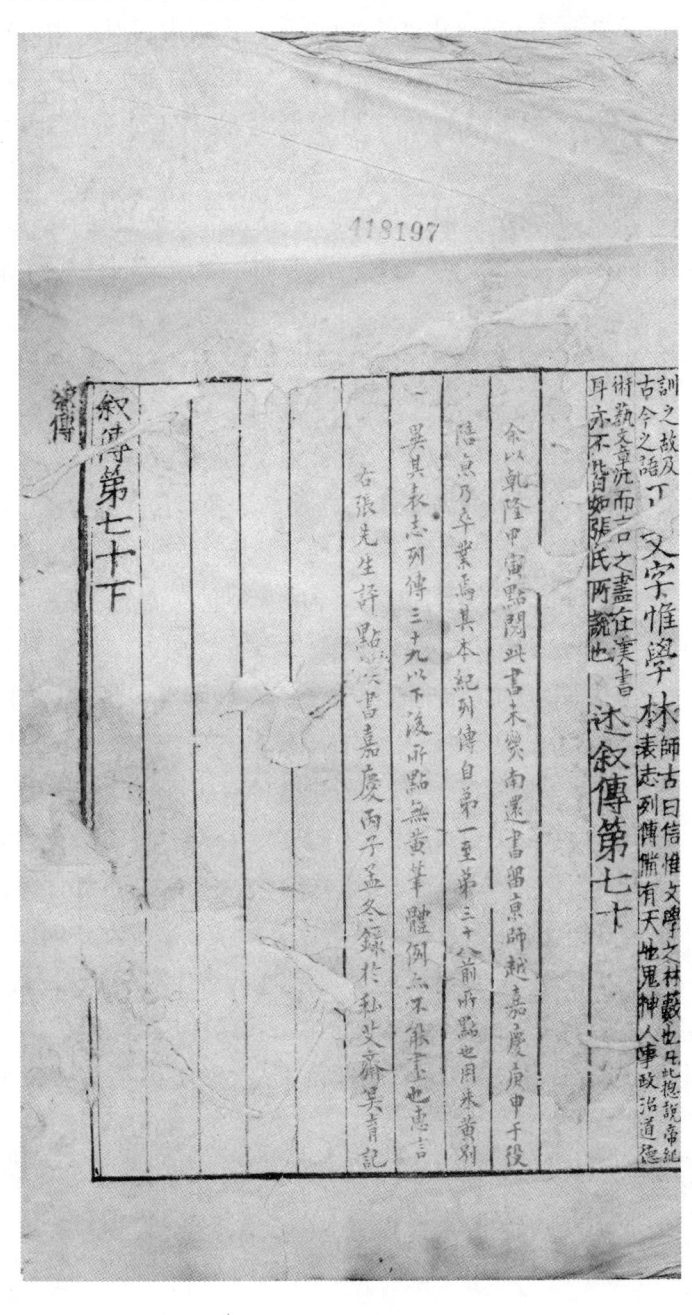

《汉书》卷一百二十末叶及吴育过录张惠言评点后记

（1800），前后达七年时间，而且这两次评点在体例上有所不同。笔者以张惠言后记之内容对照这部《汉书》中的张氏评点，发现其体例完全相符，不能不感叹吴育过录之用心。

2. 张惠言评点的内容

张惠言对《汉书》的评点，首先表现为其对书中内容的圈点画线，从墨色上看，有红黄蓝三色；从形式上看，有点线圈三形。如《高帝纪第一下》有一段名言："夫运筹帷幄之中，决胜千里之外，吾不如子房；镇国家，抚百姓，给馈饷，不绝粮道，吾不如萧何；连百万之军，战必胜，攻必取，吾不如韩信。三者皆人杰，吾能用之，此吾所以取天下者也。"在这段话旁边划有黄线，每一字旁均标有红点；而对紧接其后的"项羽有一范增而不能用，此所以为我禽也"这句话，仅在每一字旁标有红点。

张惠言评点《汉书》的最重要内容，是贯穿全书、记于各叶书眉之上的评注。据笔者统计，张惠言的评注共有144条，这些评注在一定程度上反映了张惠言的史学成就和历史观。具体地说，张惠言的评注包括以下几个方面：

第一，对班固编著此书的评论。如《五行志七上》有评："篇中比事体例多乱。"《陈胜项籍列传第一》有评："孟坚合陈项传为一，如此秦嘉等更觉头绪清晰。文章本天成，妙手偶得之，亦一奇也。"显然，张惠言对《汉书》有褒有贬。从全书看，这种褒贬之评相当多。

第二，对比《汉书》与《史记》、班固与司马迁。同为影响后世的纪传体史书，而且《史记》对汉史也着墨较多，自然会引起对《汉书》与《史记》的比较，张惠言的评注约有半数是通过这种对比进行的。读史之人皆知，司马迁文章向以近散、单行见长，班固文章以近骈、对偶见长；后人往往以"史"、"汉"并称，以"迁固"、"班马"连举，来并颂《史记》和《汉书》。但也有人因文风之同异而各有所好，如柳宗元、苏轼、黄庭坚皆推崇班固文章而读《汉书》。张惠言因工散文而推崇司马迁和《史记》，因而在比较中对班固和《汉书》多有批评。如在《酷吏传第六十》开始处，张惠言批道："《史记·酷吏传》极用意，其文往复变化，孟坚增损之，尽失其妙。"对比两书之《酷吏传》，应该说张惠言的批评是中肯的。但张氏在《食货志第四下》结尾处的评点却值得推敲，张氏此评为："孟坚犹与宏羊不及史公识远矣。"实际上，《汉书·食货志》是在《史记·平准书》基础上发展而来的，但与《平准书》相比，《食货志》可谓自成体系，立义更深，反映了从远古到西汉的经济发展，特别是农商发展的状况，其成就当在《平准书》之上。

当然,张惠言的评点中也有许多亦褒亦贬或非褒非贬之语,如在《陈胜项籍列传第一》中有注:"鸿门事入高纪,体制宜尔,然史公精神生色处未免少减;而移入高纪遂不能纵笔淋漓。所以史公必入羽纪也。"又在《列传十七·梁平王襄传》中有批:"《史记》无敬王定国以下。"

第三,评论书中人或事。如张惠言对《列传二十四·李陵传》的评论是:"李陵报汉,心事非假非真,班氏曲折传出用意,细甚。"在《外戚六十九·王莽传》中有评论:"叙莽成篡,以颂莽者提","此下叙莽败,以盗贼提"。

第四,对前人注释提出异议。如《列传三十二·司马迁传》有言:"喜生谈,谈为太史公[师古曰:谈为太史令耳,迁尊其父,谓之为公。如说非也]。"对此,张惠言批道:"师古说非也。若迁尊其父,谓之为公,不得,亦尊己为太史公。盖武帝尊太史令为太史公可信,位在丞相上与否,则未可决正耳。"

第五,提出自己的见解。如张惠言对《沟洫志第九》批道:"此志不当名沟洫。"沟洫是我国古代用以除涝的排水系统,《汉书·沟洫志》记载了从远古的大禹到王莽末年的治河对策及水利建设,包括治水、除涝、灌溉、航运等多方面。所以,《汉书》以沟洫为志名确有不当之处。又如《列传三十一·李广利传》中有"兵败,降匈奴,为单于所杀,语在匈奴传后"一句,张惠言批道:"依体例,广利降匈奴,族诛,应略见。"

从上述介绍中可以看出,张惠言的评点形式多样,内容丰富深刻,其中包含一些独到的认识和见解,很有价值,因而值得进行系统深入的研究。

3. 张惠言评点的影响

由于张惠言评点的内容具有重要价值,因而在《汉书》研读者中产生很大影响。不仅吴育在本书中过录了其评点,其他许多人在研读《汉书》时也有过录行为。根据《中国古籍善本书目联合导航系统》的记录,在国家图书馆、上海图书馆、南京图书馆各自收藏的一部明崇祯十五年毛氏汲古阁刻《汉书》一百卷中,分别留有清人翁同龢、史恩培、曾印若过录的张惠言评点[4]。而同样根据《中国古籍善本书目联合导航系统》的记录,复旦大学图书馆收藏的毛氏汲古阁本《汉书》中有张惠言圈点并跋[5],不知其圈点中是否包含评注;若有,应该就是各家研读者过录的原始依据。

此外,笔者最近在新浪网博客中检索到一段与吴育过录张惠言评点《汉书》相关的内容,这篇博客由清末民初著名学者吉城的后人所写。吉城(1867—1928),字凤池、凤墀等,号曾甫、曾父,江苏东台人,祖籍镇江丹阳。吉城研究学问以四部之学为骨架,研经以齐鲁之学为宗,读史通班马之书,旁及辞赋、金石之学;其人著述甚丰,撰有国学研究论著31种,作咏怀言志诗歌500余首,写生平经历日记23册。在上述博客中,博主公布了吉城写于清光绪十六年(1890)的一段日记,其中有这样一段文字:

《汉书》跋语:

余以乾隆甲寅点阅此书,未几南旋,书留京师,越嘉庆庚申于役陪京,乃卒业焉。其本纪、列传,自第一至卅八前所点也,用朱黄别异;其表、志、列传,三十九以下后所点也,无黄笔,体例亦不能划一也。惠言。

右(上)张先生评点《汉书》,嘉庆丙子孟冬录于私艾斋。吴育记。

右(上)照惠定宇先生批本,用墨笔谨临一过,其朱批则又照毗陵张先生之所评而录之也。此下不著谁何,疑即赵徐先生笔也。

此赵子枚家藏本,乃其尊人佘生先生司铎镇?(博客原文如此)时所手录也,光绪甲申秋日假归录之,纯用墨笔,凡张先生说冠以"张曰"二字。以王旬(博客原文如此)。[6]

从这段日记的内容来看,"读史通班马之书"的吉城在研读《汉书》时,曾过录、参考张惠言、惠栋等名家的评点,且颇用心思。这一点在吉城的日记中也有记载:"点《汉书》卒业,溯自戊子冬始,事历三寒暑而有成。"[7]这段日记所记录的张惠言读《汉书》后记和吴育过录后记的内容还告诉我们,吉城是通过现在藏于本馆的这部《汉书》中吴育的抄录获知并录下张惠言评点的;但其所录张惠言评点后记与本馆此书中的吴育所录在文字上略有出入,因而不排除吉城通过其他人的转录再作抄录的可能。

三、吴育以钱大昕《三统历术》稿本所作校点

1. 吴育其人

吴育,生卒年不详,字山子,清江苏吴江人。博学多闻,长于散文和书法,特别擅长篆书,其书法理论为包世臣所取。他无意科举,与方履籛、包世臣、李兆洛等人交往甚笃,并随方履籛(1790—1831,字彦闻,号术民,顺天大兴人。嘉庆举人,曾任福建闽县知县;学问赅博,长于诗词及骈体文,酷嗜金石文字,多有著述)宦游各处。方履籛去世后,吴育客游四方,不知所终。著有《私艾斋文集》。以吴育之博学多闻、不事科举,却能倾心抄录张惠言对《汉书》的评点,可见张惠言评点之非比一般。

在中国嘉德国际拍卖有限公司1994年秋季拍卖会上，展示有一件拍品"李邕撰并书、黄仙鹤刻《麓山寺碑》"，上面留有清人邓石如、张惠言、包世臣、吴育、方履籛的题字，这些题字之人皆为名家，且都长于书法，生活年代也比较接近，其中吴育与包世臣、方履籛交往甚多，因而也存在吴育与张惠言本就相识或有交往的可能[8]。

2. 吴育校点的内容

在本馆这部《汉书》之《律历志第一下》结尾处，留有吴育书写的一段文字："律历志，嘉庆二十年十二月二十一日，以钱詹事《三统历术》稿本校点。是日大风寒，手僵欲脱，书不成字。"之所以认定这段文字为吴育之言，而不是吴育所录张惠言之语，是因为嘉庆二十年

《汉书·律历志第一下》末叶及吴育题记

（1815）时，张惠言已去世13年。这段文字中所说的钱詹事是指清代著名学者钱大昕。钱大昕（1728—1804），字晓徵，一字及之，号辛楣、竹汀居士，晚称潜研老人，清江苏嘉定（今属上海）人。乾隆进士，曾任少詹事、广东学政等官职，也曾主持钟山、娄东、紫阳书院讲席。精研经史、金石、文字、音韵、天算、舆地诸学，特别是在音韵训诂方面多有创见；兼通中西历算，用以读史，考史之功号为清代第一。著有《二十二史考异》、《三统历术》等众多著作。

吴育以兼通中西历算的钱大昕之《三统历术》稿本校点《汉书·律历志》，

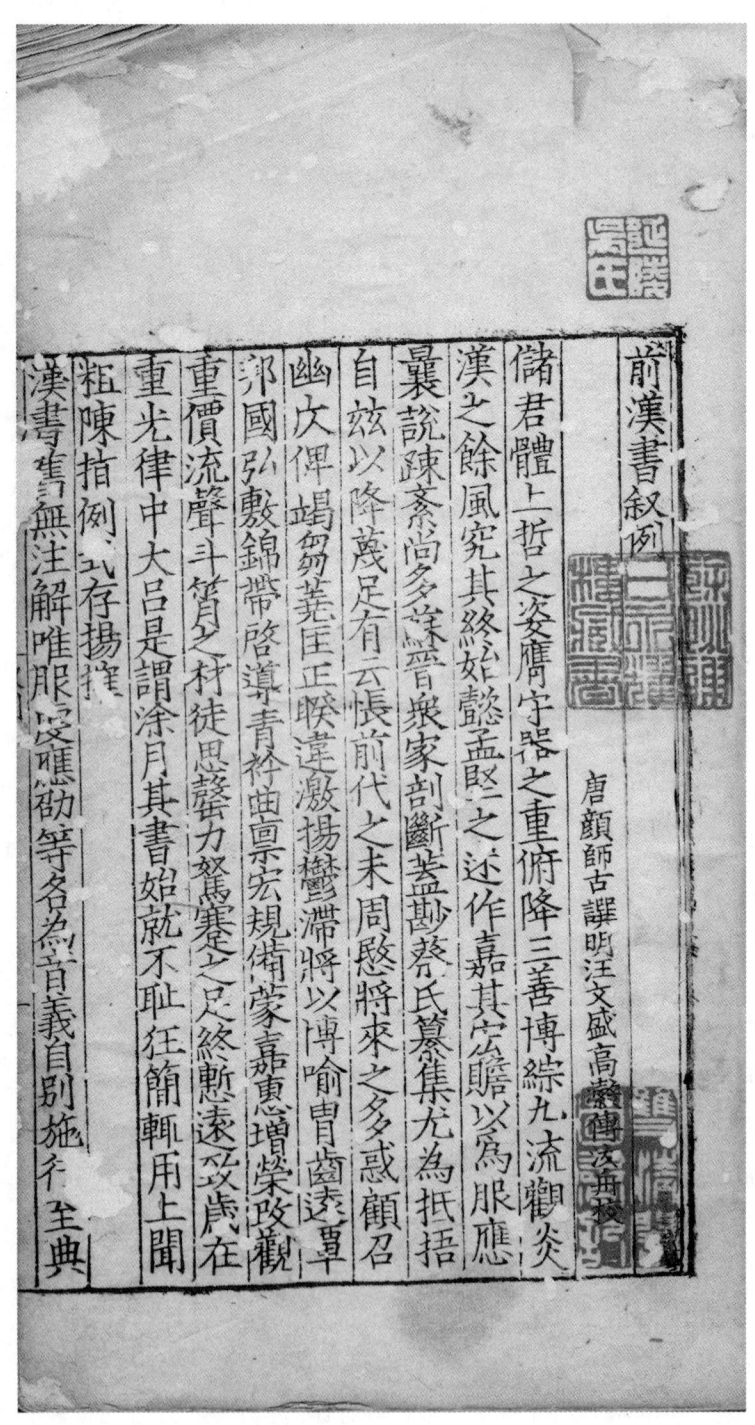

《汉书叙例》首叶及收藏印

表明其研读《汉书》之严谨。同样令人感兴趣的是,吴育是否曾研读和参考钱大昕《二十二史考异》中的《汉书考异》? 因为自清代开始,文人们一改过去重校订之风,开始重视为《汉书》释义,钱大昕《汉书考异》即是反映这方面成就的代表作之一。另外,吴育在这里记录的是嘉庆二十年年底,而前文提及的吴育在全书结尾处所记的是嘉庆丙子孟冬,即嘉庆二十一年(1816)初冬,前后相差一年以上。可见吴育是先校点《汉书》,然后才过录张惠言评点的。这也从一个侧面反映了博学多闻的吴育对名家著述的重视和搜罗之广泛。

吴育研读此书之严谨,还表现在其为全书所做的断句、标点以及大量的订误。仅据笔者对本书的前两册(帝纪一至十二)进行统计,吴育直接对书中的错、漏、多余文字的改动就达52处。

翻阅本馆这部《汉书》,除了感受中国历史与文化的厚重外,最直接的感受就是吴育书法之美。如前所述,吴育既过录了张惠言的评点,又对几乎每一叶进行订误,因而在书中留下了大量的文字,其书法清秀端庄工整,令人赏心悦目。即便是其"是日大风寒,手僵欲脱,书不成字"的文字,也非常人所能及。吴育工书之长于此尽得显现。

四、钤有"墨憨"印章的批校签条

在皖西学院图书馆这部明嘉靖汪文盛等刊《汉书》中,附有许多签条,签条上记有研读者所作批校。从钤印和字体来分析,这些签条可分为三种,其中最多的一种共有58张,这58张签条的每一张上面都书有一条或两条批注,批注后均钤有一枚印章,这枚竖长方形阳文朱印很小,只有0.45厘米×1.17厘米大小,印文为"墨憨"二字。根据《古今人物笔名索引》记载,"墨憨斋"为明代文学家冯梦龙书斋名[9];笔者过去曾认为这些钤有"墨憨"印章的签条是冯梦龙所作的批校,但通过对批校内容和时间的进一步研究分析,则完全排除了冯梦龙批校的可能。根据江西财经大学吴小珊的研究,清朝初年的出版家冯焴为冯梦龙之子,他在出版的小说中沿用了"墨憨"室号[10]。但从留于本馆此书中的批校内容和时间来看,这些批校也不太可能是冯焴所为。

"墨憨"对《汉书》的批校,主要是勘误性质,其中既包括对书中内容的纠误,也包括对刊刻错误纠正。具体地说,"墨憨"的批校主要包括以下几方面:一是订正文字之讹。如《王子侯表第三上》中有"众陵节侯贤"一句,"墨憨"批道:"众陵节侯贤 地志零陵有泉国,此作众陵误也。前陵众恐亦临泉之讹,泉原古相通也。王子侯表 十五。"("众"的繁体字"衆"与"零"、"泉"形似——笔者)批注后的"王子侯表 十五"为批校内容所在的卷名及叶码。尽管颜师古注认为"众陵"无误,但对照《史记》卷二十一《建元以来王子诸侯年表第九》可知,"墨憨"所注是正确的,王先谦《汉书补注》也持此说。但《史记》和《汉书补注》皆未提及"临众"为"临泉"之讹。二是订正地名之误。如在考证《陈胜项籍

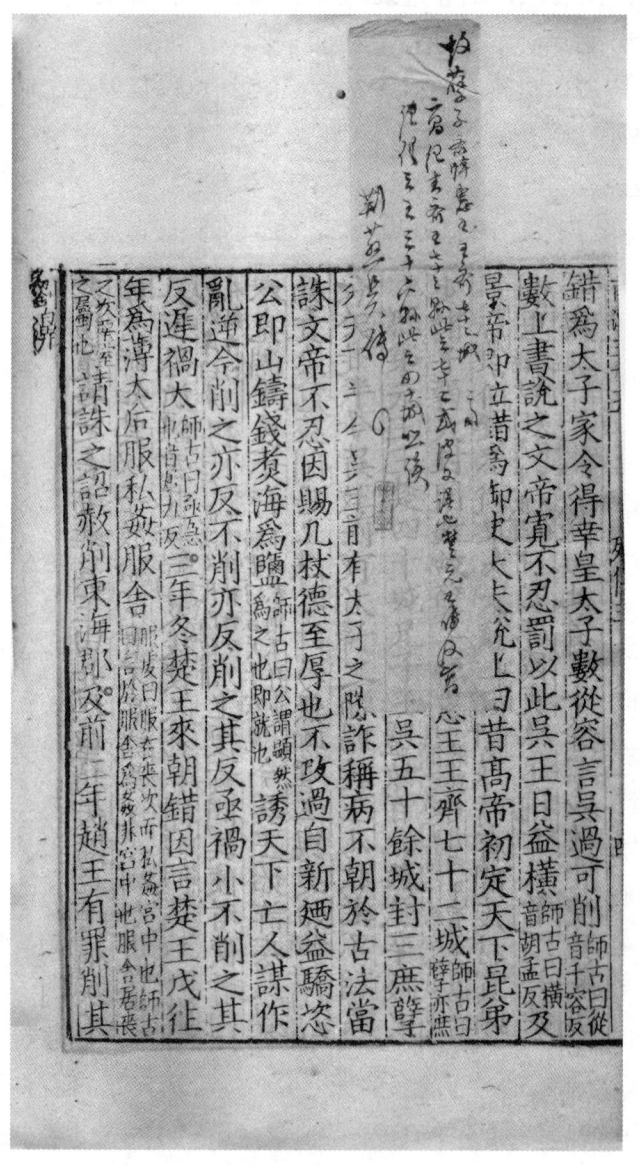

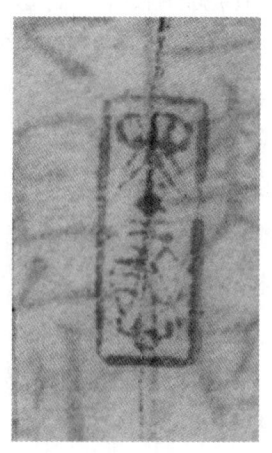

《汉书》钤有"墨憨"印章的签条

列传第一》中的"阳城"时批道:"阳城人 考异云,当是颍川之阳城,师古说非也。汝南阳城为侯国,宣帝时始置,此时尚未置也。 陈胜项籍传 一。"三是订正官职之误。如《文帝纪第四》中有"河内太守周亚夫为将军"一句,"墨憨"批道:"河内太守 本传无太守此衔也,景帝中二年始改郡守为太守。此时不宜称太守。文纪 十三。"四是订正时间之误。如《武帝纪第六》中有言:"丁卯,帝崩于五柞宫[臣瓒曰:帝年十七即位,在位九十四年(应为五十四年—笔者),寿七十一]","墨憨"批道:"帝自十六岁即位,自(似应为至—笔者)是年七十。臣瓒说非。武纪 二十四。"

在勘误之外,"墨憨"的批校也包括一部分注释。如《蒯伍江息夫列传第十五》中有"循乌孙就屠之迹"一句,"墨憨"批道:"循乌孙就屠之迹 考异云:孙字衍。息夫躬传 十三。"从批校的内容来看,"墨憨"的这些勘误和注释多数为颜师古注之遗漏和失误之处,其广征博引的批校表明研读之认真和深入。

在上面列举的批校内容中,有两处提及"考异云"。在对《汉书》的批校中所引证之《考异》,当然最有可能是《汉书考异》。通过将上述两处"考异云"之内容与钱大昕《汉书考异》的相关内容相对照,二者完全一致。在《二十二史考异》之《汉书考异·陈胜传》中有这样一段内容:"陈胜字涉,阳城人。师古曰:地理志,属汝南郡。按:汝南、颍川皆有阳城县。汝南之阳城为侯国,宣帝时始置。此当是颍川之阳城也。"[11]在《汉书考异·息夫躬传》中有这样一句话:"循乌孙就屠之迹。孙字衍。"[12]这种内容上的一致表明,"墨憨"在批校《汉书》时对照、参考了钱大昕的《汉书考异》。如前所述,钱大昕生活于1728—1804年,因而这些钤有"墨憨"印章的批校不可能是生活于1574—1646年的冯梦龙所为;尽管沿用"墨憨"室号的冯梦龙之子冯焴的生卒年不详,但根据江西财经大学文革红的研究,冯焴的出生时间至迟不晚于明天启二年(1622)左右[13],不太可能看到1728年才出生的钱大昕所著《汉书考异》,因而也基本排除了冯焴留下上述批校的可能。冯焴尚有一子冯端虚,但其早逝于冯焴,且无子嗣,因而也不可能继续沿用"墨憨"之名批校《汉书》。至于与冯梦龙并称"吴下三冯"的兄弟冯梦桂、冯梦熊的后人是否沿用"墨憨"之名,已无可考。

五、方荫华收藏印

在本馆这部《汉书》各册的首叶,均钤有一枚竖长方形阴文朱印,印文为"双清阁图书记"。尽管清代以来以"双清阁"为室名别号者有数人,包括江苏阳湖人方荫华、福建大田人林廷和等，但根据多方面资料分析，这枚印章应该属于清人方荫华。方荫华，生卒年不详，字季娴，阳湖（今江苏武进）人；是前述嘉庆举人、闽县知县方履籛的妹妹，也是湖北按察使赵仁基（1789—1841，字子厚，号悔庐，江苏阳湖人，道光进士，勤心经世之学，为学理政颇受佳评）再继之妻，还是易州知州赵烈文（1832—1893，字惠甫，号能静居士，江苏阳湖人；讲求经世之学，对佛学、易学、医学、军事、经济之学都有涉猎，是曾国藩手下最受器重的幕僚，曾在与曾国藩的私下密谈中准确预言了清王朝的灭亡时间及其后的军阀割据；所撰《能静居士日记》极具史料价值）的母亲。熟知经史，并涉猎绘画，夫妻志趣相投，情意相通，常相唱和。存世有《双清阁诗》，徐世昌所编《晚晴簃诗汇》收有其诗作。由于方荫华与吴育同为苏南人，而且吴育与方荫华之兄方履籛过从甚密，因而此"双清阁"印章当属方荫华。从生活经历上看，熟读经史、与夫唱和的方荫华曾收藏这部《汉书》也是完全有可能的。

六、其他收藏者

在附于本馆这部《汉书》里的签条中，除了钤有"墨憨"印章者外，另外还有两种，这两种书于签条上的批注只出现于前九册（帝纪第一至列传第七），其中的一种共29张，没有署名，无法确定批注者为何人；从字迹和批注风格上看，这些签条与钤有"墨憨"印章的签条相似，但与钤有"墨憨"印章的签条淡黄的纸色相比，无署名的签条纸色略白，因而难以确定批注者。另外一种书于签条上的批注共17张，署名为"庚"，字体明显不同于前述两种签条，笔者同样无法查知批注者为何人。吴育曾对这两种不辨谁属的签条上的内容进行订正，因而可以确定吴育收藏此书的时间在后；在钤于《叙例》首叶的印章中，方荫华印位于栏内，吴育的"延陵吴氏"印位于天头，因而还可以认定，吴育的收藏也在方荫华收藏之后。

在这部《汉书》的卷端等处，还留有谢光甫的"余姚谢氏永耀楼藏书"印，谢光甫应该是这部《汉书》已知的私人收藏者中的最后一位。

皖西学院图书馆这部内容精审、刻印俱佳并留有诸多名家评点和印章的明嘉靖汪文盛等刊《汉书》的价值十分珍贵，于2009年6月入选第二批《国家珍贵古籍名录》，编号03531。

第四节　王锡元藏清乾隆十二年刻《通典》二百卷

一、《通典》的版本

《通典》二百卷,唐朝中叶史学家杜佑撰写的我国第一部典制文献。该书200多万字,贯通历代史志,独创专门的典章制度史,在历史编纂学上具有重要地位,与南宋郑樵的《通志》、元朝马端临的《文献通考》合称"三通"。

作为记录典章制度史的典制文献,《通典》在历史上的版本比较多。早在北宋时期,就有最早的《通典》刻本面世,现在日本宫内厅书陵部还存有一部该版残书(现存179卷,缺21卷,据嘉靖刊朝鲜活字本补抄18卷,尚缺3卷);南宋绍兴刻本是北宋刻本的覆刻本[14],此外还有一种宋刻本(有宋元递修本)。元代也有一种刻本。明代有嘉靖刻本、嘉靖太和李元阳刻本、嘉靖十八年(1539)王德溢吴鹏刻本、明抄本和其他几种不辨具体刊刻时间的刻本。清代有木活字本、乾隆十二年(1747)武英殿刻本(有宣统三年后印本)、咸丰九年(1859)崇仁谢氏刻本、同治十年(1871)广东学海堂刻本、光绪十七年(1891)浙江书局刻本、光绪二十二年(1896)浙江书局刻本、光绪二十七年(1901)上海图书集成局石印本、光绪二十八年(1902)上海鸿宝书局石印本等。另外,明嘉靖时期,还有一种高丽活字本。

皖西学院图书馆收藏印一部清乾隆十二年武英殿刻《通典》二百卷,版式为十行二十一字,小字双行同;白口,左右双边,单黑鱼尾;版框21.9×15.2厘米。44册4函,保存完好。

二、王锡元收藏印

在皖西学院图书馆收藏的这部清乾隆十二年武英殿刻《通典》各册的首叶,都钤有一枚方形阴文朱印,印文为"盱眙王氏十四间书楼藏书印",这是晚清名士、学者、藏书家王锡元的收藏印。王锡元,生卒年不详,各种文献关于其生平的记载也不多,我们只知道其为清同治四年(1865)殿试二甲进士,撰有《梦影词》、《隅园隐语》,编修有光绪辛卯(1891)《盱眙县志稿》,纂有《盱眙金石志稿》,与徐乃昌等人合编有《贵池金石志》,辑有《童蒙养正诗选》。我们虽不了解王锡元藏书的具体状况,但从其藏书室名"十四间书楼"来看,其藏书数量应该非常之多;通过网上检索也可以发现,各地所存钤盖有"盱眙王氏十四间书楼藏书印"的古籍也确实不少。此外,王锡元还是一位刻书家,其藤花馆还经常刻印其本人的著述以及其他许多文献。

第五节　刘文介藏清咸丰六年追远堂刻《史忠正公集》四卷

一、《史忠正公集》的版本

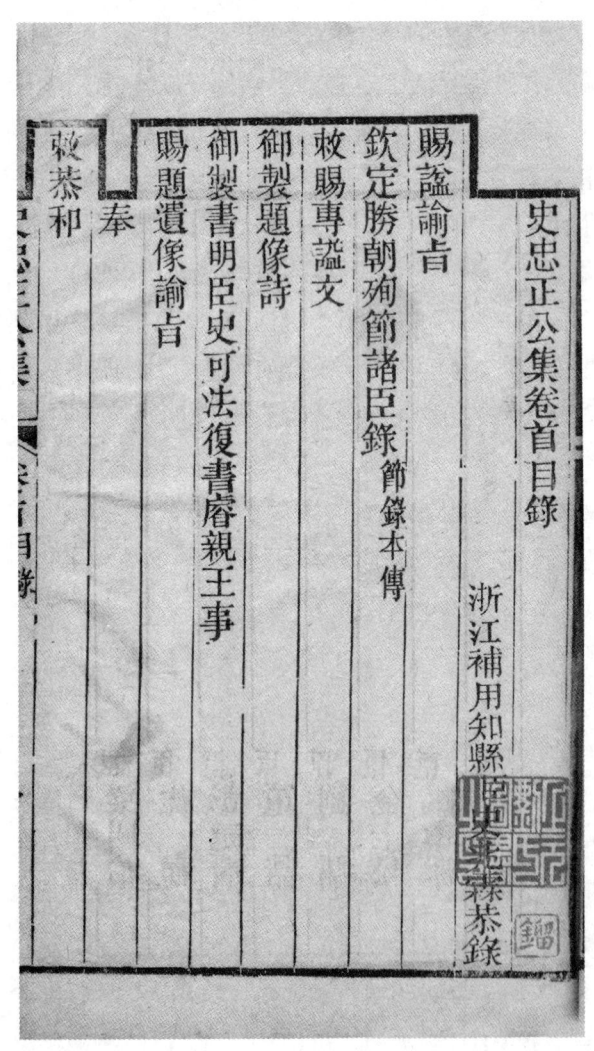

《史忠正公集》首叶及印章

《史忠正公集》是明末政治家、抗清英雄史可法的文集,由史可法曾孙史山清收集整理、玄孙史开纯于清乾隆四十九年(1784)最先刊印的,内容包括史可法的奏疏、书信、杂文、诗词等,共四卷,另有卷首一卷卷末一卷,卷首的内容主要是乾隆赐谥谕旨、敕赐专谥文、钦定本传、题像诗文等,卷末的内容主要包括后人所作传记、纪念、赞颂类的文字等。

此书的清代版本还包括陇西平泉小墅的木活字本、道光二十八年(1848)泾县潘氏袁江节署刻《乾坤正气集》本(同治五年、光绪元年、七年、十八年重印)、咸丰二年(1852)祥符史致康刻本、咸丰六年(1856)史兆霖追远堂刻本、同治七年(1868)景莱书屋刻本、同治十年(1871)刻本、光绪五年

（1879）刻《畿辅丛书》本、光绪十六年（1890）刻本等。

不难看出，《史忠正公集》在1840年后出现了很多版本，这是由于鸦片战争后中国面临列强的侵略掠夺，勇敢抵御外族入侵、宁死不屈的史可法不断被人们所想起，因而其文集被多次印刻。

皖西学院图书馆收藏有一部清咸丰六年追远堂重刊的《史忠正公集》四卷卷首一卷卷末一卷，版式为十行二十一字；左右双边，白口，单黑鱼尾；版框18.7×13.1厘米。2册，保存完好。

二、刘文介收藏印

在本馆所收藏的这部清咸丰六年史兆霖重刊的《史忠正公集》的卷首目录的首叶、正文首叶等处，留有"上元刘氏图书之印"等印。根据各方考证，这枚"上元刘氏图书之印"应该是近代藏书家刘文介的收藏印。

2006年6月，上海敬华拍卖公司拍出一部《红楼梦》残本，为收藏家卞亦文购得，因而被称为"卞藏本"。"卞藏本"《红楼梦》卷首有原藏主人题记一则，加盖"文介私印"章，题记右下角盖"上元刘氏图书之印"章。该残本一经披露，其真伪和价值便在红学专家和爱好者中引起了激烈争论。经过诸多专家学者的研究考证，多数学者认为"卞藏本"《红楼梦》上"上元刘氏图书之印"章的主人是《上元刘氏家谱》的刘文介。

尽管各位专家学者对"卞藏本"《红楼梦》上"上元刘氏图书之印"章的主人是否刘文介争论得很激烈很热闹，但并无人对刘文介的身世进行系统研究，笔者也未能检索搜集到相关资料，只知道刘文介是一位主要生活于清末民国时期的藏书家，江苏南京人，其兄刘文俨也是一位藏书家。

互联网上曾有人做过统计，现在已知各地有六种古籍藏书中钤有"上元刘氏图书之印"[15]，这里面并不包括本馆这部《史忠正公集》。在上述争论中，有研究者指出不同藏书中钤盖的"上元刘氏图书之印"在文字的镌刻上有所不同。笔者通过比对，发现本馆咸丰六年史兆霖重刊的《史忠正公集》中的"上元刘氏图书之印"在文字的镌刻上，与"卞藏本"《红楼梦》上的"上元刘氏图书之印"也有些微差异，不知是印主藏有多枚此印，还是有人作伪。

除了这枚"上元刘氏图书之印"外，本馆此书中还留有"镏"、"刘氏考藏"两枚印章，可能也属刘文介所有；另外还有一枚"祝此书万岁为爱者有"的印章，不知属于何人所有。

在本馆此书的卷四叶四反面抄录有《国粹学报》所载、《史忠正公集》未收录的史可法遗墨(书信)一章,内容是:

  启按,此乃《国粹学报》所载先生遗墨一章,即此启也。启,集中不载,所致何人又不可考矣。

  河上有镂冰者,费精思神忍寒冻,究竟无益于事,而意外之蘖发栗冽沓至,旁观者徒叹恤其苦恼耳,法今日何异于是。荷诸老先生之恤念深至矣。高兴平遇害,已出意想。靖南复称兵淮扬,尤匪夷所思。内变如斯,外祸益不可支矣。老先生何以策我也。赵丞彭令,为时无几。微解多金,爱惠鼓无,定有妙用。当为具疏表章。知老先生翊佑斯民,亦复无量也。何职方真方真品,耐苦耐劳,今日弘济艰难,正是同心之助,不知主爵者何见。麾出遐方,已为特疏题留矣。仓卒勒复,无任主臣。

在卷四叶十二反面还抄录有《国粹学报》所载、《史忠正公集》中未收录的七绝一首:"一代儒宗贺彦先,冰清玉洁冠时贤;造庐风雨怜堪庇,异数恩荣世万钱。"

《国粹学报》是清末革命学术团体"国学保存会"的机关刊物,光绪三十一年正月(1904年2月)创刊于上海,以"发明国字,保存国粹"为宗旨,1911年武昌起义后停刊,共出82期。由于缺乏资料,我们不知道本馆这部清咸丰六年《史忠正公集》中抄录的两段文字刊发于《国粹学报》的哪一期,也不知道是何人所抄录。

明崇祯十至十二年(1637—1639),史可法任右金都御史,巡抚安庆、庐州等地,驻节六安州,与当时世居六安东乡的史姓有交往,追溯先祖原是同源,遂收可法分支归入六安史姓族谱系。史可法就义后,当地建有史可法衣冠冢。《史忠正公集》中收有《六安署病中感慨》等诗文。

第六节 赵尊岳等藏明刊《楚辞》十七卷

一、《楚辞》的版本

《楚辞》是战国时期在楚国民歌的基础上经过加工、提炼而发展起来的一种韵文形式,其开创者和主要代表人物为屈原等楚国人士。

刘向在编定《楚辞》十六卷时曾为所辑各篇作注,但刘向所编原本已失传,现存最早的《楚辞》注本是王逸的《楚辞章句》。王逸以刘向原本为底本,对楚辞做了较完整的训释；南宋洪兴祖以王逸《楚辞章句》为基础，作《楚辞补注》。此后，关于《楚辞》的辑集、考订、注释、评论著作，还有南宋朱熹的《楚辞集注》、清初王夫之的《楚辞通释》等。

由于在中国文学史上具有突出的地位和极大的影响，《楚辞》版本众多，而且卷数不一，除了已亡佚的刘向十六卷本外，还有一卷本、二卷本、五卷本、七卷本、八卷本、十卷本、十七卷本等。

现存最早的《楚辞》版本为宋嘉定六年（1213）王渶章贡郡斋刻《楚辞集注》八卷《辩证》二卷《反离骚》一卷，其他早期版本还包括宋端平（1234—1236）刻《楚辞集注》八卷《辩证》二卷《后语》六卷以及另两种宋刻本《楚辞集注》八卷《后语》六卷、《楚辞集注》八卷，这四种宋本国家图书馆均有收藏。元代有三种《楚辞集注》八卷《辩证》二卷《后语》六卷刻本，分别是至治元年（1321）建安虞信亨宅刻、至元二年（1265）建安傅子安刻以及另一种不辨具体时间的刻本，此外还有一种《楚辞集注》八卷。明清时期版本众多，其中明代的主要版本，除了多种不辨刊刻者和具体刊刻时间的《楚辞》二卷、《楚辞》十卷、《楚辞集注》八卷、《楚辞章句》十七卷、《楚辞集注》八卷《辩证》二卷《后语》六卷、《楚辞集注》八卷《各家楚辞书目》一卷外，《楚辞》二卷本有吴勉学刻本、万历十三年（1585）汪道昆刻本、万历十九年（1591）丁元荐刻本、万历四十八年（1620）闵齐伋刻三色套印本等；《楚辞》八卷本有万历二十五年（1597）尚友轩刻本；《楚辞集注》八卷本有嘉靖十七年（1538）杨上林刻本、嘉靖三十八年（1559）叶邦荣刻本；《楚辞》十卷本有万历十四年（1586）俞初刻本、明末刻本；《楚辞述注》十卷本有万历刻本；《楚辞章句》十七卷本有金陵王少塘刻本、正德十三年（1518）黄省曾、高第刻本、万历四十七年（1619）刘广刻本；《楚辞集注》八卷《辩证》二卷《后语》六卷有书林魏氏仁实堂刻本、成化十一年（1475）吴原明刻本、胡尧元刻本、正德十四年（1519）沈圻刻本、万历朱崇沐刻本、万历杨鹤本、万历二十五年（1597）吉府刻本；《楚辞章句》十七卷《疑字直音补》一卷有隆庆五年（1571）豫章夫容馆刻本、万历朱燮元、朱一龙刻本、崇祯十七年（1644）严敏刻本；《楚辞章句》十七卷《附录》一卷有万历金陵益轩唐氏刻本、万历十四年（1586）冯绍祖观妙斋刻本；此外，其他版本还包括凌毓枬刻套印本《楚辞》十七卷《附录》一卷、正德十六年（1521）冯惟讷刻《楚辞》八卷《屈原传》一卷、嘉靖十四年（1535）袁褧刻《楚辞集注》八卷《辩证》二卷《后语》六卷《反离骚》一卷、万历元年（1573）闽建书林积善堂陈氏昆泉子刻

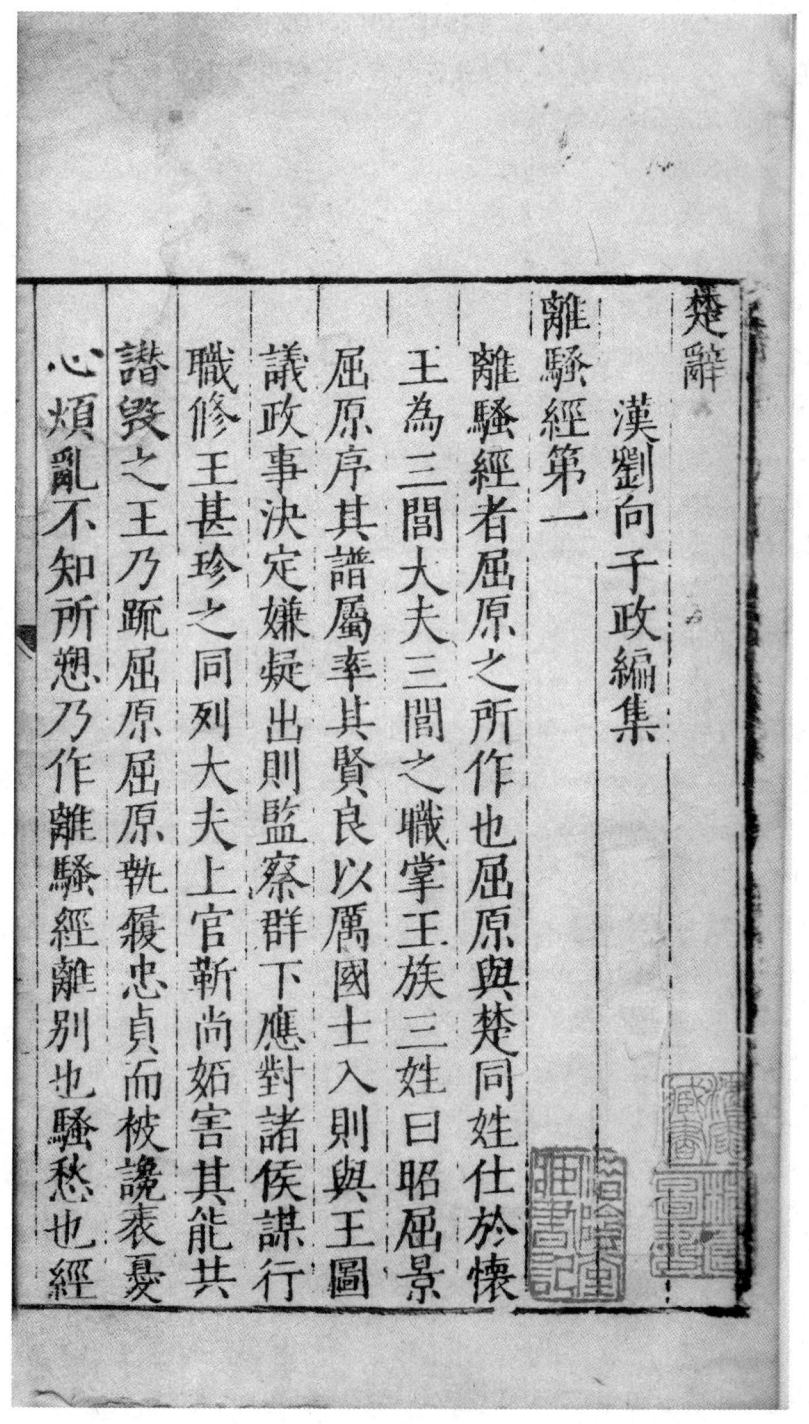

《楚辞》正文首叶及收藏印

三十五年（1607）陈氏奇泉子印本《刻京本三闾大夫楚辞集注》八卷《注解后语》六卷《辩证》二卷、天启六年（1626）蒋之翘刻《楚辞集注》八卷《辩证》二卷《后语》八卷《附览》二卷《总评》一卷、崇祯十年（1637）吴郡八咏楼刻《楚辞评林》八卷《总评》一卷、明末缉柳斋刻《楚辞疏》十九卷《读楚辞语》一卷《楚辞杂论》一卷等。清代的主要版本包括清初刻《楚辞》八卷《九歌图》一卷、清初毛氏汲古阁刻《楚辞》十七卷（有宝翰楼印本）、康熙内府抄本《楚辞集注》八卷《辩证》二卷《后语》六卷、康熙文粹堂刻《楚辞约注》不分卷、康熙十一年（1672）魏学渠刻《楚辞笺注》四卷、康熙三十年（1691）刻《楚辞述注》五卷、康熙四十八年（1709）刻《楚辞通释》十四卷、雍正五年（1727）蒋氏山带阁刻《山带阁注楚辞》六卷首一卷《余论》二卷《说韵》一卷、雍正五年尚友堂刻《楚辞疏》八卷、乾隆刻《楚辞评注》十卷、乾隆三年（1738）弱水草堂刻《楚辞新集注》八卷《楚怀襄二王在位事迹考》一卷、乾隆六年（1741）刻《楚辞节注》六卷《楚辞叶音》一卷、乾隆九年（1744）知津堂刻《楚辞详解》五卷、乾隆三十一年（1766）见南斋刻《楚辞达》一卷、乾隆三十七年（1772）硕松堂刻《楚辞韵解》八卷、乾隆六十年（1795）牟氏俗园刻《楚辞述芳》二卷、同治十一年（1885）金陵书局刻《楚辞》十七卷、光绪九年（1883）长沙书堂山馆重刻汲古阁本《楚辞章句》十七卷、清末长沙聚德堂刻《楚辞》十七卷等。

皖西学院图书馆收藏有一部明刊《楚辞》十七卷，版式为十行二十字，左右双边，单黑鱼尾，白口；版框 21.2×15.0 厘米。2 册。卷端首行文字为"楚辞"，次行文字为"汉刘向子政编集"，而"汉刘向子政编集"下方的文字则被剜去。

二、递藏源流

陆二龙收藏印。在皖西学院馆藏的这部明刊《楚辞》的首叶，钤有一枚方形阳文朱印，印文为"潜庵藏书"，这是清初画家、诗人陆二龙的印章。陆二龙，生卒年不详，字伯骧，号潜庵，浙江平湖人。诸生。师从明末清初画家秦舜友，精于墨妙，长于山水，擅长诗词；所绘山水画悬于壁上，望之有烟云瀹郁之感，意在笔墨之外；所题之跋皆信手挥写，自然入雅。

赵尊岳收藏印。在本馆这部明刊《楚辞》的首叶，还钤有一枚竖长方形阳文朱印，印文为"惜阴堂藏书记"。"惜阴堂"是中国近代史上颇有影响、被称为"民国产婆"的赵凤昌的寓所。赵凤昌（1856—1938），字竹君，别号松雪道人，又号惜阴，江苏武进人。曾为张之洞最为信赖的幕僚。辛亥革命前后居上海南阳路十号"惜阴堂",与北洋官僚、立宪派、同盟会、光复会等各方面政界人物、江浙名流来往密切,其居所成为南北双方议和谈判的非正式场所,得以参与机密,出谋划策。赵凤昌最早系统地提出共和政体的建国方略,被称为建立民国的无名英雄。尽管惜阴堂是赵凤昌的寓所,但本馆这部钤有"惜阴堂藏书记"印章的明刊《楚辞》却是赵凤昌之子、现代词学大家赵尊岳的旧藏。

本书首册卷四《九章》第二十六叶系后人抄补,栏外记有"己未腊月八日尊岳写",表明该叶内容是由赵尊岳抄补的,时间是1919年冬。赵尊岳(1898—1965),字叔雍,斋名珍重阁、高梧轩,江苏武进人。在父亲赵凤昌的影响下,自幼博览群书。曾任上海《申报》记者,《申报》馆董事兼秘书、采访部长;抗日战争时期,响应汪精卫投日《艳电》,附汪投敌,先后出任伪上海市政府和汪伪政权的多个要职,抗战胜利后因汉奸罪入狱;1950年定居香港,1958年受聘新加坡大学,教授国学,1965年病故于新加坡。赵尊岳是清末民初大词人况周颐(蕙风)的弟子,精通词学,成果丰硕。民国年间,赵尊岳花费半生精力,广搜善本,辑刻《明词汇刊》一书(亦称《惜阴堂明词丛书》、《惜阴堂汇刻明词》),收明词268种,是迄今明词辑刻规模最大的一部;此外,赵尊

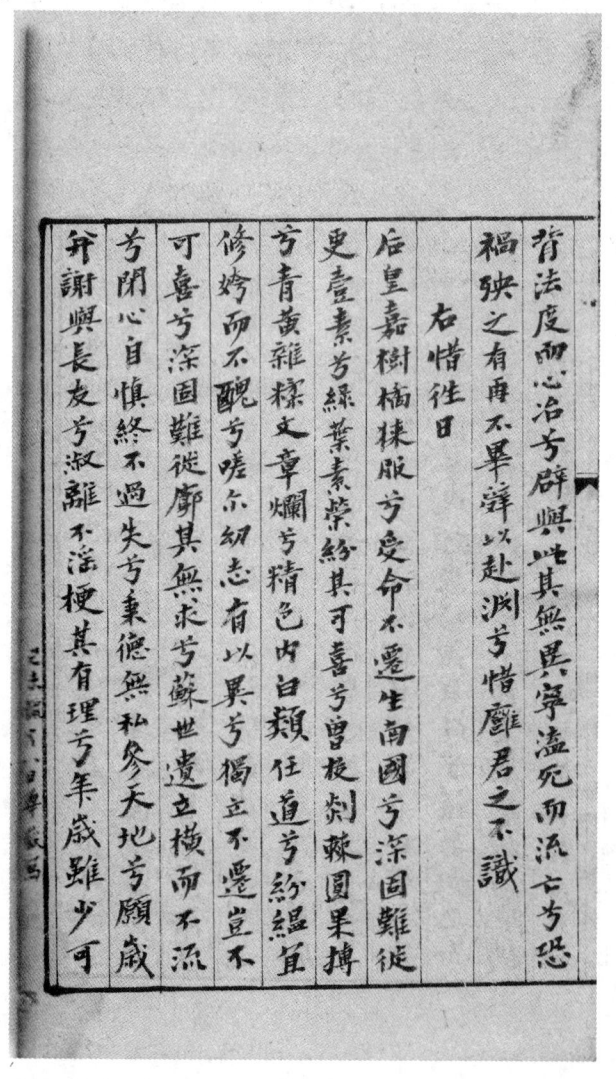

《楚辞》卷四第二十六叶赵尊岳抄补的内容

岳还著有《惜阴堂辛亥革命记》，编有《惜阴堂丛书》等。赵尊岳著、编、刻之著作中多有"惜阴堂"之名，这也证实了本馆这部明刊《楚辞》中"惜阴堂藏书记"印章确属赵尊岳。该书可能是在抗战后赵尊岳入狱至1950年去香港前这段时间流出的，因为家境优裕，研究词学的赵尊岳不太可能在此之前将其售出或交换。

在本书首叶陆二龙印下方、赵尊岳印右侧，还钤有一枚方形阴文朱印，但印文无法辨认，不知何人所留；但从钤印位置来看，其收藏时间当在赵尊岳之前。而且，在清初收藏者陆二龙与现代收藏者赵尊岳之间，应该还有多位收藏者。

第七节　秦更年藏明清善本两种

一、秦更年其人

秦更年（1885—1956），原名秦松云，字曼青、曼卿、蔓青，号婴闇居士、东轩，江苏江都人。清末民国间诗人、学者、藏书家、出版编辑家、书画家。秦更年幼年曾为钱庄学徒，早年曾加入清末民初扬州的文学社团冶春后社，1912年加入同盟会；后来客居他乡，先后出任广州大清银行、长沙矿业银行、中国银行文书主任及上海中南银行总银文书主任、总务课长等职。秦更年出身于书香门第，其先祖秦恩复是清乾嘉道时期著名的学者、藏书家和刻书家，秦更年本人与吴定、叶德辉、罗振玉、傅增湘等藏书家、目录学家往来甚多，热心考据学问，精通版本目录学；生平淡于仕途，擅长书画，特别精于鉴赏，闲暇时以吟诗填词为乐。新中国成立后，任上海文史馆馆员。著有《金文辨伪》、《汉延喜华山庙碑续考》、《婴闇藏书跋》、《婴闇杂俎》、《婴闇题跋》、《读端溪砚史眉记》、《潜谈录》及《婴闇诗稿》、《婴闇词稿》等。

秦更年酷爱收藏，所藏既有金石，更多古籍，晚年所得善本颇多。对于世间流传稀少的孤本善本，秦更年往往追踪数年，不惜重金购入，其寓所"婴闇"是当时著名的藏书楼。秦更年是最早系统收集清初个人文集者之一，他的这部分收藏后来为另一藏书家徐乃昌所得。秦更年去世后，其藏书陆续散出，其中一部分由其家人捐给了上海图书馆；还有一部分后来进入南开大学图书馆：1964年南开大学图书馆通过上海古籍书店，从秦更年后人处购得一批珍稀善本，使其古籍善本书库增色不少；上世纪70年代末，南开大学图书馆又搜求购得近百种秦更年旧藏善本，全部为精善刻本及抄校本，且有世所罕见的明清文集，多经秦氏丹黄圈点，校勘题跋。南开大学图书馆曾有人对馆内秦更年旧藏中的秦氏题跋进行专门研究[16]。

民国时期，铅印、金属版印、石印、影印等近现代印刷技术已经大为普及，但是传统的雕版印刷业尚存，一些文人雅士常用这种传统印刷工艺刊刻古人著作、孤本秘籍、时人著述、私家诗文等。许多著名藏书家、出版家参与其事，使这一时期产生的精刻本具有较高的学术价值和艺术价值。出身于刻书世家的秦更年就是当时喜好校书、刻书的著名学者、藏书家之一，每得善本佳椠，必缀一跋；凡遇珍善孤本，想方设法筹资刊刻，曾校注、刊刻有《韩诗外传》、《三唐人集》、《颜氏家训》及《汉学堂丛书》等。这些民国刻本由于校刊精审、雕版工细、纸墨考究，已被人们视为"新善本"，如秦更年影元刊本《韩诗外传》在博古斋1998年春季拍卖会上的成交价达6000元。如前所述，秦更年著述甚多，多未刊行，但他却置自己的书稿于不顾，倾心辑编、校勘和刊刻古代文献，令后人称道和敬佩。

另外，秦更年与当时的文化界的大多数名人都有交往，尤其与著名画家黄宾虹关系密切，黄宾虹曾为秦更年治印多枚，《黄宾虹年谱》中还专列"为秦更年治印"这一条目；而秦更年也参与了黄宾虹多部画册的出版工作。

二、清雍正元年年羹尧刻《唐陆宣公集》二十二卷

1.《唐陆宣公集》的版本

《唐陆宣公集》也称《陆宣公翰苑集》、《翰苑集》，是唐朝政治家、文学家陆贽的政论文集。陆贽所拟诏书、所作奏议多用排偶，音韵协调，条理精密，文笔流畅，气势极盛，善于将诚挚的情感同精当的议论融合在一起，因而具有感人的力量。尽管陆贽的政治理想未能实现，政治才能也未能得到发挥，但其学养才能、品德风范和治国理政思想很为人所称道，对后世影响甚大，《资治通鉴》中采用其奏议达39篇之多。

由于陆贽治国理政思想对于后世的重要影响，其政论文集在历史上版本较多，现存最早的版本是国家图书馆收藏的南宋中期四川眉山刻唐六十家集本《陆宣公文集》二十二卷（存卷一至十二，卷十一至十二配抄本）。现存的早期版本还有元刊本《唐陆宣公集》二十二卷（有递修本）。

陆贽文集在明清时期版本最多。明代版本包括不辨具体刊刻年代的《唐陆宣公集》二十四卷（钟惺、沈九如评本）、制锦堂刻《唐陆宣公集》二十四卷、不

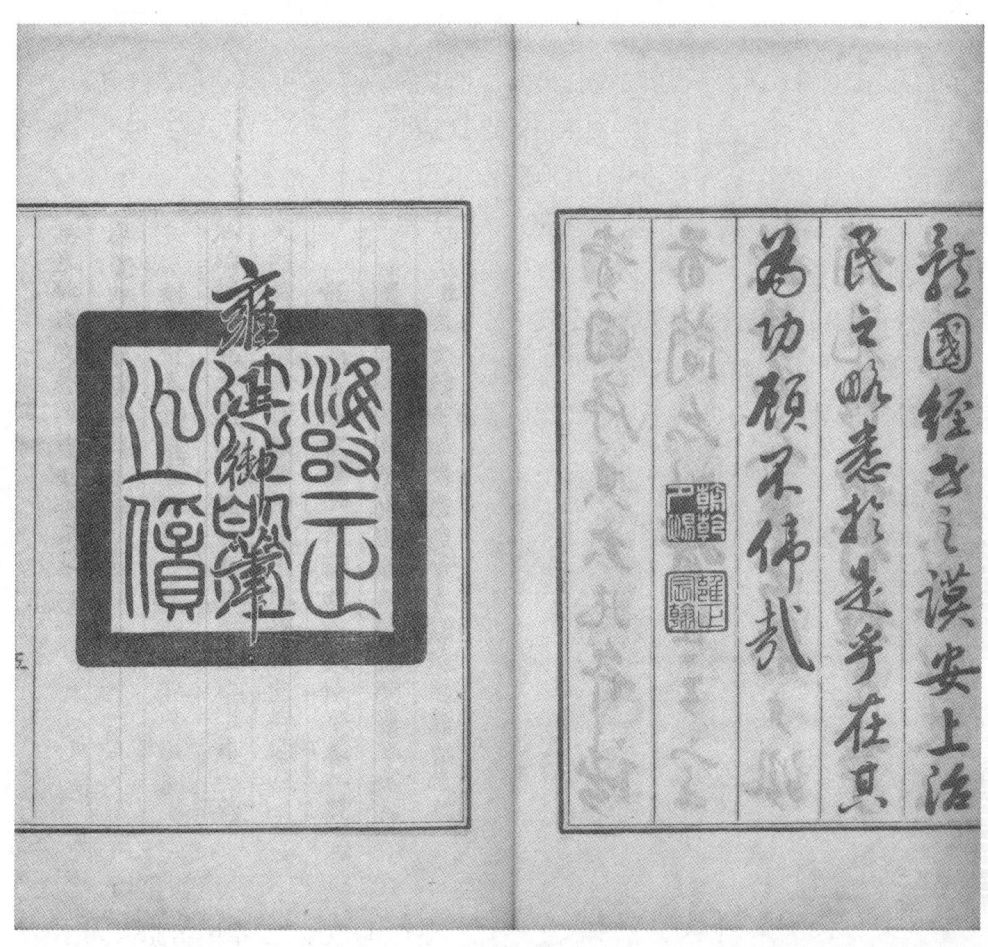

《唐陆宣公集》雍正御印

负堂刻《唐陆宣公集》二十四卷、宣德三年(1428)胡概刻《唐陆宣公集》二十二卷、天顺元年(1457)延祥等刻《唐陆宣公集》二十二卷、弘治十五年(1502)于凤喈刻《唐陆宣公集》二十二卷、明嘉靖(1522—1566)刻《唐陆宣公集》二十二卷、嘉靖二十七年(1548)沈伯咸西清书舍刻《唐陆宣公集》二十四卷、嘉靖四十三年(1564)朱良用刻《唐陆宣公集》二十四卷、万历九年(1581)光裕堂刻《唐陆宣公集》二十二卷、万历九年叶逢春刻《唐陆宣公集》二十二卷、万历三十五年(1607)陆基忠刻《唐陆宣公翰苑集》二十四卷、崇祯元年(1628)刻《陆宣公集》二十四卷、明末文萃堂刻《陆宣公集》二十四卷、明末刻《陆宣公集》二十四卷等。清代版本包括不辨具体刊刻年代的《唐陆宣公翰苑集》二十四卷、钱塘周氏刻《唐陆宣公集》二十二卷、雍正元年(1723)年龚尧刻《唐陆宣公集》二十二卷、清乾隆三十三年（1768）希音堂刻《唐陆宣公翰苑集》二十四卷、道光二十七年（1847）刻《唐陆宣公集》二十四卷、咸丰元年（1851）刻《陆宣公集》二十二卷、光绪二年（1876）江苏书局刻《唐陆宣公集》二十二卷《增辑》一卷卷首一卷、光绪十三年（1887）上海积山书局石印本《陆宣公集》二十二卷、光绪十八年（1892）刻《唐陆宣公翰苑集》二十四卷、光绪十八年泾阳柏经正堂刻《唐陆宣公翰苑集》二十四卷卷首一卷卷末一卷、清光绪二十年（1894）上海鸿宝斋石印本《陆宣公集》二十二卷等。

可能是出于对陆贽及其思想的敬重，历史上《唐陆宣公集》的版本有很多都比较精良，其中有好几种版本入选了《国家珍贵古籍名录》，包括一种不辨具体刊刻时间的明刻本、明弘治十五年于凤喈刻本、一种明嘉靖刻本、明嘉靖二十七年沈伯咸西清书舍刻本、明不负堂刻本、清雍正元年年羹尧刻本等。

2. 陆二龙、秦更年收藏印

皖西学院图书馆收藏有一部清雍正元年年羹尧刻《唐陆宣公集》二十二卷。年羹尧（1679—1726），清初重臣，字亮工，号双峰，汉军镶黄旗人。康熙三十九年（1700）进士。历任四川巡抚、总督、定西将军，曾率部平定西藏乱事；雍正年间任抚远大将军，平定青海罗卜藏丹津，因功封一等公；但很快又因恃势骄纵，为雍正猜忌，赐其自尽。雍正元年，年羹尧正处仕途顶峰，出资刊刻《唐陆宣公集》并请雍正作序，明显是在表明其志向。年羹尧刊刻此书后，呈请雍正为该书作序，在雍正应允后，居功

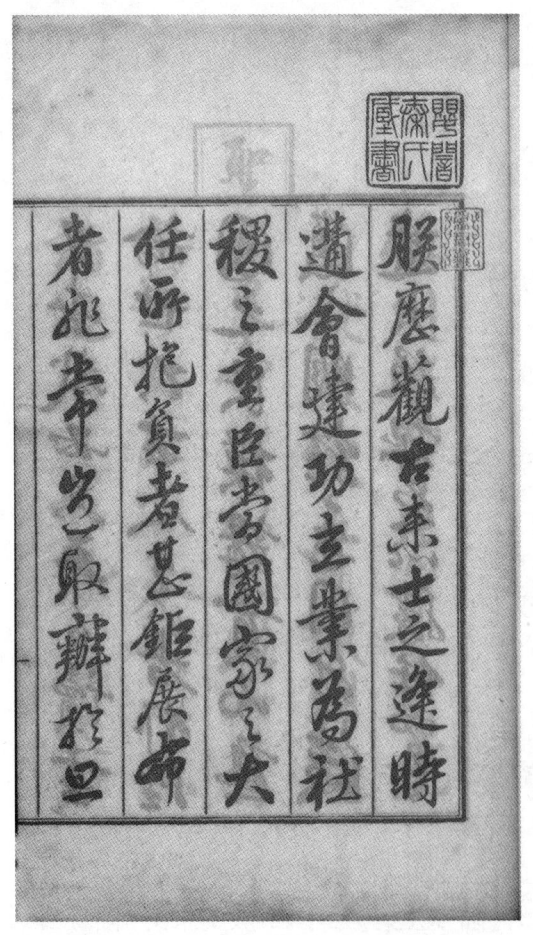

《唐陆宣公集》御制序首叶及年雕标志和秦更年收藏印

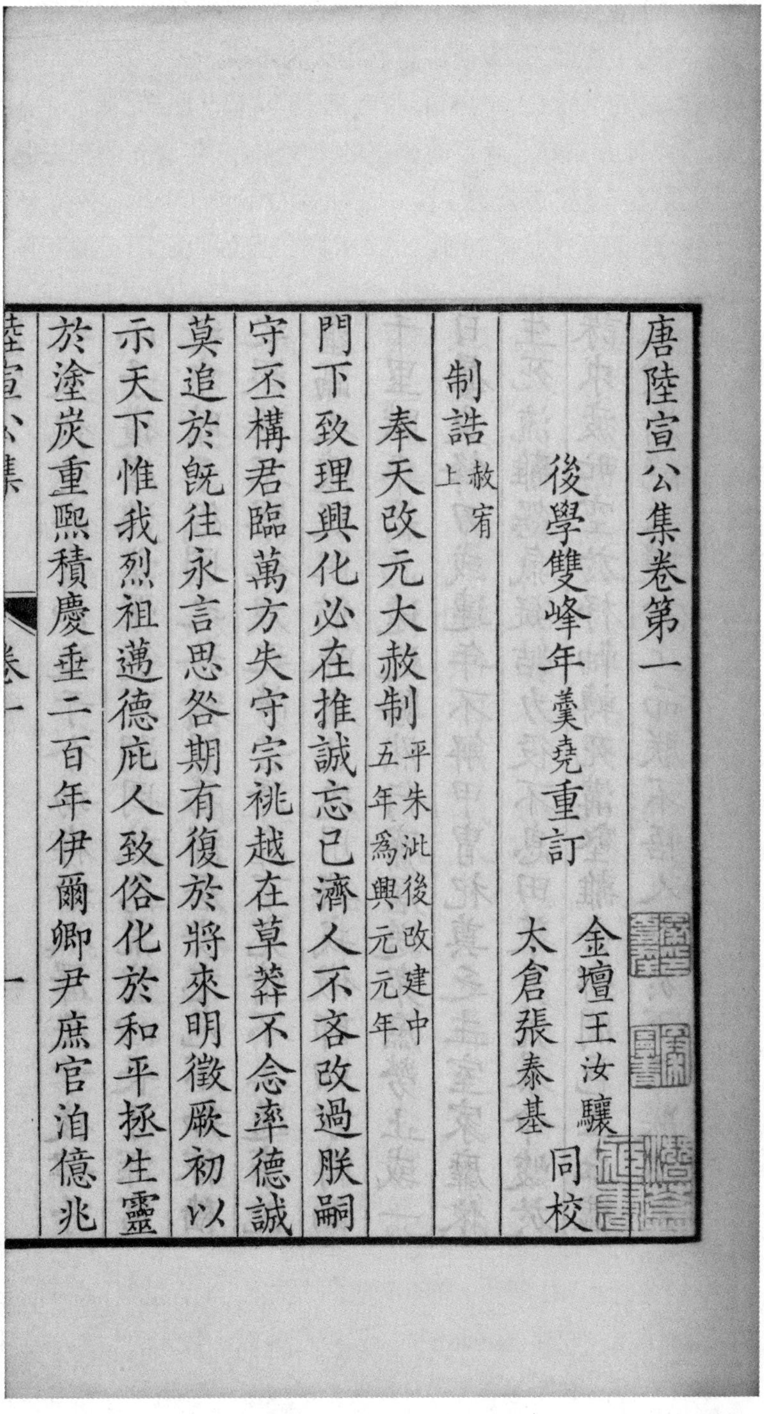

第五章 江苏学者、藏书家所藏明清古籍

唐陸宣公集卷第一

後學雙峰年羹堯重訂

金壇王汝驤　　同校
太倉張泰基

制誥　上
　　赦宥

奉天改元大赦制〔平朱泚後改建中五年爲興元元年〕

門下致理興化必在推誠忘己濟人不吝改過朕嗣
守丕構君臨萬方失守宗祧越在草莽不念率德誠
莫追於旣往永言思咎期有復於將來明徵厥初以
示天下惟我烈祖邁德庇人致俗化於和平拯生靈
於塗炭重熙積慶垂二百年伊爾卿尹庶官洎億兆

《唐陆宣公集》正文首叶及收藏印

自傲的年羹尧随即拿出自己准备好的文稿,称自己已为皇上代拟好序文,皇上只需誊写一遍即可,致使雍正心中大为不悦。该书版式为十行二十字,小字双行同;白口,四周单边,单黑鱼尾;版框 18.9×13.9 厘米。版心书名为"陆宣公集"。2册,全书保存完好。卷首有雍正的御笔朱序、年羹尧的刻书题记、年羹尧序。

在这部《陆宣公集》卷一首叶的右下角,钤有一枚方形阴文朱印,印文为"潜荈藏书",这是清初画家、诗人陆二龙的收藏印。关于陆二龙,前文已有介绍。由于这部《唐陆宣公集》刻于雍正元年,而陆二龙生活于清初,因而陆二龙很可能是该书的第一位收藏者;从钤印的位置上也同样可以做此判断。

在陆二龙印的上方和雍正御笔朱序的首叶,分别钤有"秦曼青"、"秦印更年"两枚方形阴文朱印和一枚方形阳文朱印"婴闇秦氏藏书",这三枚印章均为秦更年的收藏印。

年羹尧刻《唐陆宣公集》书品宽大、刻工精细、印刷清晰、墨色纯莹、装帧考究,并以清初最为名贵因而常为殿本书籍所用的开化纸印刷,实为清初家刻本之楷模,更由于雍正初期年氏权倾一时,因此此本素与殿本并驾,历来为藏书家喜爱。本馆此书 1958 年购自上海古籍书店,保存完好,于 2010 年 6 月入选第三批《国家珍贵古籍名录》,编号为 08746。

三、明王民顺刻《临川先生文选》二十卷

1. 王安石诗文的版本

《临川先生文选》是北宋政治家、思想家、文学家王安石的文集。王安石诗文多反映社会现实,抒发政治抱负。其散文雄健峭拔,以论说见长,为"唐宋八大家"之一;其诗遒劲清新,词风格高峻。王安石的诗文集以《临川先生文集》、《王文公文集》影响较大。

王安石的诗文集,宋徽宗政和年间即已开始由官府集结,此后,公私递修,相沿不辍。其中,较早者是绍兴十年(1140)詹太和刻本(世称"临川本"),已经失传。现存的宋刻本,其一是绍兴二十一年(1151)之前在庐州舒城县(今属安徽省)刻印的"龙舒本",其二是绍兴二十一年,王安石曾孙王珏汇合"临川本"、"龙舒本"之得失,刻印而成的"杭本"。后世繁衍之本,多半或出于"龙舒本",或源自"杭本"。元朝时,危素校补以上诸宋刻原本,编刻成"危素本",也已散佚[17]。

在各古籍收藏单位现存的王安石诗文集中,早期版本包括有宋刻本《临川

先生文集》一百卷（有元明递修本）、宋绍兴二十一年（1151）两浙西路转运司王珏刊《临川先生文集》一百卷《目录》二卷（有元明递修本）、元大德五年（1301）王常刊《王荆文公诗笺注》五十卷《目录》三卷等。明朝版本包括：明初刊《王荆文公诗》五十卷《年谱》一卷、明刊本《临川先生文集》一百卷、《新刊临川王荆公先生文集》、王民顺刊《临川先生文选》二十卷卷首一卷、嘉靖十三年（1534）安正堂刊《临川王先生荆公文集》一百卷、明嘉靖二十五年（1546）

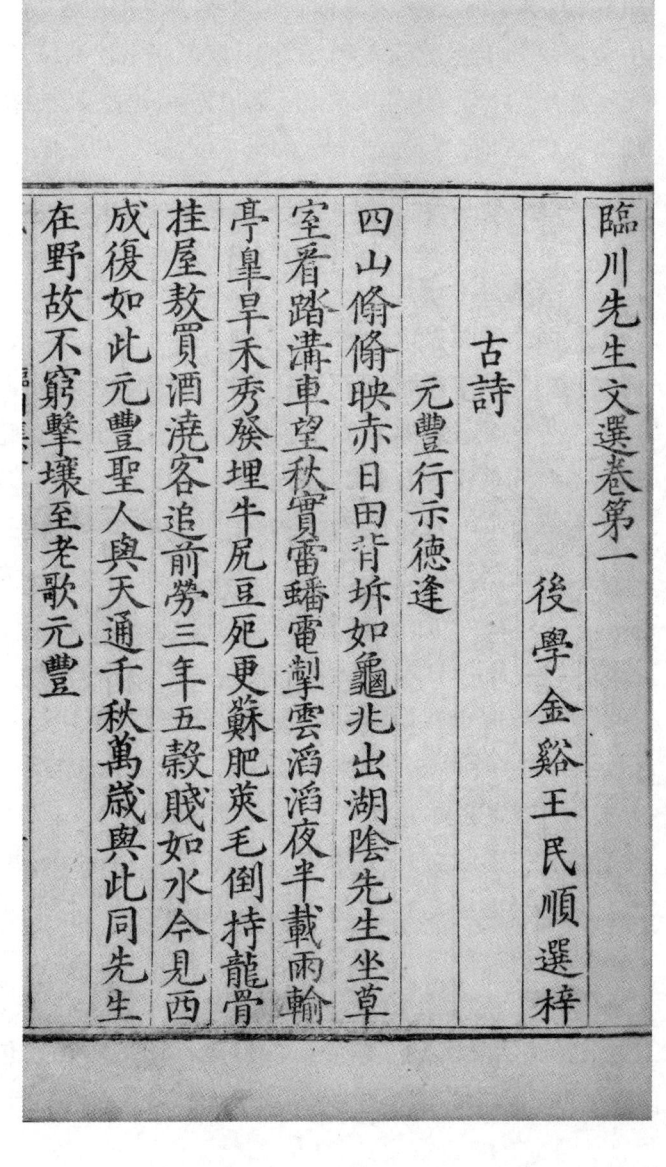

《临川先生文选》正文首叶

刊《临川王先生荆公文集》一百卷、明嘉靖三十九年（1550）何迁刊《临川先生文集》一百卷《目录》二卷、隆庆五年（1571）刊《临川先生文集》一百卷《目录》二卷、万历七年（1579）茅一桂刊《宋大家王文公文钞》十六卷、万历四十年（1612）王凤祥光启堂刻《新刻临川王介甫先生诗文集》一百卷、金陵光裕堂刻《王荆公文集》一百卷、万历刊《王临川文集》六十三卷、《王临川诗集》三十七卷《王临川文集》六十三卷、崇祯元年（1628）刊《宋大家王文公文钞》十六卷、崇祯四年（1631）茅著刊《宋大家王文公文钞》十六卷等。清代的版本包括：清康熙刊《宋大家王文公文钞》十六卷、康熙四十二年（1703）松麟堂刊《临川先生全集录》四卷、乾隆六年（1741）武原张宗松清绮斋刻《王荆公笺注》五十卷、光绪八年（1882）江苏书局刊《临川先生全集录》四卷、光绪九年（1883）刊《王临川全集》一百卷、光绪十年（1884）六瑚堂刊《临川文集》六十三卷、宣统三年（1911）扫野山房石印本《王临川全集》二十四卷等。此外，日本天保七年（清道光十六年，1836）刊有《王荆文公诗》五十卷。

2. 秦更年收藏印

皖西学院图书馆所藏明刊《临川先生文选》二十卷卷首一卷是由王民顺编选并刊刻的。王民顺（1539—1624），明代江西抚州人。隆庆五年（1571）三甲116名进士，官至广东按察使、陕西布政使，后卸官回籍。王民顺热心辑刻图书，在万历年间曾辑刻有《秦汉图说》、《张九龄集》等多种文献，《临川先生文选》二十卷卷首一卷可能也是在这一时期辑刻的。本馆此书共6册，版式为十行二十字，白口，四周双边；版框21.3×16.2厘米。收录王安石的诗文1095首（篇）；卷首为《绍兴重刊临川文集叙》、《临川文集序》和《临川先生文选总目》，卷端注明"后学金谿王民顺选梓"。

在本馆此书的《绍兴重刊临川文集叙》首叶右上角，钤有一枚方形阳文朱印，印文为"婴闇秦氏藏书"，在《临川先生文选总目》首叶的右下方，分别钤有方形阴文朱印"更年长寿"和方形阳文朱印"城南草堂鉴藏图书记"，在书末也钤有一枚方形阴文朱印"江都秦更年曼青之印"，这些都是秦更年的收藏印。

在各种书目文献中，少见有关于王民顺辑刊《临川先生文选》的记载。

除了上述清雍正元年年羹尧刻《唐陆宣公集》、明王民顺刻《临川先生文选》外，皖西学院图书馆收藏的秦更年旧藏古籍还包括第二章所介绍的元至正元年集庆路儒学刻明修本《乐府诗集》（存卷四十八至七十五），以及后文

第五章　江苏学者、藏书家所藏明清古籍

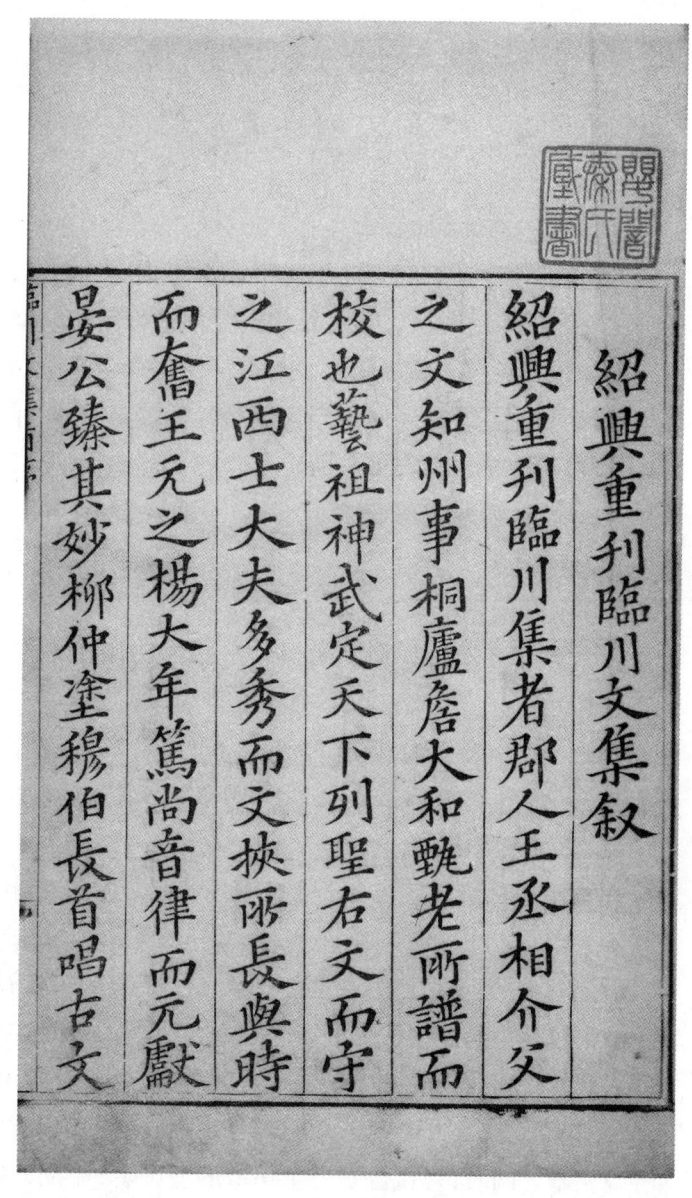

《绍兴重刊临川文集叙》首叶及收藏印

将要介绍的明嘉靖三十三年浮玉山房刻《李颀集》、《王昌龄集》,其中的清雍正元年年羹尧刻《唐陆宣公集》和元至正元年集庆路儒学刻明修本《乐府诗集》(存卷四十八至七十五)均入选《国家珍贵古籍名录》。由此可见秦更年藏书之精。

第八节　曹斌藏清宣统二年渭南严氏刻《戴东原集》十二卷

一、《戴东原集》的版本

《戴东原集》是清朝著名思想家和学者戴震的文集，以收录戴震遗文为主，集合了除一些专门考据作品之外的主要哲学著作和单篇文章。

由于戴震具有丰硕的学术成果和广泛的学术影响，《戴东原集》在清代的版本比较多，包括乾隆年间金坛段玉裁经韵楼丛书本（宣统三年重印）、道光九年（1829）广东学海堂刻本（清咸丰十一年增刻）、光绪十年（1884）镇海张寿荣秋树根斋刻本、光绪十一年（1885）上海点石斋石印本、光绪十四年（1888）上海书局影印本、光绪十七年（1891）上海鸿宝斋石印本、宣统二年（1910）渭南严氏孝义家塾刻本等。

皖西学院图书馆收藏有一部清宣统二年渭南严氏孝义家塾刻《戴东原集》十二卷《年谱》一卷《札记》一卷，版式为十行二十一字，小字双行同；左右双边，上下大黑口，双鱼尾；版框16.0×11.6厘米。6册，保存完好。

二、曹斌收藏印

在本馆这部清宣统二年刻《戴东原集》各册的首叶，均钤有方形阴文朱印"曹斌之印"、方形阳文朱印"宪章"、竖长方形阳文朱印"宪章"或其中的一枚、两枚，这是近代名士曹斌的收藏印。曹斌（1887—1944），字宪章，江苏高邮人。是曾经在中国近现代史上产生过重要影响的资产阶级革命文化团体南社的社员。1916年毕业于吴淞中国公学法政专门学校，获得律师证书后返回故里，成为执业律师。因致力社会正义而声名远播，时任江苏省省长韩国钧题"法熙人和"匾相赠。同时，曹斌也是一个勇敢的爱国者，在抗日战争时期拒绝与日伪合作。1944年病故时，柳亚子、沈钧儒、邵力子及戴季陶等南社诗友曾从重庆发来唁电，马士杰先生亲往祭奠。汉奸王某亦前往吊唁，被曹斌之子曹景初断然拒之门外："先父遗言，汉奸不容吊唁，免污圣洁之地！"王某只得狼狈而去。

除了曹斌的印章外，这部《戴东原集》各册的封面都留有两枚印章，但都无法识读，因而不知其为何人所钤。

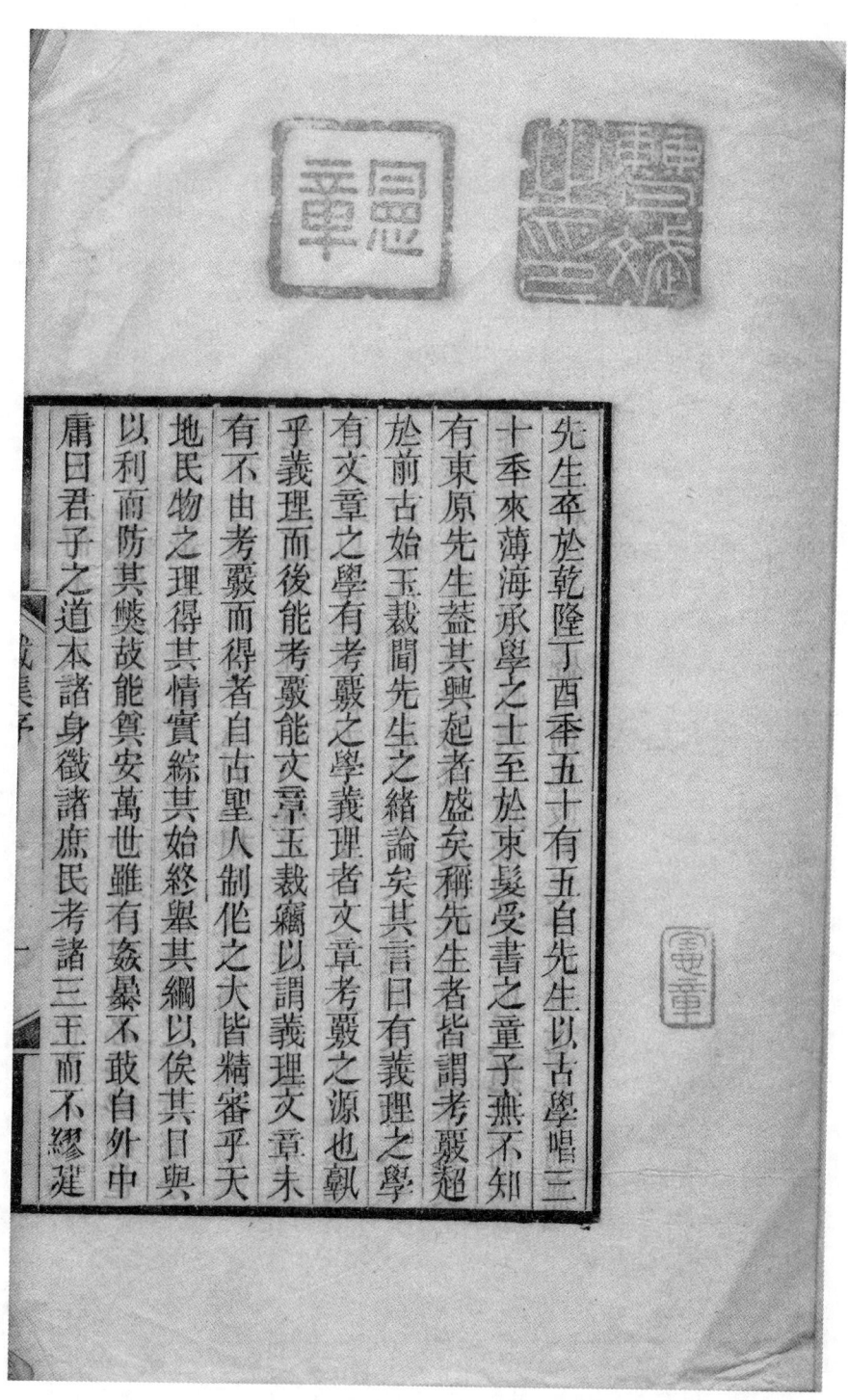

《戴东原集》首叶及印章

第九节 王庭桢所藏古籍

在皖西学院图书馆留有个人印记的古籍藏书中,有相当一部分属于清末书画家王庭桢,王庭桢旧藏也是安徽省籍以外人士中最多的。

王庭桢,生卒年不详,一作廷桢,字子泉,一字干臣,江苏无锡人,清代书画家王恩绶之子。咸丰五年(1855)副贡,曾任汉阳县令、荆门直隶州同知、武昌知府、施南知府等。王庭桢擅长小楷,颇有唐代圭峰碑的神韵;兼善山水,深得父亲王恩绶真传,所作山水画不含枯瘦险怪之笔,气韵天然。编修有《江夏县志》、《施南府志续编》等。

一、王庭桢藏书的内容

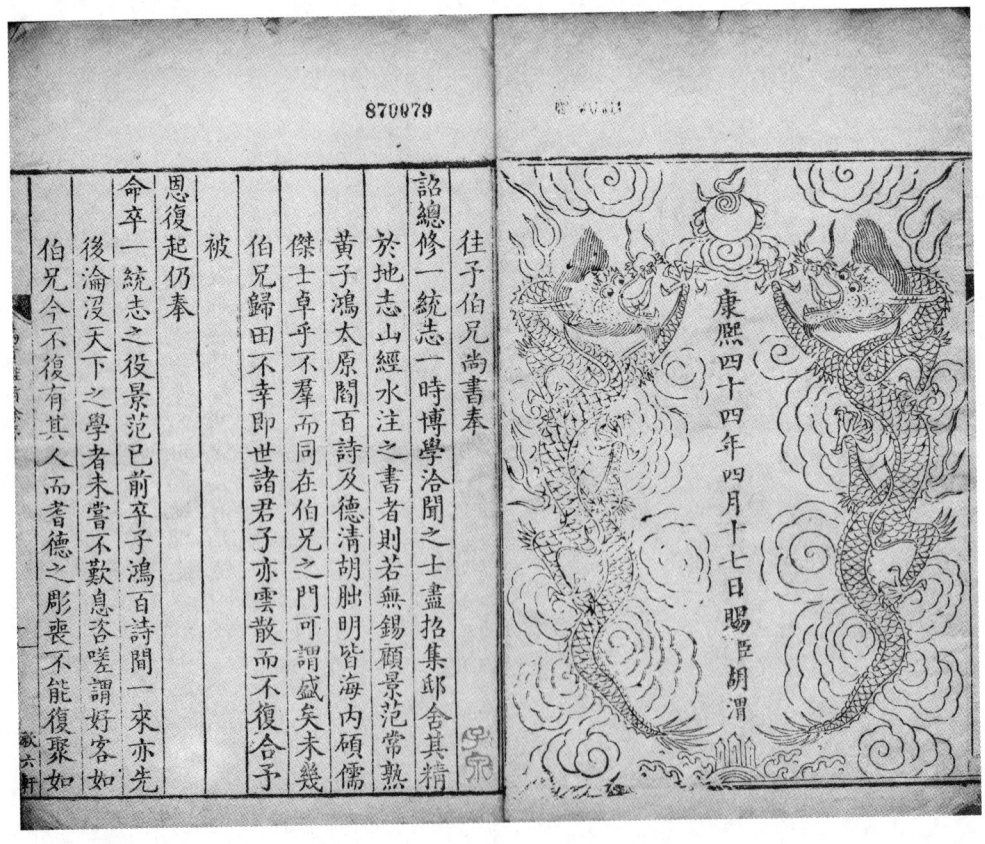

《禹贡锥指》首叶及印章

在本馆藏书中，钤有"子泉"印章的古籍包括：清代经学家、地理学家胡渭撰康熙四十四年（1705）漱六轩刻《禹贡锥指》二十卷《禹贡图》一卷；光绪二十二年（1896）上海广学会铅印本《中东战纪本末》八卷首一卷末一卷。《中东战纪本末》是美国传教士、广学会成员林乐知等人先期在《万国公报》上发表的系列报道，而后根据形势的需要，编辑而成的一部记述甲午中日战争的当代史著作；光绪二十二年上海图书集成局铅印本《文学兴国策》二卷。《文学兴国策》是由日本驻美公使森有礼在1872年编纂、美国来华传教士林乐知翻译的，内容主要是森有礼向华尔赛等欧美人士求教国家振兴方法的公函，以及欧美人士的回函和美国的教育法；光绪二十五年（1899）刻《营垒图说》不分卷、《营城揭要》二卷、《算式集要》四卷。这三种图书都是清人袁俊德辑《富强斋丛书》（一名《西学富强丛书》）零种；同治五年（1866）重刻《胡文忠公遗集》十卷首一卷，这是晚清中兴名臣之一、湘军重要首领胡林翼的文集。

封面题有"子权氏置"的古籍包括清人李元度撰、清光绪十三年（1887）上海点石斋石印本人物传记《国朝先正事略》六十卷，清人朱孔彰撰、光绪二十六年（1900）石印本《国朝先正事略续编》三十卷。

封面题有"干臣氏置"字样的古籍有清末朱植辑录、清末石印本《历代名臣言行录》二十四卷。在上述封面题有"子权氏置"字样的清光绪十三年点石斋石印本《国朝先正事略》的封面，也题有"干臣氏置"字样。

前已有述，王庭桢字子泉，一字干臣。可以看出，上述钤有"子泉"印章、题有"干臣氏置"字样的古籍，都是王庭桢的旧藏；而清光绪十三年点石斋石印本《国朝先正事略》的封面既题有"干臣氏置"，又题有"子权氏置"，表明王庭桢时常把"子泉"写作"子权"。所以，封面题有"子权氏置"字样的古籍也是王庭桢的旧藏。

王庭桢的藏书，除了《禹贡锥指》为清康熙刻本，版本较为珍贵外，其余藏书的刊刻时间都比较晚，甚至是清末大量印刷的石印本，因而并不具有特别高的版本价值。可见其藏书主要是为了研读和应用。

在实行科举制度的中国古代，官员往往也是文人。王庭桢出身书画之家，自己也是一位书画家，但他同时也是一位任职多地的官员，因而其藏书也具有浓厚的以史为鉴、读史资政、维新自强的色彩。

《禹贡锥指》是一部记载和研究我国山川疆域的著名文献，对历代河流变迁、水利兴衰尤为关注，对王庭桢的施政也很有帮助。他在湖北各地任职期间，注重水利建设，是第一位组织民力，尝试疏通清江河道，在清江流域兴修饮水工程的人。

王庭桢收藏并研读《胡文忠公遗集》、《国朝先正事略》及《续编》、《历代名臣言行录》表明，身为官员，他希望与历史上和本朝中的名臣看齐，成为一个上为朝廷分忧、下谋百姓福祉的贤臣清官。

虽为忠臣，王庭桢并不守旧，收藏并研读《中东战纪本末》、《文学兴国策》、《营垒图说》、《营城揭要》、《算式集要》表明，在清末列强入侵、社会动荡、国势衰颓的背景下，王庭桢顺应时代潮流，努力接受新知识，学习西学西政，主张维新变法，渴望强兵强国，以图复兴自救。

在题有"子权氏置"的《国朝先正事略》、《国朝先正事略续编》两书的封面，都留有一枚"不尽所怀"印章，不知这枚印章是否属王庭桢所有。另外，在皖西学院图书馆所藏的清光绪二十八年（1902）上海宝善书局石印本《御批历代通鉴辑览》一百二十卷的封面，同样也留有"不尽所怀"印章；从前文对于王庭桢藏书的分析来看，这部《御批历代通鉴辑览》是很有可能属于王庭桢的。

本馆大多数省外名家的旧藏都是在六安师范专科学校成立后购自上海等地的古旧书籍售卖机构，但这批王庭桢旧藏中都留有六安县立初级中学图书室的印章，表明其最迟在上世纪30年代就已流入皖西地区。

参考文献

〔1〕胡波：《〈东坡全集〉版本考述》，《四川图书馆学报》2004年第2期，第63—65页。

〔2〕《中国古籍善本书目·集部（上）》，上海古籍出版社1986年版，第244页。

〔3〕《宋刻〈汉书〉版本考》，《襄樊学院学报》2002年第1期，第76—79页。

〔4〕〔5〕中国古籍保护网，《中国古籍善本书目联合导航系统》http://202.96.31.45/dirSearch.do?method=gaoJiQuery&goToPage=2&isSearch=false

〔6〕〔7〕《吉城日记》第三册——《将就斋日记》（3.3）http://blog.sina.com.cn/s/blog_4960097301008fun.html

〔8〕中国嘉德国际拍卖有限公司网 http://auction.sc001.com.cn/detail_auction.asp?id=463429

〔9〕陈德芸：《古今人物别名索引》，上海书店1982年版，第585页。

〔10〕吴小珊：《清初"墨憨主人"为冯梦龙后人——冯焴考》，《明清小说研究》2007年第2期，第188页。

〔11〕〔12〕（清）钱大昕：《二十二史考异》，商务印书馆1958年版，第159、165页。

〔13〕文革红:《"素政堂主人"为冯梦龙之子冯焴考》,《复旦学报(社会科学版)》2006年第2期,第7—10页。

〔14〕虞万里:《北宋本〈通典〉刊刻年代和学术价值》,《文汇报》2008年11月29日。

〔15〕孤鸿道人347403:《上元刘氏频现江湖》,http://hb8907.i.sohu.com/blog/view/54944302.htm

〔16〕惠清楼、施薇、江晓敏:《南开大学图书馆藏书中的秦氏题跋研究》,《图书馆工作与研究》2006年第2期,第66—69页。

〔17〕杨天保、徐规:《王安石集的古本与新版》,《古籍整理研究学刊》2007年第3期,第24—28页。

第六章

安徽名家所藏明清古籍

皖西学院图书馆的古籍藏书虽然以省外名家旧藏善本见长，但由于馆藏古籍的多数继承自六安本地的教育机构或是在省内收集到的，因而也包含有一部分省内名家的旧藏。与省外名家多为藏书家不同，安徽省内的名家除个别人为藏书家外，多数都是教育界的名士，原因就在于本馆古籍多数来自于六安城区的现代教育机构。

第一节　徐乃昌藏清光绪九年嫏嬛馆刻《玉函山房辑佚书》

一、《玉函山房辑佚书》的版本

辑佚是对以引用的形式保存在其他存世文献中的已经失传的文献材料加以搜集整理，使已经佚失的书籍文献得以恢复或部分恢复的行为。通过辑佚得到的文献，称为辑本或辑佚本。

《玉函山房辑佚书》，清人马国翰辑。马国翰自幼随父读书，阅读过大量的经史典籍，为后来辑佚奠定了基础。19岁考取秀才后便以教书为生，从22岁开始辑佚，不遗余力，倾注了毕生的精力。道光十八年（1838）马国翰从知县任上请假回家，集中精力辑佚。道光二十四年（1844），靠着坚韧不拔的毅力，马国翰的辑佚工作基本完成，取名《玉函山房辑佚书》。由于是随编随刊，书未成，人故去，《玉函山房辑佚书》没有完整地传世。

由于规模庞大，这部辑书史上的空前巨著的版本并不多。在道光年间由马国翰陆续刊印，在知州任上，马国翰请人开雕《玉函山房辑佚书》书版，准备印刷行世，同时继续修订。道光二十九年（1849），刻成《玉函山房辑佚书》经、子二编。但直到咸丰七年（1857）他逝世前仍未能全部告竣。马国翰去世后，其妻丁氏将该丛书书稿和印版当做女儿的"陪嫁"一并带到了章丘李家。咸丰末年兵乱，李家将书版藏于复壁，后来邻村有些房屋毁于战火，而李氏宅第得免于难，书版因此得以幸存。

大约在同治七年（1868）左右，李廷棨二子李宝婴、李宝赤兄弟从壁中取出书版，刷印若干部，自此，《玉函山房辑佚书》及《目耕帖》方得完整地公之于世。只是可能当时印数不多，至今未知有藏者。

同治九年（1870），济南泺源书院山长匡源请时任山东巡抚的丁宝桢协助，从马国翰女儿家借出《玉函山房辑佚书》书版，经过进一步整理，于四年后连同读书札记《目耕帖》三十一卷一并印刷，分订100册行世。这就是同治年间山东皇华馆补刊本。这一搜罗丰富、卷帙浩繁的巨著不仅是辑书史上一项空前成就，而且解决了后世学者苦于翻查大量古籍的烦恼，为学术研究提供了方便，因而很快便风行全国。

除上述两种版本之外，该书还有光绪九年（1883）长沙娜嬛馆刊本、光绪十年（1884）楚南湘远堂刻本、光绪十五年（1889）章丘李元玐刻本。

二、徐乃昌收藏印

皖西学院图书馆收藏有一部清光绪九年长沙娜嬛馆刻《玉函山房辑佚书》，版式为九行二十字，小字双行同；白口，四周双边，单黑鱼尾，版心印有"娜嬛馆补校"五字；版框17.5×12.7厘米。全书80册，保存基本完好。在全书首叶，即《玉函山房辑佚书序》首叶，钤有一枚竖长方形阳文朱印，印文为"积学斋徐乃昌藏书"。这是现代著名皖籍藏书家、古玩字画收藏家、出版家、学者徐乃昌的收藏印。

徐乃昌（1868—1943），字积余，号随庵，安徽南陵人。出身望族，自幼熟读经史。清光绪十九年（1893）恩科举人，光绪二十七年（1901）任淮安知府，特授江南盐巡道。曾主办积谷、厘捐、赈捐和督察通海垦务。甲午战争失败后，徐乃昌积极赞同康梁变法，于光绪二十九年（1903）受命率领江南学生近百人赴日留学并考察日本学务，回国后鼓吹教育、实业救国，提调江南中、小学堂事务，总办江南高等学堂，督办三江师范学堂（南京大学前身），宣统三年（1911）任江南盐法道兼金陵关监督。徐乃昌为官清正，以礼待人，重视录用、

《玉函山房辑佚书序》首叶及徐乃昌收藏印

提拔有才识的人。辛亥革命后,徐乃昌在上海经营民族工商业,与人创办水泥、电力等企业;后专事著述和校刊古籍,成为近代著名的藏书家、学者。民国3年(1914),受聘任南陵县志纂修,主编《南陵县志》,历时10年,至民国13年(1924)完稿付印。全志四十八卷,体例完备,内容充实,第一次编入《金石志》四卷,保存了极其珍贵的史料,对南陵建置沿革,亦作了可贵的考证。后参加编修《安徽通志》,撰稿甚多。寓居上海期间,曾与柳亚子、朱祖谋、王国维、罗振玉等编写《上海通志》。晚年主编《安徽丛书》,整理刊印安徽学者著作很多,颇得学术界的嘉许。

徐乃昌藏书约始于20岁左右,当时他在北京琉璃厂书肆初识古汉语学家、藏书历史50余年的缪荃孙,因其弱冠之年就能谈书论艺而与缪荃孙交往甚厚,后来徐乃昌撰《积学斋藏书志》,即请缪荃孙为之作序。光绪十九年(1893),又与金石学家、学者、藏书家叶昌炽相识于北京,后来二人因赏析古籍而多有往来。可以说,徐乃昌近五十年的藏书生涯,受到同时代各藏书名家的影响极大。缪荃孙曾言其艺风堂清人文集虽有千种之多,但比起积学斋只是小巫而已。徐乃昌藏书之多、之精,海内闻名,在鼎盛时期达数万卷,与当时我国著名藏书家南浔刘氏嘉业堂、常熟瞿氏铁琴铜剑楼齐名,也与其戚谊、省内贵池县刘世珩的聚学轩相媲美。

徐乃昌积学斋的收藏,以清人文集和金石古器物为多,王国维曾为他的《随庵勘书图》题诗。徐乃昌曾编有《积学斋藏书记》四卷、《积学斋书目》一卷、《随庵徐氏藏书志》等,均为稿本或抄本;还编有《随庵吉金图录》、《小檀乐室镜影》、《安徽通志金石古物考稿》、《积学斋金石拓片目录》、《积学斋集拓古钱谱》等,王国维对他以图录传古的做法曾表示极大的赞赏。

徐乃昌对于保存古典文献的最大贡献在于他的刻书事业。徐氏以一己之力,校订考证并附例言札记,考辨真伪,杂采诸说,共刻有《积学斋丛书》、《小檀乐室汇刻闺秀词百家》、《随庵丛书》、《南陵先哲遗书》等9种丛书,以及单刻本《玉台新咏》、《徐公文集》等,总数将近200种,因此又是近代出版史上重要出版家之一。《积学斋丛书》20种,被蔡元培征为北京大学图书馆第一批藏书。徐乃昌著编刻大量历史文献,保留了大量珍贵的文化遗产,至今仍为学者所称颂。

抗日战争期间,徐乃昌积学斋的藏书开始流散,几年之间即片纸无存,国家图书馆现在收有一定数量的积学斋旧藏,台北的"中央图书馆"收藏有若干种,郑振铎也曾购得其中一部分；此外，上海图书馆藏有《南陵徐氏藏书目》稿本，华东师范大学图书馆藏有徐乃昌《积学斋善本书目》、《金石拓本目录》稿本，南开大学图书馆藏有《积学斋书目》。

皖西学院图书馆收得的徐乃昌旧藏《玉函山房辑佚书》继承自六安师范学校。虽为清光绪刊本，但正如徐乃昌藏书不分古今版本一样，这部内容珍贵、传世不多的辑佚巨著仍是藏书中的佳品。

第二节　徐方汉、何著青、周松園等捐赠皖一女师的古籍

在皖西学院图书馆的古籍藏书中，有相当多一部分留有"安徽省立第一女子中学校图书馆"的印章，这些古籍中的一部分就是由社会各界人士捐赠给安徽省立第一女子师范学校的。

一、徐方汉的赠书

徐方汉（1875—1952），字皋浦，庐江县沙溪乡（已并入泥河镇）人。光绪壬辰（1892）中江南乡试副榜第二名。先后就读于南京两江优级师范、日本东京明治大学、弘文师范；从日本留学回国后曾任保定军官学校汉文教员。徐方汉一生致力于安徽的教育事业，民国7年（1918），与清末秀才孙哲夫筹集资金，择定校址，建造校舍，在庐城首创桑园女子小学；后又筹资创建中沙溪小学，修建中沙溪大桥；担任安徽省立第一女子师范学校校长长达18年之久，曾东渡日本考察教育，出任安徽省参议员、省教育厅视察，兼任省教育会会长。建国后，徐方汉任安庆市政协副主席、皖北各届人民代表大会代表、皖北政协委员。

民国元年（1912）秋，徐方汉奉委筹备安徽省立第一女子师范学校，学校于11月开学上课，徐方汉任校长。1928年1月，安徽省立第一女子师范学校易名为安徽省立第一女子中学校，1933年又改名为省立安庆女子中学。

徐方汉捐赠给安徽省立第一女子师范学校的古籍图书上，都题有"校长徐皋浦先生赠"的字样，但书上的印章却是"安徽省立第一女子中学校图书馆"和"安徽省立六安中学图书馆"，原因可能是安徽省立第一女子师范学校没有在其藏书上钤印盖章，学校更名为安徽省立第一女子中学校后才盖章。抗战时期，这些古籍藏书随所在学校进入皖西，后来合并至安徽省立六安中学。

徐方汉的藏书包括：

清光绪二十九年（1903）刻《先儒论说》不分卷。《先儒论说》，不著撰人，选取从唐代到清代的学者、名臣 39 人的著述 76 篇，进行解说和评论。清宣统三年浙江图书馆刻《儒林宗派》十六卷。《儒林宗派》是清初著名史学家万斯同记述历代儒家思想源流的著作。

从徐方汉收藏和捐赠的这两种书籍的内容来看，都是历史上著名的文人、学者的著述，探讨中国思想史、尤其是儒家思想的发展历程和脉络源流，反映了徐方汉的思想倾向和关注重点。但徐方汉毕竟是师范专业出身，从事的是教育事业，所以他关注的还有学校与教育。在皖西学院图书馆所收藏的徐方汉藏书中，还有民国 4 年（1916）黄氏铅印本《文惠全书》八种，作者为清代上海嘉定人黄世荣（字文惠）。黄世荣热心教育，志在吸收普通民众子弟入学，让他们在平凡的岗位上作出不平凡的成绩，于 1901 年创办了嘉定县私立普通学堂（上海嘉定区普通小学前身）。《文惠全书》收录了黄世荣著述八种，其内容既有对国家建设的思考，也有对学校和教育的构思与设计。徐方汉收藏、捐赠此书，表明他作为一个教育家对学校和教育发展的深层次思考与行动上的支持。

二、何著青所赠图书

在皖西学院图书馆的古籍藏书中，有两种古籍的封面题有"何巽赠"三字，并钤有一枚"何巽著青"的方形阳文朱印，这是由安徽现代教育家何著青先生留下的。

何著青（1887—1960），又名巽，安徽庐江裴岗乡毛嘴村人。民国元年（1912）至民国 4 年（1915）就读于江淮大学（后改为安徽法政专门学校），毕业后任其兄何笃青捐款创建的庐江县立第二高等小学校长、安徽省立第一女子师范学校事务主任兼教员、安徽省教育经费保管委员会主任、省教育厅主任科员、省立第六女子中学校长、省财政厅主任秘书、河南省政府秘书处主任秘书、国民党中央军委重庆第二行营参议（少将）。

何著青与兄长何笃青兄弟二人一生节衣缩食，乐善好施，为人正直，急公好义。曾在清末组织贫民围筑"因利圩"（又叫保甲圩），面积约 400 多亩，交贫苦农民自耕自种；民国 23 年（1934），家乡遭旱灾，兄弟二人广施粥饭、大米，赈济饥民，并经常借钱粮资助家乡难民，怒斥当局勒索灾民的行径，设法使部分灾区减免田赋、税捐。兄弟二人的善举受到家乡人的交口称誉。建国后，何著青受聘为安徽省文史馆馆员，被选为庐江县人大代表。

何著青所赠图书包括：

清宣统二年（1910）上海国学扶轮社铅印本《洪北江文集》四卷。《洪北江文集》是清代经学家和文学家洪亮吉的文集。收录有洪亮吉的、论议、序跋、书函及为人所作记事、传记、行状、墓志铭等，反映了洪亮吉的散文成就。

清光绪二十三年（1897）扫叶山房石印本《皇朝经世文新增时务续编》四十卷《洋务》八卷。本书由清末三画堂主人所辑，是在中日甲午战争后、各界有识之士纷纷探讨求变图强的背景下编辑而成的，全书选文82篇，内容是主张维新变法、发展洋务的奏折、疏议、书函、论议、资料、考察报告等，涉及的范围包括教育、商务、船政、矿业、税务、人才、历史、地理、变法等。反映了国人在面临民族危亡的情况下逐步觉醒、试图从西学西政中寻求强国之道的思想意识。

虽然我们没有更多关于何著青藏书、赠书的资料，但这两种文献也基本反映了其研读和关注的重点。收藏《洪北江文集》体现了收藏者的文人身份和爱好；收藏《皇朝经世文新增时务续编》四十卷《洋务》八卷则反现了收藏者对国势的关心和思考，这是何著青不论作为文人、教育家，还是作为官员，都不得不关心和思考的问题。值得欣慰的是，何著青对国势的关心和思考不是像严复那样从保守、复辟中寻找出路，而是在维新变法中寻求答案。

由于何著青曾任职于安徽省立第一女子师范学校，因而这两种图书应该是其捐赠给安徽省立第一女子师范学校的。

三、周松圃所赠清同治十年求我斋刻《二程全书》

在皖西学院图书馆所藏清同治十年（1871）六安求我斋刻《二程全书》首册等封面，题有"周松圃先生赠"，盖有"安徽省立第一女子中学校图书馆"的印章。

周松圃（？—1938），安徽广德县誓节渡人。著名的国民党左派人士，也是一位同中共长期合作的爱国人士。民国元年（1912），与刘希平、光明甫、程筱苏等创办了江淮大学；1926年1月成为国民党（左派）安徽省临时党部的九名执委之一，反对国民党右派和地方军阀破坏、镇压群众运动的行为；1927年参与安徽省总工会的筹备活动。抗战初期，国民党安徽省主席李宗仁曾邀请朱蕴山、光明甫等安徽省知名人士共商抗战大计，周松圃也是受邀请者之一；1938年4月间，名义上由李宗仁领衔实际由共产党领导的安徽省动员委员会派周松圃为省动委会皖南办事处副主任，原国民党第十九路军的爱国将领、曾参加淞沪会战、早就与中共有联系的国民党皖南行署主任戴戟兼主任，实际工作由周松圃负责；他们委派共产党员负责实际工作，为皖南抗战的开展和共产党组织的发展创造了有利条件。周松圃于1938年11月病逝。

《二程全书》是北宋理学家程颢、程颐的文集。二程的思想在中国思想史上居于重要地位，不论是统治者还是读书人都深受影响。这也许就是周松圃收藏并赠送此书的原因吧。由于所获资料有限，我们未能全面了解周松圃的生平和活动经历，因而难以确切判断这部《二程全书》究竟是捐赠给安徽省立第一女子师范学校还是安徽省立第一女子中学校的。但从本馆收藏情况来看，该书很有可能也是捐赠给安徽省立第一女子师范学校的。

周松圃所赠此书是由清代理学名臣、曾任湖广总督的六安人涂宗瀛校刊的。涂宗瀛的求我斋刊刻了相当多的理学著作，其中也包括本馆所收藏的清同治十二年（1873）刻《朱子大全》以及清同治十年（1871）刻另一位清代理学名臣、涂宗瀛的老师、皖西霍山人吴廷栋的《拙修集》。

四、许世英所赠民国十一年铅印本《安士全书》

在皖西学院图书馆收藏的线装书中，有一批民国11年（1922）中华书局承印、佛学推行社发行的铅印本《安士全书》，这些书共有24部96册，每部书的封面都盖有"安徽省立第一女子中学校图书馆"的印章，并题有"许隽人省长赠"的字样。这是20世纪20年代初出任安徽省长的许世英捐赠给安徽省立第一女子师范学校的图书。

许世英（1873—1964），字俊人，一作静仁，安徽至德县兆吉山（今东至县）官港乡人。自幼聪颖，省考为拔贡生，京试一等，选官为刑部广西司，以七品京官录用。八国联军入侵时，护驾慈禧、光绪有功，被屡次提拔，先后任奉天高等审判厅厅长，山西提法使、布政使；辛亥革命时，与张锡銮等联名吁请清帝退位。民国元年任司法总长，确立律师制度，设置新式法庭等，得到孙中山嘉许；民国5年（1916）后在段祺瑞内阁先后任内务总长、交通总长；民国10年（1921）任安徽省长；民国14年（1925）12月到15年（1926）3月，任段祺瑞内阁总理；民国25年（1936），被蒋介石选派为驻日大使；民国33年（1944），任全国赈灾委员会委员长，长驻香港；民国36年（1947）到民国37年（1948），任国民政府蒙藏事务委员会委员长；1964年病逝于台北。许世英书法宗王羲之，临池数十年，功力深厚，

《安士全书》为清朝周梦颜所著。本书以佛教思想为主线,汇集了许多历史故事,深刻地诠释了中国儒释道三教文化,清末民初曾广为流传;但《安士全书》所宣扬的毕竟是缺乏科学依据的非理性的人生观,所以鲁迅说"我不是奉《安士全书》人生观的人";胡适要大家"试睁开眼看看:这遍地的乩坛道院,这遍地的仙方鬼照相……我们只有求神问卜的人生观、只有《安士全书》的人生观、只有《太上感应篇》的人生观",对《安士全书》人生观的评价是负面的。

民国铅印本《安士全书》每部有 4 册,本馆收藏的许世英所赠此书共有 24 部 96 册。笔者推测,许世英所捐此书很可能是 25 部 100 册,其中的 1 部 4 册可能被某个人或机构所收藏。令人感兴趣的是,许世英为何会选择刚刚出版的此书做大量捐赠?也许,身为省长的许世英希望学校里的老师和女学生们清心寡欲、弃恶扬善吧。

许世英任安徽省长期间,安徽省立第一女子师范学校还没有更名,因而这批《安士全书》就是捐赠给安徽省立第一女子师范学校的。

笔者通过整理皖西学院图书馆的古籍藏书,发现安徽省立第一女子师范学校所获赠的古籍还有:题有"一女师十周年纪念/张绍南、徐育华、王慧经赠"的清道光十年(1830)培远堂刻《五种遗规》、清咸丰元年重刻《望溪先生文集》,钤有"学□之章"、题有"送存第一女子师范学校图书馆"的清同治刻《龙溪密谛》,题有"吴璟、杨洲仙、刘静生、陆锦波、朱漱芳、吴志坤、郑慧中先生赠"的上海商务印书馆民国 10 年(1921)铅印本《元诗纪事》等。

另外,盖有"安徽省立第一女子中学校图书馆"印的民国 18 年(1929)油印本《黄山志》,封面题有"十八年十一月第一届全省中等学校联合运动会学校总分第一名优胜纪念品"。

可以看出,安徽省立第一女子师范学校获得的社会各界捐赠书籍相当多,这些书籍对于一所成立时间不长的学校来说,是很有价值和相当珍贵的,也反映了社会各界对教育的支持和对读书的重视。这些历史往事对于今天的人们仍然具有重要的示范意义。

第三节　王仁峰藏书

一、王仁峰其人

王仁峰(1886—1967),字蔼如,号晦释,皖西舒城县石柏林乡石岗村人。幼入私塾,后就学于舒城斌农中学堂,清光绪三十三年(1907)考入南京两江优级师范理化科。受孙中山民主革命的思想影响,于1908年加入同盟会,宣统二年(1910)5月,与柏文蔚等人在南京准备武装起义,为制弹药失去左臂,后来致力于教育事业。1907年在家乡创办斌农中学(即今安徽省重点中学舒城中学),为乡人所敬重;民国2年(1913)出任南京安徽公学校长,次年与他人共同创办第二高等小学,民国9年(1920)调任省立合肥二中校长;民国10年至35年(1921—1946)先后在芜湖、贵池、桐城、舒城从事教育工作。其间,于1927年任国民党舒城县党部筹备委员会主任委员,1944—

王仁峰

1945年任舒城县临时参议会议长。民国36年(1947)秋,离职居家养病,直至解放。1954年当选为舒城县第一届人大代表,1955年被聘为安徽省文史馆馆员。王仁峰爱好书法,特别擅长魏碑,与安庆杨大沁、寿县张树侯并称安徽三大家;王仁峰还喜藏书画,建有"秋水山堂"书斋,藏书甚多。

1958年,经韦上伊先生劝说,王仁峰将其全部藏书以象征性的价格转让给六安师范学校,半年后转入六安师范专科学校。

1995年出版的《舒城县志》对王仁峰的介绍是:"字蔼吾,号晦释"[1];也有文献称其为王蔼儒。笔者根据王仁峰在其藏书上的签名以及对李家训先生等皖西教育界前辈的咨询,确认这些介绍都是错误的。正如前文所言,王仁峰的字为蔼如,而不是蔼吾或蔼儒。

二、王仁峰藏书的内容

王仁峰旧藏图书转让给原六安师范学校的档案资料没有能保存下来,因而我们无从知晓皖西学院图书馆所藏古籍中,有哪些原属王仁峰所有。从封面题有"蔼如氏置"、"晦释"字样和书中钤有"淮南晦释藏书"印章来看,王仁峰旧

藏有以下几种:

清光绪二十七年(1901)上海同文书局石印本《东莱博议》四卷。《东莱博议》原名《左氏博议》、《东莱左传博议》,宋人吕祖谦撰。书中选取《左传》文66篇,分析透彻,议论明达,反映了吕祖谦重视史学、重视文献有征的求实精神。此书随着科举考试而广为流传,影响很大。

清光绪三十一年(1905)金粟斋刻《穆勒名学》十三篇。《穆勒名学》是由英国人约翰·穆勒著、严复翻译的逻辑学著作。约翰·穆勒(John Stuart Mill, 1806—1873),英国著名哲学家和经济学家,19世纪颇具影响力的古典自由主义思想家。严复是中国近代著名气 资产阶级启蒙思想家、翻译家、教育家,著述有《严几道文集》、《愈懋堂诗集》及《严译名著丛刊》等。《穆勒名学》原名为《逻辑学体系:演绎和归纳》,是反映19世纪后叶西方资产阶级经验主义思想的一部代表性的逻辑著作,是英国经验主义归纳逻辑的总结。金粟斋刻本为严复著作中唯一采用木刻方式出版的著作,亦为《穆勒名学》之初本。严译《穆勒名学》的出版大大推动了清末中国人学习名学的热潮。

东晋末期南朝初期诗人、文学家陶渊明撰,清光绪五年(1879)广州翰墨园刻朱墨套印本《陶渊明集》八卷。该书收录了陶渊明的四言诗、五言诗、辞赋、纪传、疏祭文、孝传、年谱等,表现了陶渊明作品的独特的风格,内容充实,情感真挚,风格冲淡,韵致悠然,极善用写意的手法点染出浑朴深远的意境。

清大文堂刻《杜诗详注》二十五卷首一卷《附诸家咏杜》二卷。《杜诗详注》是清人仇兆鳌所注杜甫诗集。

清宣统二年(1910)上海国学扶轮社铅印本《翁山文外》十六卷。《翁山文外》是明末清初著名学者、诗人屈大钧的文集。屈大均(1630—1696),字翁山、介子,号莱圃,广东番禺人。曾参与反清活动,失败后削发为僧,中年还俗,北游关中、山西,与顾炎武等人交往。诗有李白、屈原的遗风,与陈恭尹、梁佩兰并称"岭南三大家",有"广东徐霞客"的美称。著作多毁于雍正、乾隆两朝,后人辑有《翁山诗外》、《翁山文外》、《翁山易外》、《广东新语》及《四朝成仁录》,合称"屈沱五书"。《翁山文外》收有屈大钧的记事、序、传记、行状、论说、议事、碑文、墓表、墓志铭、后跋、杂著、铭文、像赞、杂文、赋等,其文沉浸秦汉,简洁高古,品格不凡。

此外,皖西学院图书馆所藏清代文字学家朱骏声撰、清咸丰元年(1851)临啸阁刻《说文通训定声》十八卷《柬韵》一卷首册封面,钤有"舒城北区高等小

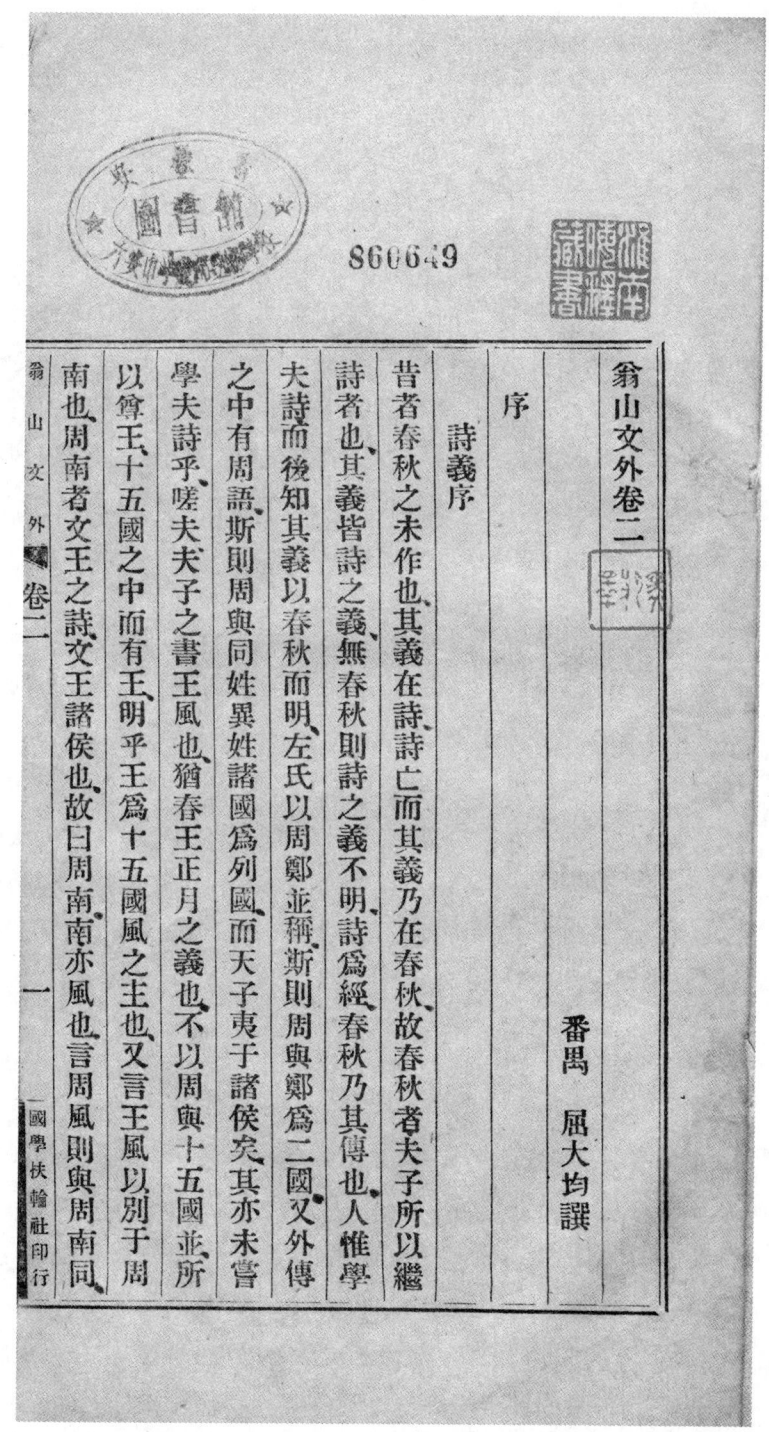

《翁山文外》卷二首叶

学校"的印章。根据《舒城县志》的记载,舒城北区高等小学校与王仁峰创办的第二高等小学都设于桃溪[2],因而很可能是同一所学校。所以,这部《说文通训定声》也很可能是王仁峰的旧藏。

三、王仁峰藏书分析

从前面所介绍的王仁峰藏书的内容来看,除了同为名家著述、文学作品比重较大外,并无其他特别的倾向,《东莱博议》为史评类著作,《穆勒名学》为逻辑类著作,《陶渊明集》、《杜诗详注》、《翁山文外》为文学类作品,《说文通训定声》为文字学著作。文学作品的作者中,陶渊明是隐居的田园诗人,杜甫是现实主义诗人,屈大钧曾参与反清活动,诗歌有李白遗风,各有风格。但理化专业出身的王仁峰收藏、研读这些哲学人文类著作,可见其国学、人文功底之深厚,也说明其研读范围之广泛;而且,收藏、研读《穆勒名学》表明,王仁峰的思想已超越经学,开始从逻辑学、哲学的高度来思考科学问题。

王仁峰藏书还有一个特点,就是这些书籍都是晚清刊印的,版本都比较普通,在当时基本上都不具备很高的经济价值和收藏价值。这既说明王仁峰藏书是出于研读的目的,也说明他在经济上并不富有。这与王仁峰一贯廉洁自守、生活简朴有关。王仁峰长子王国璠曾从外地寄回3000银元,王仁峰收后托人带回,并附以书信:"汝薪给有限,何得有此巨款,谅为不法所获……果系积廉所有,可买一部《资治通鉴》,日读数十行;若不出余所料,须即刻归还被害人家,免为祖宗盛名之累。父母在,不有私财……"可见,好书的王仁峰并不为藏书而贪财或接受不义之财。

第四节 王国璠藏书

一、王国璠其人

王国璠(1917—2009),字璞安,皖西舒城县人。其父就是上文介绍的将古籍藏书转让给六安师范学校的同盟会元老、安徽教育界知名人士、藏书家王仁峰先生。王国璠成长于书香革命世家,先后就读舒城县立初级中学(其前身就是王仁峰创办的斌农中学)、无锡国学专修馆,曾任家乡小学教师、舒城县千人桥区区长。由于自幼即浸染文士报国气概,弱冠之年即从军投入抗日战争,任职于军统、警界。1949年去台湾后离开军政界,任职台湾大学总务处,接触大量史料,开始从事台湾史和方志学研究;1963 年,王国璠进入台北市文献委员会,1967 年担任首任执行秘书,后来又担任副主任委员、台北市志主编,成为台北市文献委员会的核心人物,2000 年退休。2009 年去世时,台北市政府组织治丧委员会,市长郝龙斌亲自担任主任委员。

王国璠从事文献研究和管理工作数十年,成就卓然,是台湾著名的方志学者、汉姓氏学者和台湾史研究专家,著作甚丰,包括《丘逢甲传》、《郑成功传》、《刘铭传传》、《故乡耆旧录》、《台湾史迹源流画册》、《三百年来台湾作家与作品》、《中原文化与台湾》、《台湾民间信仰概述》、《台北市岁时记》、《台北市发展史》、《台湾姓氏源流》、《台湾丛谈》、《台北市志》等以及多篇散文。

王国璠离乡多年,但乡情不改。1989 年 10 月曾托人从台北市带回一幅清乾隆年间任山东候补道的舒城人黄寿彝的手书对联:"醴泉无源芝草无根人贵自立　户枢不蠹流水不腐民生在勤",并将其交给舒城县相关部门;1992 年 8 月,又与其孙女、港台著名电影演员王祖贤一道回到家乡舒城探亲和寻根祭祖;在得知舒城县档案馆收藏的《舒城县志》中最大最好的清光绪版志书有残缺后,一直记挂在心,回台湾后四处觅志不得,后来去日本访问时在《东洋文库》中找到清光绪版《舒城县志》,便自费摄影返台续修,由台湾著名诗人、舒城人钟鼎文作序,《联合报》社副社长、舒城人刘昌平出资再版。1994 年,王国璠再次返乡探亲时,带回 10 部精装本《续修舒城县志》五十卷。后来又将自己多年的藏书及著作运回故里,赠送给其母校、也是由其父王仁峰先生创办的舒城中学。

皖西学院图书馆收藏的王国璠旧藏古籍有 3 种 50 册,与其父王仁峰收藏普通版本古籍不同的是,王国璠的藏书都是清乾隆以前刊刻的善本,具有较高的版本价值和文献价值。这些藏书是王国璠 1949 年去台湾之前的收藏,于上世纪 50 年代与其父王仁峰先生的藏书一道进入六安师范学校,半年后划归六安师范专科学校。

二、清乾隆二十四年宝笏楼刻《李太白文集》三十六卷

1. 王琦辑《李太白文集》

《李太白文集》三十六卷,唐李白撰,清王琦辑。王琦,字琢崖,浙江钱塘人,大致生活于清雍正初年至乾隆时期。文学家。与齐召南、杭世骏等文人交往密切,平素闭门著述,精熟佛经。编著有《李太白诗集注》、《李长吉歌诗汇解》等。

李白的诗文散失不少,尤其是青少年时期在蜀地所作诗歌留存很少,尚有

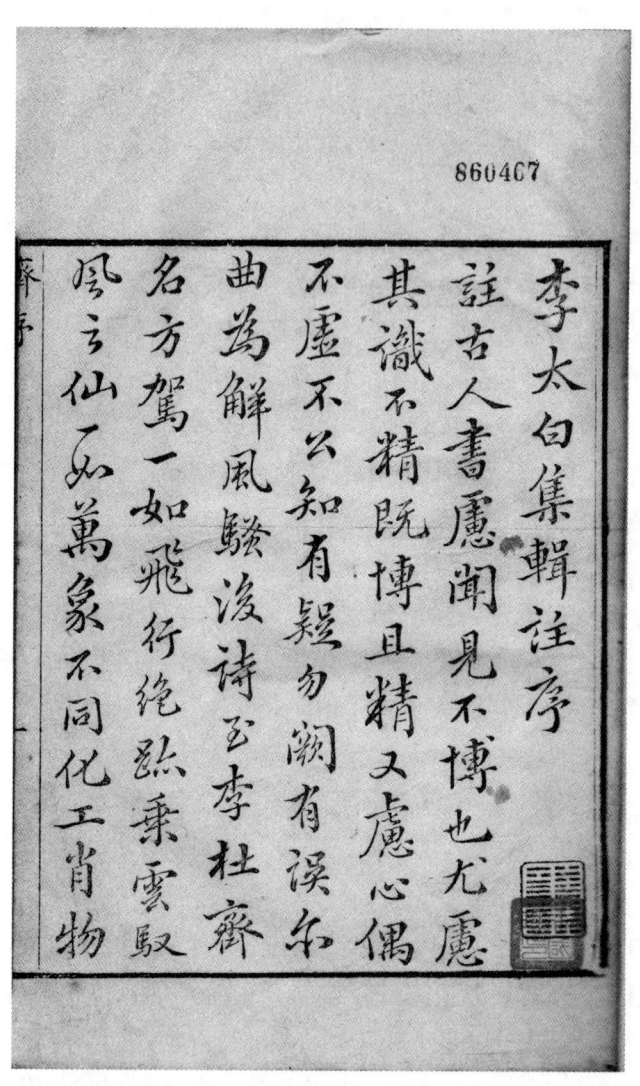

《李太白文集》序首叶及王国璠收藏印

千余篇诗文传世，内容丰富多彩。由于李白诗文的成就高、数量多、影响大，为后世历代文人所重，为其作注者亦有多家，传世的有南宋杨齐贤所注《李翰林集》二十五卷、元代萧士赟删补杨注而成的《分类补注李太白集》二十五卷、明代胡震亨注《李诗通》二十一卷、清代王琦注《李太白文集》三十六卷。在这四种李白诗文注中，前三种都只注李白的诗歌，只有王琦之注才是李白诗文合注，是李白诗文中最完备的注本。王琦注本汇集了杨、萧、胡三家注的精华，并补充其疏漏、改正其讹误，对于典故和地理方面的诠释考证着力甚多。王琦生活于雍正初年至乾隆前期，朴学之风尚未大开，但其注李白诗文却能不为旧说所囿，提出诸多新颖独到的见解,因而既成为李白诗文注的集大成者,也为后世研读李白诗文提供了更广阔的视野。王琦所注《李太白文集》中有诗三十卷,内容包括诗1050余首、文106篇;以序、志、碑、传、赠答、题咏、诗文、评语、年谱、外记为内容的附录六卷,包括诗文等500余篇。

2. 李白诗文集的版本

李白诗文的版本众多,但唐人所编的李白集没有能流传下来。北宋时曾有《李太白文集》三十卷,刻于苏州,世称苏本,可惜也没能传世,但宋时据苏本翻刻的蜀本尚有存世,这就是国家图书馆收藏的宋刻本《李太白文集》三十卷(卷十五至二十四配清康熙五十六年缪曰芑双泉草堂刻本),也是现存最早的李白集。国家图书馆之所以以缪曰芑刻本来补配宋蜀本,是因为缪本翻刻自宋蜀本,此二本皆为无注李白文集;同为无注李白文集的版本还包括元刻《唐翰林李太白诗集》二十六卷《年谱》一卷、明正德十四年(1519)陆元大刻《李翰林集》十卷(此版本还有清嘉庆八年王芑孙渊雅堂重修本)、明刻《唐翰林李白诗类编》十二卷、明嘉靖刻《唐李白诗》十二卷等。

由宋杨齐贤集注、元萧士赟补注的李白文集版本,在元代包括至大三年(1310)余志安勤有堂刻《分类补注李太白诗》三十卷、建安余氏勤有堂刻《分类补注李太白诗》二十五卷(此版本后有明修本)等,明代包括正德十五年(1520)安正书堂刻《分类补注李太白诗》二十五卷、嘉靖二十五年(1546)玉几山人刻《分类补注李太白诗》二十五卷《年谱》一卷、嘉靖二十五年郭云鹏宝善堂刻《分类补注李太白诗》二十五卷《分类编次太白文》五卷、万历三年(1575)许自昌刻《分类补注李太白诗》二十五卷等多种版本。加上无杨齐贤集注、萧士斌补注的各种版本,明代有李白诗文集的各种版本十余种。

李白诗文集在清代的版本也很多,除了上述翻刻自宋蜀本的缪曰芑刻本外,主要就是乾隆年间宝笏楼刻印、并在乾隆二十五年(1760)增刻的王琦辑注本,这是李白集各种版本中的最佳版本,最为学者所重。其他还包括康熙年间刻《李太白文集》三十卷、康熙五十六年(1717)吴门缪氏刻《李太白全集》三十卷、乾隆二十五年(1760)刻《李太白文集》三十六卷、乾隆二十九年(1764)南隆邓氏刻《李太白全集》十六卷(有光绪重修本)、嘉庆八年(1803)刻《李翰林集》十卷、道光十三年(1833)刻《李太白全集》十六卷、光绪年间湖北崇文书局刻《李太白文集》三十卷、光绪十三年(1887)上海积山书局石印本《李太白文集》三十卷、光绪十四年(1888)湖北官书处刻《李太白文集》三十卷、光绪二十年（1894）神海山房石印本《李太白文集》三十卷、光绪二十五年（1899）仁和吴昌绶刻《李翰林集》十卷、光绪三十二年（1906）黄冈陶子麟刻《李翰林集》三十卷、宣统元年（1909）贵池刘氏玉海堂刻《李翰林集》三十卷等，以及几种抄本。此外，日本明治三十八年（1905）嵩山堂铅印有《李太白诗醇》五卷。

现今李白集注释最详备者当属今人瞿蜕园、朱金城编，上海古籍出版社1980年出版、2007年再版的《李白集校注》，而此书就是以清乾隆宝笏楼本为底本的。

皖西学院图书馆所藏有一部王琦辑注、清乾隆宝笏楼刻二十五年增刻本《李太白集》三十六卷，版式为十行二十字，小字双行同；白口，左右

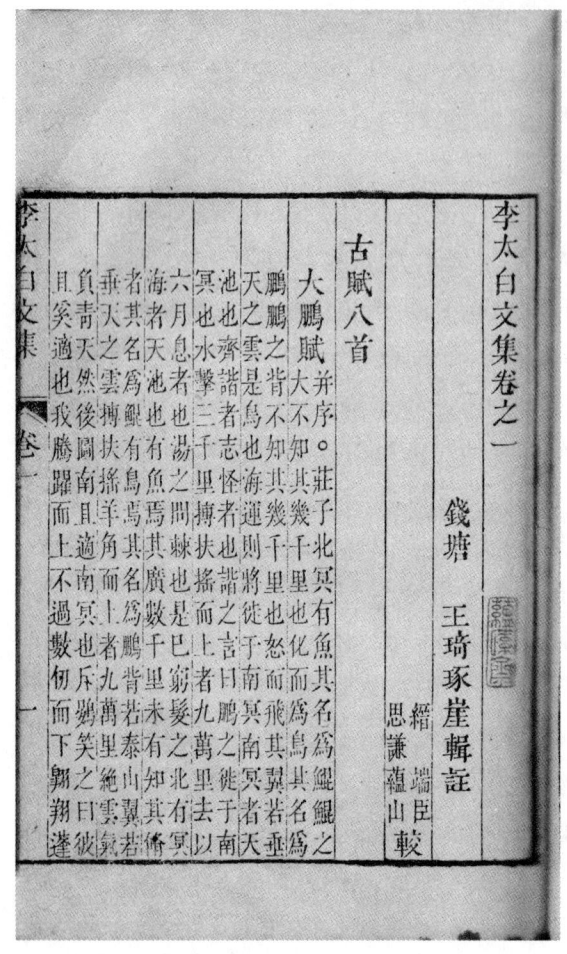

《李太白文集》卷一首叶

双边，单黑鱼尾；版框17.7×13.9厘米。全书20册，保存基本完好。在书首《齐召南序》首叶，钤有王国璠的一枚方形阳文朱印，印文为"王国璠印"；在卷一首叶还钤有另一枚不辨印主的藏书印。从这枚不辨印主的藏书印钤于卷端，而王国璠的印钤于序首来判断，这位不知名的印主很可能是在王国璠之前收藏此书的。

三、明嘉靖王执礼、顾天叙刻，清梦轩印《栾城集》残本

1.《栾城集》的作者和内容

《栾城集》是北宋文学家苏辙的文集。苏辙先祖为河北栾城人，所以在自编

诗文集时取名《栾城集》,包括前集五十卷、后集二十四卷、三集十卷、应诏集十二卷。由于苏辙与苏轼在政治上属于旧党,在文集中对新法和推行新法的王安石等人多有批评指摘,因而不仅在政治上遭受新党的排挤和打击,崇宁二年(1103),宋徽宗还曾下诏焚毁苏轼、苏辙兄弟等人文集的版片,《栾城集》也成为禁书。

2.《栾城集》的版本

《栾城集》在宋代就有多种版本,并且根据有无《应诏集》和章疏有无删削

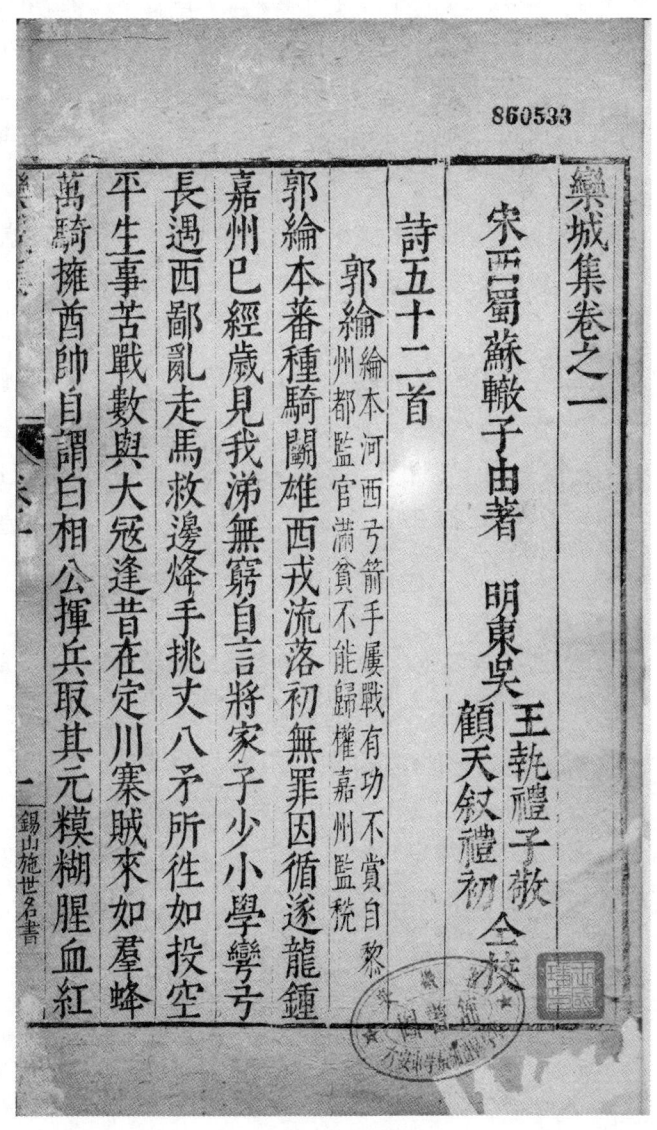

《栾城集》卷一首叶及王国璠收藏印

而区分为两个系统。现存最早的苏辙文集是国家图书馆收藏的宋刻递修本《苏文定公文集》五十卷《后集》二十四卷和宋刻递修本《栾城集》五十卷《后集》二十四卷两种,但都只是残本,分别存有十卷和二十一卷;元代除了由吕祖谦标注的《东莱标注颍滨先生文集》二十二卷外,未见有苏辙文集的版本;明代有代表性的版本包括:嘉靖二十年(1592)蜀藩朱让栩刻《栾城集》五十卷《后集》二十四卷《三集》十卷、万历王执礼、顾天叙刻《栾城集》五十卷《后集》二十四卷《三集》十卷《应诏集》十二卷以及该版的清梦轩印本、根据蜀藩刻本排印的活字本《栾城集》五十卷《后集》二十四卷《三集》十卷、抄本《栾城集》五十卷《后集》二十四卷《三集》十卷等;清代有代表性的版本包括康熙四十二年(1703)松麟堂刻《唐宋八大家全集录》本《苏栾城集》六卷、道光十二年(1832)眉州三苏祠刻《栾城集》四十八卷《后集》二十四卷《三集》十卷《应诏集》十二卷等。

《栾城集》的早期版本多有残缺,后人在点校苏辙文集时,主要是以明万历王执礼、顾天叙刻清梦轩印本为底本,原因是清梦轩印本较为完整,而且讹误较少。

皖西学院图书馆收藏的《栾城集》为明王执礼、顾天叙刻,清梦轩印本,但《前集》仅存十二卷(卷一至十二),《后集》全缺,《三集》和《应诏集》则是完整的。版式为十行二十字,小字双行同;白口,左右双边,单黑鱼尾;版心印有刻工和字数;版框 21.9×15.3 厘米。全书 10 册。在前集卷一首叶,钤有王国璠的收藏印"王国璠印"。

四、清乾隆四十年凌云亭刻《吴诗集览》二十卷《谈薮》一卷

1.《吴诗集览》的作者和内容

《吴诗集览》是清代学者靳荣藩整理笺注的明末清初著名诗人吴伟业的诗集,是吴伟业诗集的第一个比较翔实的注释本。

靳荣藩(1726—1784),字介人、朴园,号绿溪,山西黎城人。出生诗书之家,聪慧好学,通读经史百家,清乾隆十三年(1748)进士,官至大名知府。为官勤于政事,闲暇则著书立说,主要著作有《绿溪全集》、《吴诗集览》、《潞郡旧闻》等。

由于吴伟业的诗词用典甚多,不易阅读和理解,靳荣藩便对吴伟业的诗稿进行笺注,这就是《吴诗集览》。靳氏的注释工作自乾隆三十年(1765)开始,至乾隆三十五年（1770）完稿，乾隆四十一年（1776）时又对注释内容作了补充。其注包括题注、句注和尾注三种形式，内容包括详考诗中人物故里、详解诗中地理名物、详释诗中字词典故，所引群书皆列出原文；还从文学评论的角度来疏通吴伟业的诗句，阐发其诗意，以助读者理解吴诗之妙。此注对当时诗坛影响甚大，被认为是读吴诗之最精本。刊印后流传甚广，对后世研究吴诗和进行诗词注

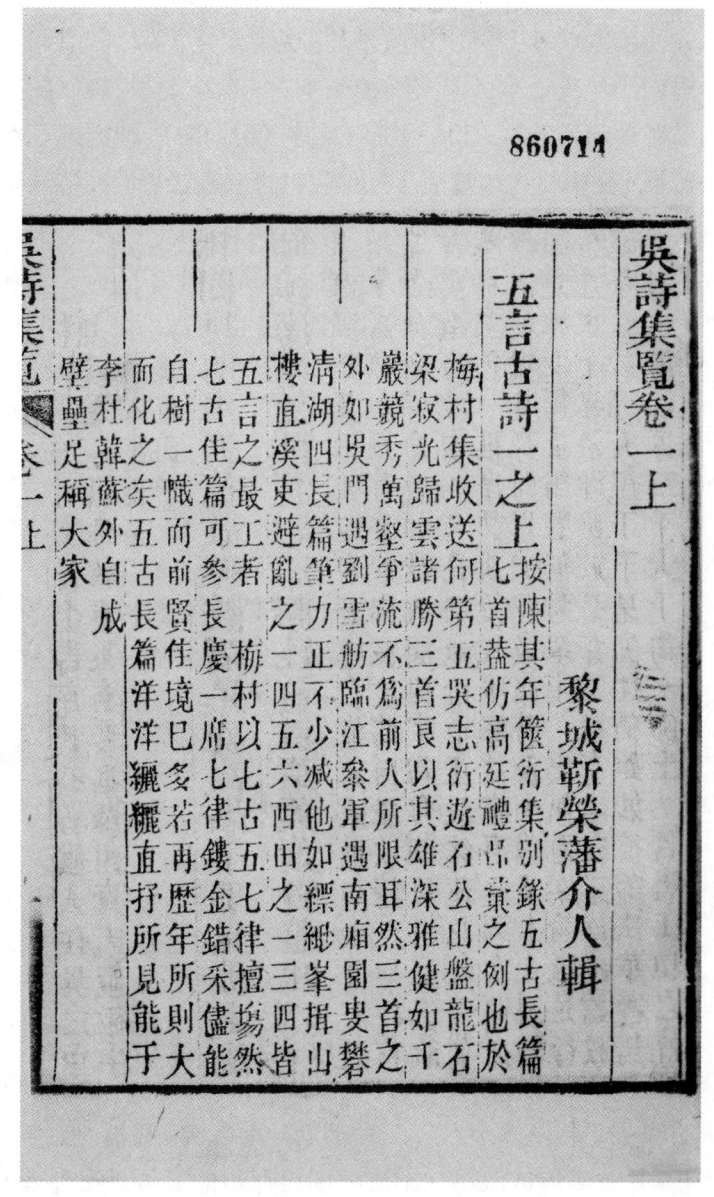

《吴诗集览》卷一上首叶

释也具有相当高的价值,胡适《一个最低限度的国学书目》就录有此书。

2. 清乾隆年间凌云亭刻《吴诗集览》的初印本和增补后印本

由于吴伟业学识广博、诗词工丽,在清初影响很大,因而其作品在清朝前期出现了好几种版本,包括康熙年间的两种刻本、一种稿本、两种抄本。靳荣藩注吴诗完稿后,由凌云亭于乾隆四十年(1775)刊刻,《中国古籍善本书目·集部》收录有多种凌云亭刻《吴诗集览》。但据复旦大学图书馆眭骏先生研究,《中国古籍善本书目·集部》所收录的《吴诗集览》为增补后印本,而非初刻[3]。前述乾隆四十年凌云亭所刻实为初刻本,书首为乾隆《御制题吴梅村集》七律一首及靳荣藩和诗四首,其后为王鸣盛序、潘应椿序、顾湄撰《吴梅村先生行状》、陈廷敬撰《吴梅村先生墓表》、凡例、目录和靳氏辑《吴诗谈薮》,正文有二十卷,每卷分上下,全书收诗1030首、诗余92首。

《吴诗集览》的初刻本问世后,靳荣藩于乾隆四十一年对注释内容作了补充和修正,形成补注二十卷,《谈薮》也增加为二卷,并增《拾遗》一卷,其中补注附各卷正文后,这就是后来通行的增补后印本《吴诗集览》二十卷《补注》二十卷《吴诗谈薮》二卷《拾遗》一卷。根据眭骏先生的研究,增补后印本的时间不早于乾隆四十六年(1781),其行款格式与初刻本相同,内封右上方已无"乾隆四十年镌"一行。由于《吴诗集览》刊行后影响很广,清时还出现有书商为射利而翻刻的本子。

皖西学院图书馆收藏有一部《吴诗集览》,在其扉页镌有"乾隆四十年春镌/吴诗集览/凌云亭藏版",版式为九行二十字,小字双行二十一字,粗黑口,四周双边,单黑鱼尾;版心上方刻书名;版框17.8×13.7厘米。全书20册,保存完好。在册一护叶正面钤有王国璠的印章"王国璠印"。从这些基本情况来看,本书应该是乾隆四十年凌云亭刻本的初印本。

(3)书首的直隶省咨文

在皖西学院图书馆收藏的这部《吴诗集览》扉页正面,印有一方形牌记,内容是:"江宁布政使奉督抚二宪,饬发四库馆查办违碍书籍条款。一吴伟业《梅村集》奉有御题,其《绥寇纪略》等书亦并无违碍字句,现在外省一体拟毁,盖渊与钱谦益并称江左三家,曾有合选诗集,是以牵连并及。此类应核定声明,毋庸销毁。其江左三家诗、岭南三家诗内,如吴伟业、梁佩兰等诗选,亦并抽出存留。直隶省于乾隆四十六年四月十七日准咨。"显然,这是一份准允吴伟业诗作流传、并将吴诗从江左三家诗中抽出存留的通告。吴伟业与钱谦益、龚鼎孳并称

"江左三大家",清人顾有孝、赵沄辑有《江左三家诗钞》九卷。由于钱谦益（1582—1664）降清后又从事反清活动，龚鼎孳（1615—1673）被清政府划为贰臣，因而其著述分别在雍正、乾隆年间被列为禁书，连带殃及《江左三家诗钞》，在四库馆查办违碍书籍时被禁，但其中的《梅村诗钞》三卷却被特许存留，原因是"奉有御题"、"并无违碍字句"。此咨文反映了清代文化专制的实施标准和运作过程，也为这段文化专制史留下了一份珍贵的文字资料；同时，这种鲜见于古代文献的咨

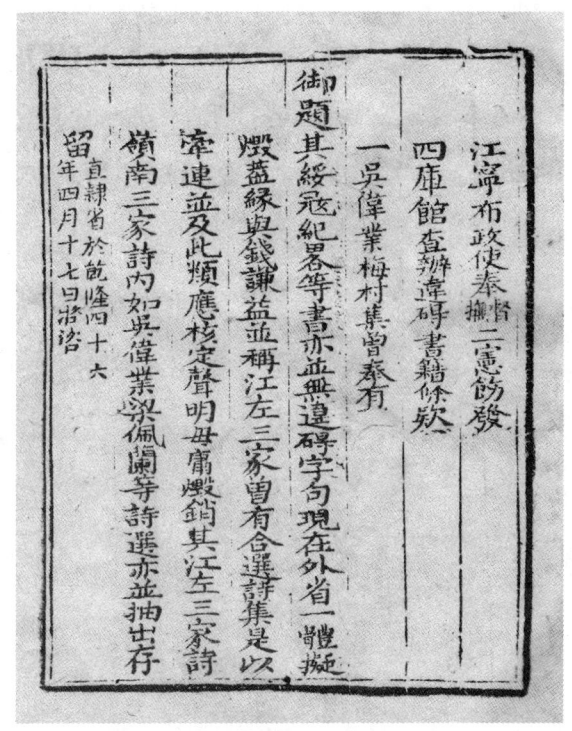

《吴诗集览》书首的直隶省咨文

文也使得此书更为藏家所重。但这份乾隆四十六年的咨文也使得此书的版本成为谜团。

由于睦骏先生所见复旦大学图书馆藏凌云亭刻《吴诗集览》初印本书首并无此咨文牌记，而其所见增补后印本则印有此牌记，因而认定增补后印本的刊刻时间不早于直隶省发布此咨文的乾隆四十六年。笔者认为，此说未必成立，因为没有证据表明这份咨文与《吴诗集览》的增补后印本是同时刊刻的。根据笔者的网上检索，在《吴诗集览》的初印本和增补后印本中，都有部分书籍前印有此咨文，当然，也有部分书籍无此咨文。

前已有述，靳荣藩的补注是在乾隆四十一年完成的，既然前面已有初印版片，就不太可能再等五年、甚至更长时间才将补注刊出。所以，增补后印本的刊刻时间可能早于乾隆四十六年；而在直隶省关于吴诗的咨文发布后，有心者便将其刻印出来，供给书商和藏书者，以作《吴诗集览》流转和收藏的护身符，同时也可提高人们对该书的收藏意愿。而且，从版面上看，咨文的字体与其后其他各叶的字体也确实存在差异。所以，本馆所藏《吴诗集览》应该就是乾隆四十年

凌云亭刻初印本。

　　王国璠收藏的三种古籍都是名家的文学作品，表明其在繁忙的军政生涯中，并未忘却其文人的本性，这也有助于理解王国璠1949年去台湾、离开军界后，何以能够取得那么丰硕的文献学成就。

参考文献

〔1〕〔2〕舒城县地方志编纂委员会：《舒城县志》，黄山书社1995年版，第603、494—495页。

〔3〕睦骏：《〈吴诗集览〉及其版本述略》，《图书馆杂志》2007年第4期，第70—72页。

第七章

其他名家所藏明清古籍

除了浙江、江苏、安徽三省的名家旧藏外,皖西学院图书馆还收藏有部分其他省份的名家旧藏古籍。

第一节 王永命藏明司礼监刻《四书集注》

皖西学院图书馆所藏古籍善本中,包括有一部分明清时期的内府刻本和朝廷直属机构刻本,除了已入选《国家珍贵古籍名录》的明嘉靖八年南京国子监刻万历递修本《金史》(编号07578)、清康熙五十二年内府刻朱墨套印本《御选唐诗》(编号09498)外,还有明代司礼监刻《四书集注》等。

一、《四书集注》的作者和内容

四书指的是《论语》、《孟子》、《大学》和《中庸》,为儒家传道、授业的基本教材。其中,《论语》、《孟子》分别是孔子、孟子及其学生的言论集,《大学》、《中庸》则是《礼记》中的两篇。首次把它们编在一起的是南宋著名学者朱熹。

在朱熹之前,南宋的理学家程颢、程颐兄弟已经大力推崇《论语》、《孟子》、《大学》和《中庸》这几部书了。朱熹把这四部书编在一起,并分别为这四部书作了注释,其中,《大学》、《中庸》的注释称为"章句",《论语》、《孟子》的注释因为引用他人的说法较多,所以称为"集注"。值得注意的是,朱熹所编定的《四书》次序本来是《大学》、《论语》、《孟子》、《中庸》,是按照由浅入深进修的顺序排列的。后人因为《大学》、《中庸》的篇幅较短,为了刻写出版的方便,而把《中庸》提到《论语》之前,成了现在通行的《大学》、《中庸》、《论语》、《孟子》顺序。由于朱熹注释的《四书》既融会了前人的学说,又有他自己的独特见解,切于世用;又由于以程颢、程颐兄弟和朱熹为代表的"程朱理学"地位的日益上升,所以,朱熹去世后,朝廷便将他所编定注释的《四书》审定为官书,从此盛行起来,到元代延祐年间恢复科举考试时,正式把出题范围限制在朱注《四书》之内,明、清沿袭而衍出"八股文"考试制度,题目也都是在朱注《四书》里。由于这些因素,使《四书》不仅成为儒学的重要经典,而且也成了每个读书人的必读书,在中国思想史上产生过深远的影响。

二、《四书集注》的版本

由于《四书集注》的官书地位,其在历史上的版本比较多,卷数也多有不同。还是在南宋时期,《四书集注》就有了最初的版本。现存的几种宋刻本中,只有嘉定十年(1217)当涂郡斋刻本(有宋递修本)能够明确其刊刻时间。元朝也有几种刻本,但也只有至正二十二年(1362)沈氏尚德堂刻本可辨别确切的刊刻时间。明代的版本很多,除了几种不辨具体刊刻时间和刊刻者的明刻本外,还包括种德书堂刻本、吴勉学刻本、豹变斋刻本、朱墨套印本、正统十二年(1447)司礼监刻本、成化十六年(1480)吉府刻本、嘉靖年间应檟刻本、吉澄刻本、嘉靖二十七年(1548)伊藩刻本、隆庆四年(1570)衡府刻本、万历十年(1582)金绩刻本、崇祯刻本、崇祯十四年(1641)毛氏汲古阁刻本等。清代的版本包括内府刻本、武进陈氏亦园刻本、李光明庄刻本、康熙十年(1671)朱氏崇道堂刻本、乾隆年间文粹堂刻本、嘉庆十三年(1808)金阊函三堂刻本、嘉庆十六年(1811)璜川吴氏真意堂刻本、道光四年(1824)刘氏勉行堂刻本、道光七年(1827)恺元堂朱墨套印本、道光八年(1828)刻本、道光十六年(1836)刻本、道光二十二年(1842)宝恕堂刻本、道光二十八年(1848)朱墨套印本、同治十一年(1872)金陵书局刻本、光绪十四年(1888)天津文美斋刻本、光绪三十二年(1906)商务印书馆铅印本、光绪三十四年(1908)扫叶山房石印本等。除此之外,《四书集注》还有几种日本刻本。

三、明代司礼监刻《四书集注》三十一卷

明朝内廷管理宦官与宫内事务的司礼监下辖有专门的刻书机构经厂,掌管刻书及书籍版片、佛经、道藏、藩经等事,经厂规模随着司礼监的权限及规模的扩大而扩大。所以,司礼监刻本又称经厂本。根据《明会典》卷一百八十九记载,明嘉靖十年(1531),司礼监专事刻书出版者为笺纸匠62名,裱褙匠293名,折配匠189名,裁历匠80名,刷印匠134名,黑墨匠77名,笔匠48名,画匠76名,刊字匠315名,总1275名。由于有宫廷的资金支持,经厂本具有印制精良、书品宽大、行字疏朗、铺陈考究的特点,版心上下黑口,初印本卷首多印有"广运之宝"大方朱印。由于主持其事的多为文化水平较低的宦官,所刻之书常有校勘不精、错讹较多、讲求形式、不重内容的缺点。当然,经厂本作为出自于宫廷的官刻本,不失为古代文献中的上品。

皖西学院图书馆收藏有一部明正统十二年司礼监所刻朱熹撰《四书集注》三十一卷,包括《大学章句》一卷《或问》一卷、《中庸章句》一卷《或问》一卷、

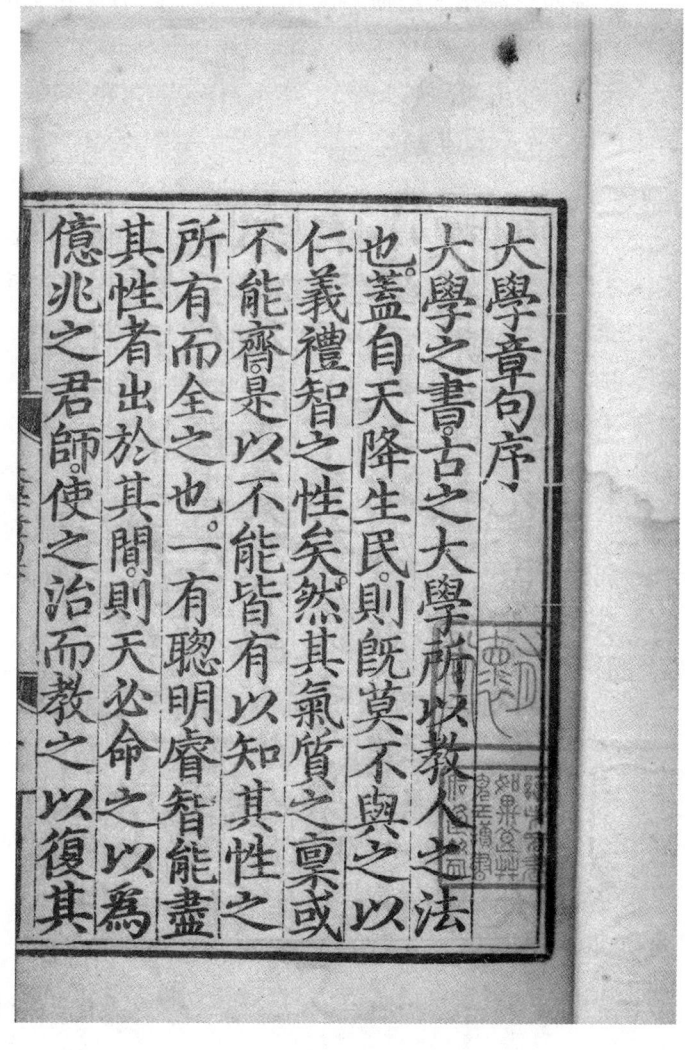

《大学章句序》首叶及印章

《论语孟子法》一卷、《论语集注》十卷《序说》一卷、《孟子集注》十四卷《序说》一卷。白绵纸印刷;书体宽大,字大如钱。版式为八行十四字,小字双行十七字;双鱼尾,上下粗黑口,四周双边;版框23.0×16.3厘米,开本31.8×19.6厘米。全书10册。从字数、版框和开本的数据中可以看出,本书具有经厂本的典型特征。与多数司礼监刻书不同的是,这部《四书集注》的书首并无"广运之宝"印。

由于有的著录者没有把"论语孟子法"、"论语集注序说"、"孟子集注序说"分别作为单独的一卷著录,因而一些书目中著录的《四书集注》为二十八卷。

四、王永命收藏印

在皖西学院图书馆所藏明司礼监刻《四书集注》的首叶,亦即《大学章句序》首叶,钤有两枚方形阳文朱印,其中一枚的印文为"有怀堂",这是清初文学家王永命的收藏印。王永命,生卒年不详,字九如,号劬庵,山西临汾人。顺治五年(1648)举人,康熙九年(1670),任直隶迁安县知县,提倡兴办学校、发展农业,为官清廉,为当地民众所称颂;晋升为行人后告病还乡。王永命著有《边工漫记》、《松韵堂笔》、《有怀堂笔》等。徐世昌编选的《晚晴簃诗汇》收有王永命的《和觉老菊花韵》诗;凌景埏和谢伯阳编、齐鲁书社1985年出版的《全清散曲》也收录有王永命的小令《圆圆词》和套曲《看月饮词》;其《有怀堂笔》在1998年入选了北京出版社影印出版的《四库未收书辑刊》;山西大学图书馆藏清康熙十七年(1678)稷邑葛有光刻《有怀堂笔》在2011年入选第三批《山西省珍贵古籍名录》。

笔者未能识读位于王永命印章下方的印章内容,因而不知其主人是谁。

在已经公布的《国家珍贵古籍名录》中,包括有多部明经厂本《四书集注》,但不知何故,本馆申报的此书却未能获批。

第二节 汉阳叶氏三代藏清康熙六十一年就闲堂刻《印典》八卷

一、《印典》介绍

《印典》八卷,清人朱象贤编。朱象贤,生卒年不详,字行先,又字圣涵,号清溪,苏州府吴县人。监生。年少时随杨宾、沈德潜游历,与钮让、白长庚等关系友善。先后任泸溪及玉山县丞、万载知县之职。著有《闻见偶录》、《印典》等。

第七章 其他名家所藏明清古籍

《印典》摘录历史文献中有关印章的记事、论说及诗文，按原始、制度、赉予、流传、故事、综纪、集说、杂录、评论、镌制、器用、诗文十二门分类编次，共八卷，搜罗宏富，去取精审，编排合理，体例谨严；对印章制度形成以来的有关史事做了详细记载，其中不乏鲜见的史料史实，既可研究印章之渊源，亦可见作者苦心之所在及其在印学史上的地位，堪称印林经典名著。

《印典》的版本不多，最早的版本是清康熙六十一年（1722）朱氏就闲堂刻本，其后还有雍正十一年（1733）朱氏就闲堂刻本、乾隆年间宝砚山房刻本、《文渊阁四库全书本》、宣统三年（1911）刻本。其中，雍正刻本、宝砚山房刻本以及《文渊阁四库全书本》都是源于康熙刻本。

皖西学院图书馆收藏有一部清康熙六十一年就闲堂刻《印典》八卷，这是《印典》最早的版本。版式为十一行二十一字，小字双行不等；黑口，左右双边，双黑鱼尾；版框 16.5×11.7 厘米。全书 4 册，保存基本完好。

二、叶氏三代收藏印

在皖西学院图书馆所收藏的这部《印典》的首叶即《序》首叶，钤有一枚方形阳文朱印，印文为"汉阳叶氏藏书"，这是叶志诜的收藏印。叶志诜（1779—1863），字东卿、廷芳，晚号遂翁，湖北汉阳人。清代医家。嘉庆九年（1804）进册翰林院，官至兵部郎中。叶志诜善于书法，精于养生，亦通针灸，辑有合称《汉阳叶氏丛刻医类七种》的医书，著有《平安馆诗文集》。叶志诜家藏书籍、金石甚多，亦好刻书，不仅刻有《汉阳叶氏丛刻医类

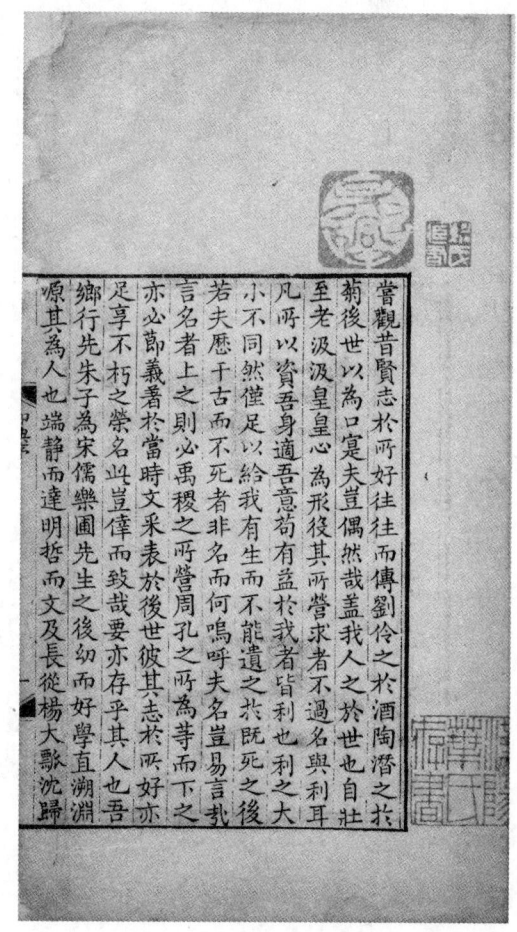

《印典》首叶及叶志诜印

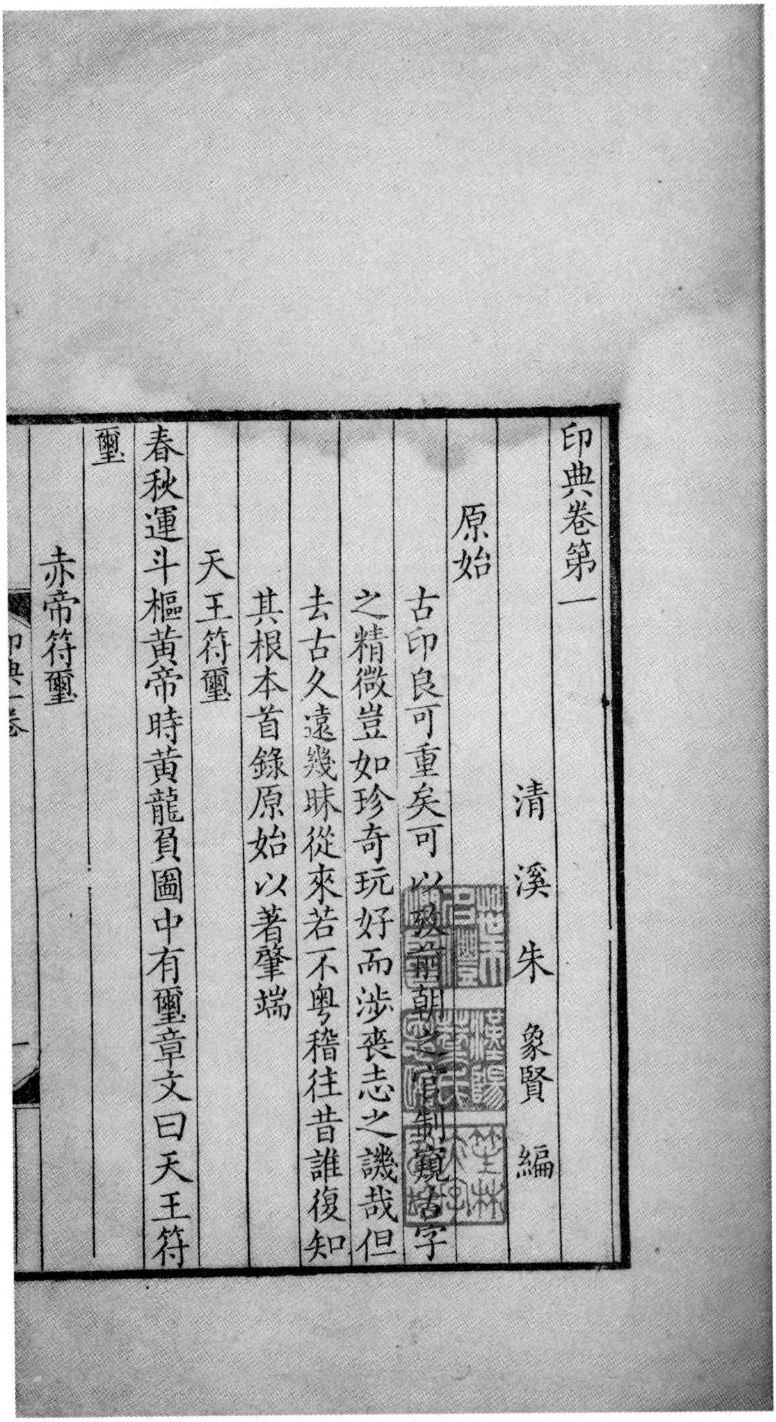

印典卷第一

清溪朱象賢編

原始

古印良可重矣可以致前朝之制度考字之精微豈如珍奇玩好而涉喪志之譏哉但去古久遠幾昧從來若不粤稽往昔誰復知其根本首錄原始以著肇端

天王符璽

春秋運斗樞黃帝時黃龍負圖中有璽章文曰天王符璽

赤帝符璽

《印典》卷端及叶名沣、叶恩顾印

七种》，还刻有其他诗文著述等。叶志诜育有两个儿子：长子叶名琛（1807—1859）是道光十五年（1835）进士，曾任广东巡抚、两广总督和体仁阁大学士，咸丰七年（1857）在英法联军进攻广州时被俘，次年被押解至印度加尔各答，咸丰九年（1859）在囚禁中绝食自尽。次子名为叶名沣。

在本馆这部《印典》的卷端，钤有一枚方形阴文朱印，印文是"叶名沣润臣印"，在目录首叶右下方，钤有一枚方形阳文朱印，印文为"敦夙好斋"，这两枚印章都是叶名沣的印章。叶名沣（1812—1859），字翰源，一字润臣。年轻时便与其兄叶名琛"以诗文鸣一时"；道光十五年进士，官至内阁侍读。叶名沣学识渊博，他继承祖业，刻苦钻研中医理论，尤其长于诗歌创作，遍游各地，皆以诗作记下游历之事，著有《敦夙好斋诗集》、《桥西杂记》。

叶氏家族在汉口经营着一家名为叶开泰的中药店，既医且药，到叶名沣时，已经历约百年。由于走的是亦官亦商的经营模式，叶开泰中药店兴旺发达，规模不断壮大，在当地影响很大。

在这部《印典》的卷端还钤有另外两枚印章，其中一枚是方形阴文朱印"汉阳叶氏恩顾"，这是叶名沣独子叶恩顾的印章。关于叶恩顾，笔者没能检索到更多的资料。

在皖西学院图书馆的古籍藏书中，钤有祖孙三代印章的，只有这部清康熙六十一年就闲堂刻《印典》。此外，在这部《印典》中，还留有另外三枚印章，笔者未能辨识，因而不知印主为何人。

三、叶名沣藏清道光二十八年刻《薛子条贯篇》十三卷

《薛子条贯篇》十三卷《续篇》十三卷，明代薛瑄撰，清代戴楫辑。薛瑄（1389—1464），明代思想家、理学大师，河东学派的创始人。字德温，号敬轩，山西省河津县（今万荣县）人。薛瑄出身于教育世家，青年时期便专心攻读宋明理学。永乐十八年（1420）中进士，陆续居官24年，大多执掌法纪，其间严于律己，勤廉从政；同时也不断地为民请命，为民申冤。薛瑄从政以后仍不忘研读理学，推崇程朱理学，但又并非程朱理学的简单延续，而是进一步完善和发展了程朱理学；晚年辞官居家，一面聚众讲学，一面进一步深钻细研正心复性理论。他通过长期聚徒讲学，按照自己的思想体系，培养造就了大量学者，创立了著称于史的河东学派。在之后的一个多世纪里，河东学派不断壮大，薛瑄弟子遍及山西、陕西、河南、湖北等地，他们在弘扬薛瑄思想学说和发展程朱理学方面发挥了巨

大作用。薛瑄还是一位颇有成就的作家和诗人,他的文学作品有散文、杂文等260多篇,诗歌1570首。薛瑄离世后,朝廷赠他为资善大夫、礼部尚书,谥号文清;隆庆五年(1571)朝廷降旨准予从祀孔庙,跻身于名儒之列,被尊为薛夫子。薛瑄的主要著作有《文集》、《读书录》、《读书二录》、《理学粹言》、《从政名言》、《策问》等,今人辑有《薛瑄全集》。

戴楫,生卒年不详,字汝舟,号纯甫,清代江苏丹徒人。诸生,咸丰元年(1851)举孝廉方正。著编有《纯甫古文钞》、《阴骘文四言诗》、《薛子条贯篇》等。

由于薛瑄在做读书记录和心得时有卷数而无分类,使其《读书录》和《读书二录》在内容分布与排列上略显杂乱与重复,缺乏系统性,也给该书的刻印与阅读带来不便。戴楫在遍读原书的基础上,依据朱熹的《近思录》,对《读书录》、《读书二录》进行整理,合并重复,校正歧义,梳理先后顺序,使其更易阅读和理解,这就形成了《薛子条贯篇》十三卷《续篇》十三卷。

根据各种文献记载,《薛子条贯篇》只有两种刻本:清道光二十八年(1848)刻本、清光绪十九年(1894)广州府署刻本。这两种刻本都比较精美。1997年北京出版社出版的《四库未收书辑刊》收有《薛子条贯篇》。

皖西学院图书馆收藏有一部清道光二十八年刻《薛子条贯篇》,版式为十行二十一字,小字双行同;四周双边,白口,单黑鱼尾;边框18.4×13.4厘米。3册,保存基本完好。

在本馆这部《薛子条贯篇》之《原书序目》的首叶,钤有叶名沣的藏书印"叶名沣印",其中"叶"、"沣"二字为阴文,"名"、"印"二字为阳文。

第三节 莫棠藏明刊唐人诗集三种

一、莫棠其人

莫棠(1865—1929),字楚孙,一字楚生,贵州独山人,晚清大儒、藏书家莫友芝(1811—1871)之侄。早年游宦两广十余年,官至广东韶州知府,与黎汝谦情谊深笃;民国以后弃官归隐,寓居苏州。承家族遗风,莫棠潜心藏书,其铜井文房(又称铜井寄庐、文渊楼、经香阁)藏书甚富。他精于目录版本之学,还雅好收录黔人著述,并尽力助其刊布;自编有《文渊楼藏书目》,著有《铜井文房书跋》。

莫棠的铜井文房位于苏州光福镇铜井山下,其藏书的历史始自莫棠之父莫祥芝(1826—1889),莫祥芝对古籍的收藏则是受到其兄莫友芝的影响。莫祥芝年轻时曾入曾国藩门下,咸丰、同治年间,由于太平军战乱,江南故家藏书纷纷散出,莫友芝奉曾国藩之命,多方搜集,莫祥芝也多参与其事。同治六年(1867),莫祥芝出任江宁知县,约在此时开始了独立的收藏活动。莫祥芝历官的上海、南京、太仓等地一向为藏书繁盛之地,时值故家藏书纷散之时,故其收藏颇多且佳,其中相当一部分得自郁松年的"宜稼堂",光绪十五年(1889),莫祥芝卒于太仓州知州任上,其藏书事业由莫棠继承并发扬光大。莫棠建铜井文房藏书楼,又倾尽所积,购典籍书画古器物,其中多名籍秘本,以明刊本、旧抄本、旧校本最具特色,包括黄丕烈、何焯、顾千里等诸多名家批注校勘的珍本。莫棠还注意收藏不为一般藏书家重视的残本书,并尽量集散为整,现藏国家图书馆的明刊活字本《唐人小集》二十五种就是由莫棠聚残为全的。莫棠收藏有不少器物、碑碣拓本等,编有《铜井文房砖录》,但在生前未能刊行。莫棠在收藏活动中,结识了张元济、缪荃孙、叶德辉、曹元忠、傅增湘、吴昌绶等著名学者、藏书家。傅增湘《藏园群书经眼录》曾有记载:"频年游吴门,多主于楚生家,其藏书咸得寓目。"[1]傅增湘"双鉴楼"的元本《资治通鉴》上,也有莫棠的题诗。1919年,张元济主持编辑出版《四部丛刊》时,邀请学者和藏书家参与其事,莫棠名列其中,可见他在学界的影响。

1929年莫棠去世,不久,铜井文房的藏书便开始散出,各藏书名家竞相争购,丁祖荫倾囊购得珍本数十种,刘承幹嘉业堂也多有收藏,还有一部分为徐乃昌、宗子岱、傅增湘、康有为、潘景郑等人所得。现在,铜井文房曾庋藏过的珍贵古籍大多分存于国家图书馆及上海、浙江、南京、苏州等公共图书馆,还有中山大学、复旦大学、华东师范大学等高校图书馆。皖西学院图书馆也有幸搜得莫棠旧藏古籍三种,都是1958年六安师范专科学校成立之初购自上海古籍书店。

二、明嘉靖三十三年浮玉山房刻《李颀集》三卷、《王昌龄集》二卷

1. 版本介绍

明嘉靖三十三年(1554),黄贯曾辑编而成《唐诗二十六家集》,收录了李峤、苏颋、虞世南、许敬宗、李颀、王昌龄、崔颢、崔曙、祖咏、常建、严武、皇甫冉、皇甫曾、权德舆、李益、司空曙、严维、顾况、韩翃、武元衡、李嘉祐、耿湋、秦系、郎士元、包何、包佶26人的诗作五十卷,并由黄氏浮玉山房刊印。版式为十行十九

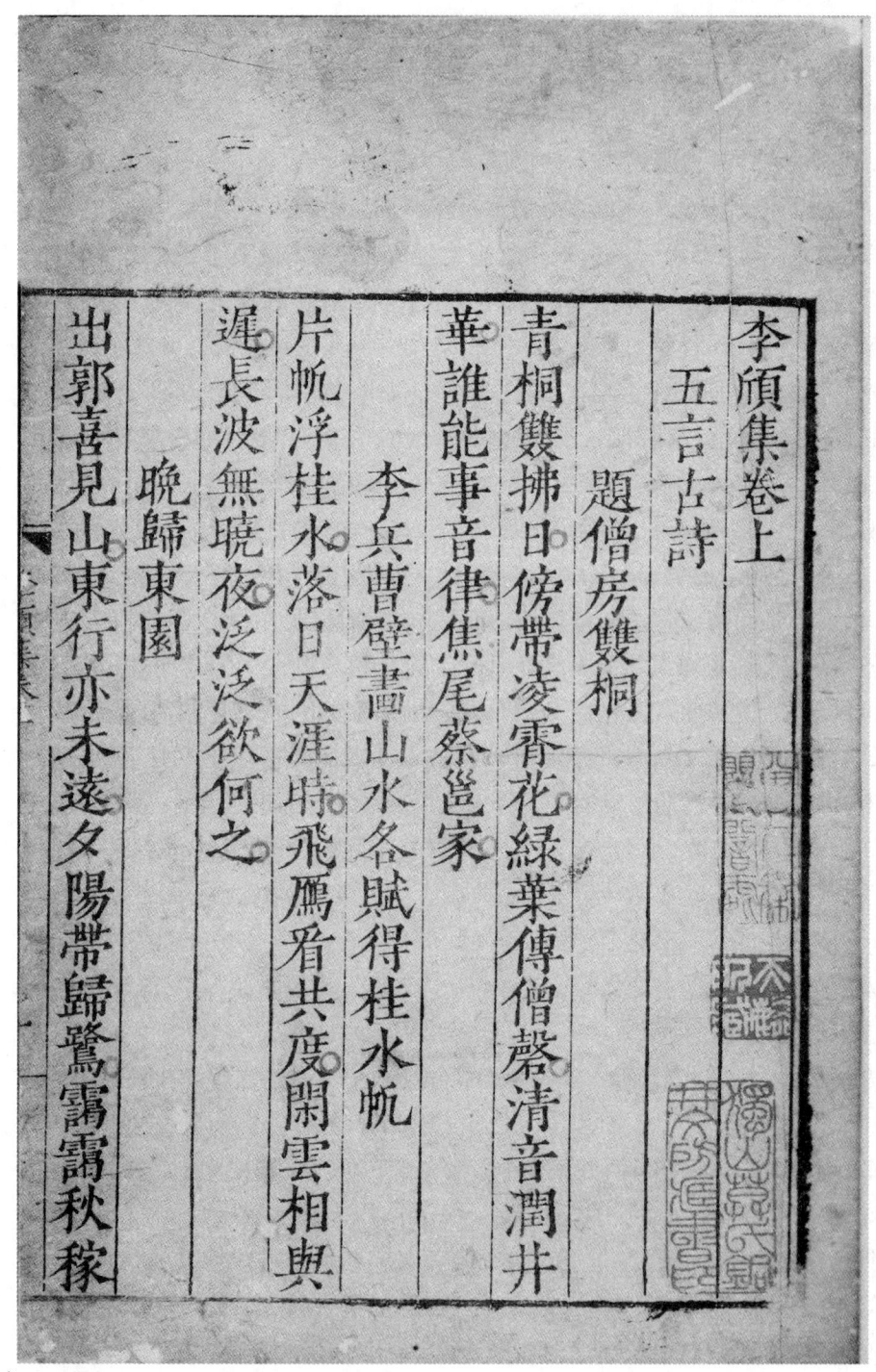

《李颀集》卷上首叶及收藏印

字,白口,左右双边,单黑鱼尾;版框 18.5×14.4 厘米。该书版式疏朗,雕工明净。尽管各集均无序跋,也未言明依据何本所刊,但傅增湘通过与各本校对后确定,黄氏此本主要选自明嘉靖十九年(1540)朱警刊《唐百家诗》,同时也有少部分依据的是明人徐缙(？—1540)铜活字印本《唐人五十家集》。由于黄贯曾在刊刻前详加校正,订补脱讹,傅增湘称此本"可谓晚出之善本"[2]。

根据《中国古籍善本书目》记载,包括国家图书馆、北京大学图书馆、上海图书馆等在内的 8 家收藏单位收藏有或全或残的黄氏浮玉山房刻《唐诗二十六家集》。皖西学院图书馆收藏有该书中的《李颀集》三卷、《王昌龄集》二卷。

六安师范专科学校购自上海古籍书店的《李颀集》、《王昌龄集》标注为"李王合集",校图书馆几十年来一直以此名著录该书。笔者将其内容、版式与《藏园群书经眼录》、《邵亭知见传本书目》、《中国古籍善本书目》等多种书目对照后,确定其为黄氏浮玉山房刻《唐诗二十六家集》之零本。

2.《李颀集》、《王昌龄集》介绍

《李颀集》是唐代诗人李颀的作品集。李颀诗名颇高,擅长五言、七言歌行体,七言歌行尤具特色;其诗内容广泛,尤以边塞题材成就为大,秀丽雄浑,风格豪放,慷慨悲凉,为后人所推崇;寄赠友人之作中,刻画人物形貌神情颇为生动。代表作包括《古从军行》、《古意》、《塞下曲》等,后人所辑《李颀集》有三卷本、二卷本和一卷本。

现存的《李颀集》版本皆为明清版本,明蓝格写本《唐人诗集》、明刻本《唐五十家集》、明嘉靖十九年朱警刊《唐百家诗》、明万历毕懋谦刻《十家唐诗》、明万历十四年(1586)凌登瀛刻《唐李颀诗集》所收《李颀集》均为一卷,明刻本《唐人小集六种》所收《李颀集》为二卷,明铜活字本《唐人五十家集》、明嘉靖三十三年黄氏浮玉山房刻《唐诗二十六家集》所收《李颀集》均为三卷。

皖西学院图书馆所收藏的黄氏浮玉山房刻《李颀集》三卷共收录五言古诗 39 首、七言古诗 30 首、五言律诗 15 首、五言律排 15 首、七言律诗 7 首、五言绝句 1 首、七言绝句 6 首,总计 113 首。

《王昌龄集》是唐代诗人王昌龄的诗集。王昌龄的七绝多描述当时的边塞军旅生活,其边塞诗气势雄浑,格调高昂;其宫词善写女性幽怨之情,也为后世所称道。后人将其诗作辑为《王昌龄集》。

《王昌龄集》现存版本也都是明清版本。明蓝格抄本《王昌龄诗集》以及明刻《唐五十家集》、明嘉靖十九年朱警刻《唐百家詩》所收《王昌龄集》皆为三卷，明铜活字本《唐人五十家集》、《唐人小集六种》、《唐诗二十六家》所收《王昌龄集》皆为二卷，明万历毕懋谦刻《十家唐诗》所收《王昌龄诗集》则为一卷。

皖西学院图书馆所收藏的黄氏浮玉山房刻《王昌龄集》二卷共收录五言古诗49首、七言古诗4首、五言律诗10首、五言律排1首、七言律排2首、五言绝句14首、七言绝句68首，总计148首。

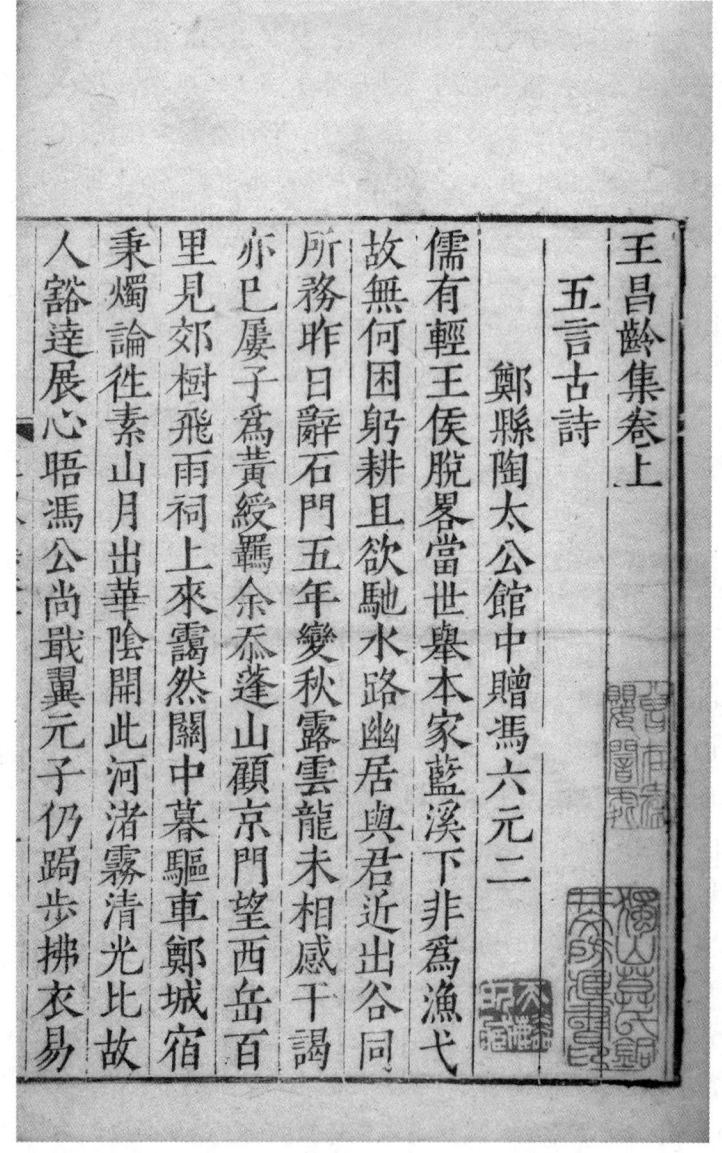

《王昌龄集》卷上首叶及收藏印

3. 莫棠、秦更年收藏印

在皖西学院图书馆收藏的《李颀集》卷上首叶、《王昌龄集》卷上首叶,均钤有"独山莫氏铜井文房藏书印"(竖长方形阳文朱印)、"天麟所藏"(方形阴文朱印)两枚印章,分别是莫棠及其子莫天麟的收藏印。

在这两种唐人诗集的莫棠收藏印上方,还钤有一枚竖长方形阳文朱印,印文为"曾在秦婴闇处",这是秦更年的收藏印。从钤印顺序来看,莫棠父子收藏在前,秦更年收藏在后。从历史上看,秦更年的相当一部分古籍藏书都是莫棠铜井文房的旧藏。

在本馆这两册唐人诗集各自的最后一叶,还分别钤有一枚方形阳文朱印,印文为"振今读过",笔者未能查知印主为何人。

三、明万历三十六年许自昌刊《唐皮日休文薮》十卷

1. 皮日休诗文集的版本

《唐皮日休文薮》是晚唐文学家皮日休的诗文集。可能是由于皮日休参加黄巢起义、不为正史所容的缘故,其诗文集的版本也比较少,现在已没有关于其作品早期版本的记载。现存的皮日休诗文集中,《唐皮日休文薮》十卷包括明正德十五年(1520)袁表刻本、明万历三十六年(1608)许自昌刻本、另外两种不辨具体刊期的明刻本、清光绪二十一年(1895)合肥李氏兰雪堂刻本以及另外一种不辨具体刊刻时间的清刻本等;明代还有一种题名《皮日休文集》十卷的刊本。《松陵集》十卷(与陆龟蒙合撰)的版本包括明弘治十五年(1502)刘齐民刻本、明末毛氏汲古阁刻本、清初影宋刻本等。明万历三十六年许自昌刻有《唐皮从事唱酬诗》八卷,万历年间还有一种《唐皮日休唱酬诗》八卷。另外,日本享和二年(1802)刻有《皮子文薮》十卷。

皮日休于唐咸通七年入京应进士试不第,退居寿州,编成《皮子文薮》。因结集时间较早,该集远未包括其所有诗文。据有学者统计,《全唐文》收皮日休文四卷,其中有7篇散文为《文薮》所未收;《全唐诗》收皮日休诗九卷300余首,其后八卷诗均为《文薮》所未收。

皖西学院图书馆收藏有一部明万历三十六年许自昌刻《唐皮日休文薮》十卷,版式为九行二十字,白口,左右双边,单黑鱼尾;版框22.0×14.5厘米。1册。卷首依次为许自昌《刻文薮小引》、柳开《唐皮日休文薮序》、皮日休《文薮序》和《唐皮日休文薮目录》,卷十后附有袁表于明正德十五年所撰《皮子世录》。

2. 刘履芬收藏印

在皖西学院图书馆所藏的这部明万历三十六年许自昌刻《唐皮日休文薮》的卷端右下方,钤有一枚方形阳文朱印,印文为"江山刘履芬彦清又收得",这是晚清著名词人、藏书家刘履芬的收藏印。

刘履芬(1827—1879),字彦清,一字泖生,号沤梦,祖籍浙江江山,随父客居江苏苏州。自幼接受良好家教,又随名儒王韫斋学文。清道光二十六年(1846)入国子监为太学生,咸丰七年(1857)捐户部主事,光绪五年(1879)代理嘉定知县。因为民雪冤与两江总督沈葆桢不洽,含愤自杀,巡抚吴元炳闻其为雪民冤而死,从厚殓恤。刘

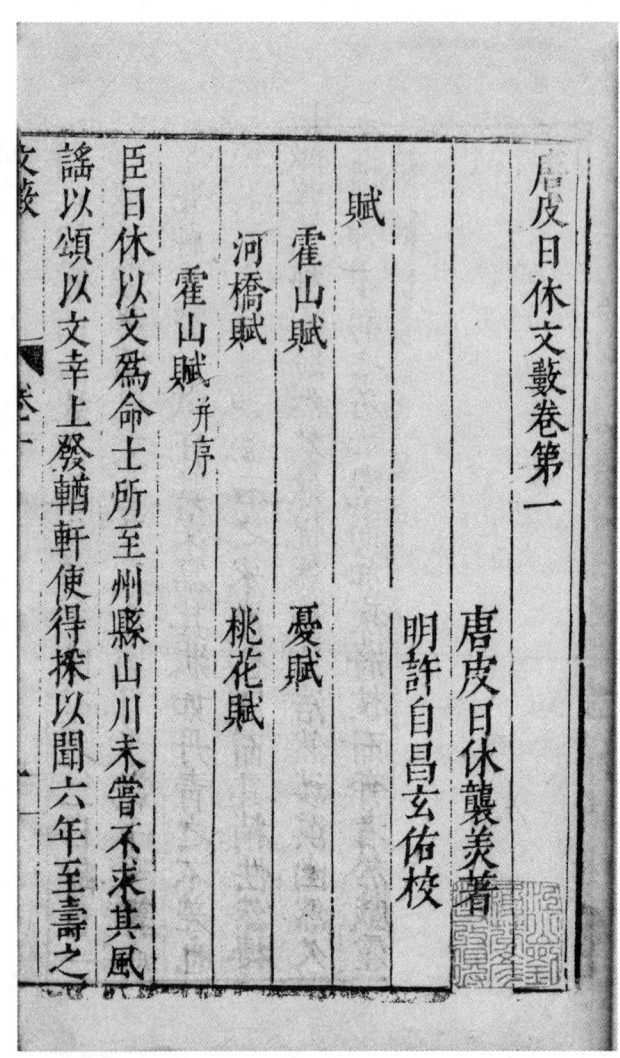

《唐皮日休文薮》卷一首叶及刘履芬收藏印

履芬熟读诸子百家,精通音韵,通晓词律,还精通版本学,又善于校勘评注,曾批注过《三国志》,遗著有《古红梅阁集》、《沤梦词》等;书目文献出版社(今国家图书馆出版社)1987年出版有其关于《红楼梦》的批注。刘履芬还是著名藏书家,其红梅阁藏书甚多,收藏有宋本《邓柳子》、元本《乐府》等,编有《古红梅阁书目》。刘履芬的藏书后为其子刘毓盘(1867—1927,字子庚,别号椒禽,词学史家,北京大学教授)所承。

3. 莫棠题跋与收藏印

在皖西学院图书馆这部《唐皮日休文薮》卷首许自昌《小引》后，留有一段以朱墨题写的文字"此本先兄收于吴下，为江山刘泖生先生履芬藏书。泖生工骈文，喜校书，与世父邵亭君往还。光绪己卯，权嘉定县事。甫莅任，勘杀人案归，终夕不寐。侵晓，仆藏入室，则先生据案坐，以剪刀贯项下死矣，烛犹未跋，案上《洗冤录》展卷未阖也。当时高伯足先生志其墓，以为受某官某干所迫而不能伸其意致此，后省吏穷其事终莫能明。书中夹有还书小刺曰怀祖者，盖绍兴傅星槎司马，以古文名与伯足、泖生诸公皆共臭味，称契许者。甲子五月，偶检第九卷，改一二误字并记。袁本余有残帙，未取校也。棠。"在这段文字之后，钤有一枚长形阳文朱印，印文为"独山莫棠"。显然，这段文字是莫棠所题。

莫棠的这段题识文字虽不多，却包含有好几层内容：第一，首句"此本先兄收于吴下"揭示了该书的来源，即是由其兄长购自苏沪一带。第二，指出该书曾是刘履芬旧藏，并提及刘履芬所长所好及其与莫友芝的交往。第三，介绍了刘履芬在嘉定知县任上为民雪冤并因此自尽的过程及原因。第四，记录了刘履芬、高心夔、傅怀祖三人的密切交往。文中所提为刘履芬作墓志铭的高伯足即高心夔（1835—1883），清江西湖口人，原名梦汉，字伯足，又字陶堂。咸丰九年（1859）进士，曾任吴县知县，长于诗文，善于书法，又擅长篆刻，著有《陶堂志微录》。傅怀祖的生卒年不详，浙江山阴人，也是当时的著名文人。徐世昌编选的《晚晴簃诗汇》中就收有《东坡生日高碧湄刺史刘泖生司马招集傅星槎太守寓斋同杨见山丈叶鞠裳同年赋》，其中的高碧湄即高心夔；红学家吴世昌编《清人词目录》也记载，高心夔撰有《刘君墓志铭》和悼刘履芬诗，傅怀祖撰有《代理嘉定县刘君泖生传》。第五，指出自己曾校改这部《唐皮日休文薮》之卷九的部分文字。第六，指出自己还藏有明正德十五年袁表刻本的部分残卷。

对照莫棠之跋，笔者在这部许自昌刊《唐皮日休文薮》卷九中一共发现五处以朱笔所作校注，其中第八叶正面《鹿门隐书六十篇（并序）》下有批注："明刻十二子有'鹿门子即□'六十篇，其本阙宋讳，盖自宋已有别行。"其余四处都是订正错讹字：第八叶反面第九行"儿"旁注"兕"；第九叶正面第二行"毋"旁注"母"；第九叶正面第六行"礼"旁注"祀"；第十六叶正面第八行"狎"旁注"狎"。

除了题识以外，莫棠在这部《唐皮日休文薮》十卷中还留下几枚印章：在《刻文薮小引》首叶右下方，钤有长形阳文朱印"独山莫氏铜井文房藏书印"，

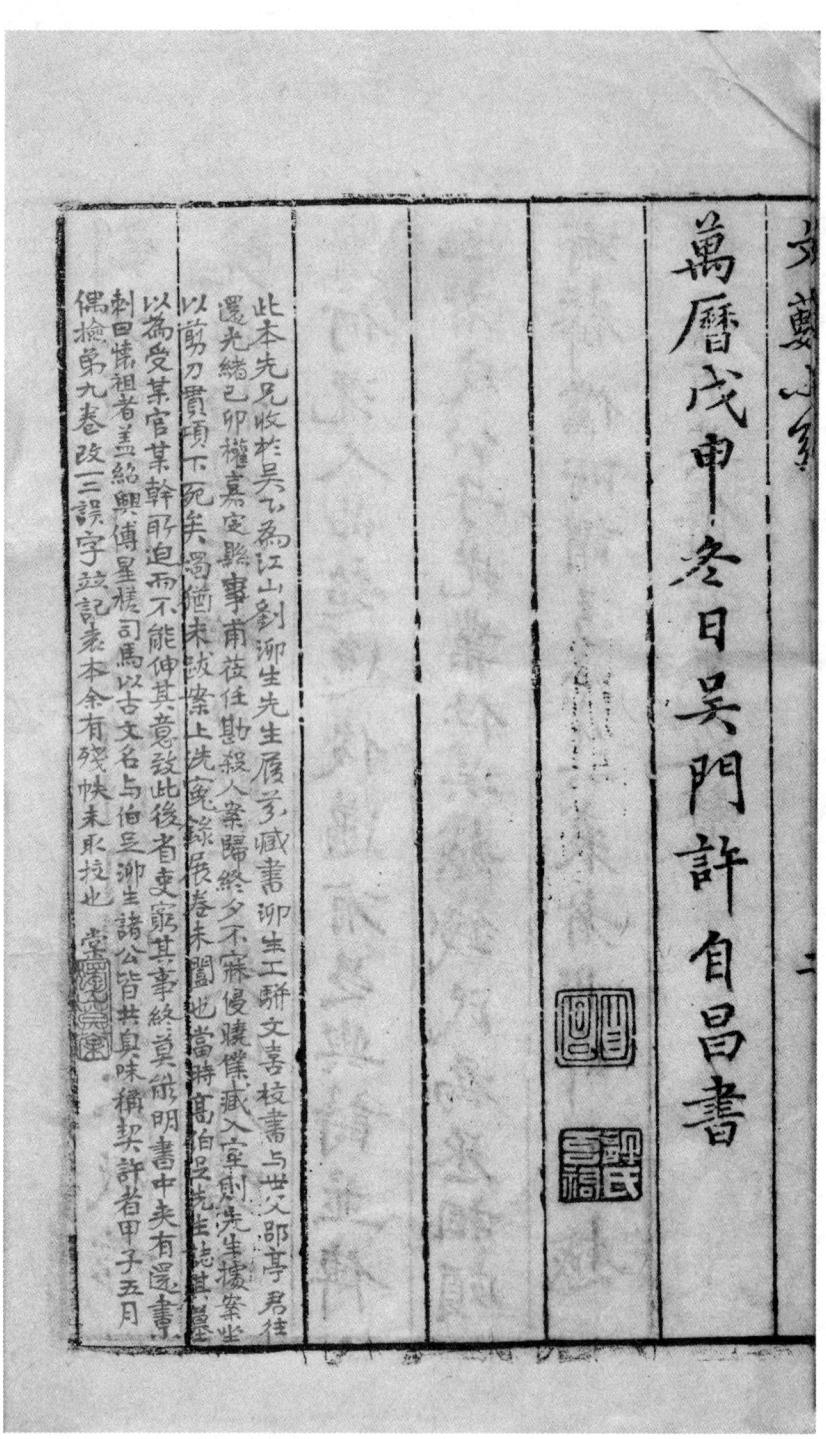

《文薮小引》末叶及莫棠跋

在《目录》首叶右下方,钤有两枚长形阳文朱印,印文分别是"独山莫氏藏书"、"莫棠字楚生"。

第四节 两湖书院藏明嘉靖四十三年李豸、李磐刻本《西山先生真文忠公文章正宗》二十四卷

一、《文章正宗》的版本

《西山先生真文忠公文章正宗》是南宋理学家真德秀所选编的一部古文集,二十四卷。《文章正宗》在南宋时期就有刻本,但前二十四卷的宋版部分已无存书,现存的宋版只有续编部分。现存最早的《文章正宗》二十四卷版本是元至正元年高仲文刻本(有明修本)。此外,以《西山先生真文忠公文章正宗》二十四卷为题的有明初刻本,明正德十五年马卿刻本,嘉靖十五年朱鸿渐刻本,嘉靖四十三年李豸、李磐刻本,安正书堂刻本,清康熙刻本等;以《西山先生真文忠公文章正宗》二十六卷为题的有明归仁斋刻本;以《集古评释西山真先生文章正宗》二十四卷为题的有明容与堂刻本、万历四十六年(1618)武林野计斋刻本;以《西山先生真文忠公文章正宗》二十

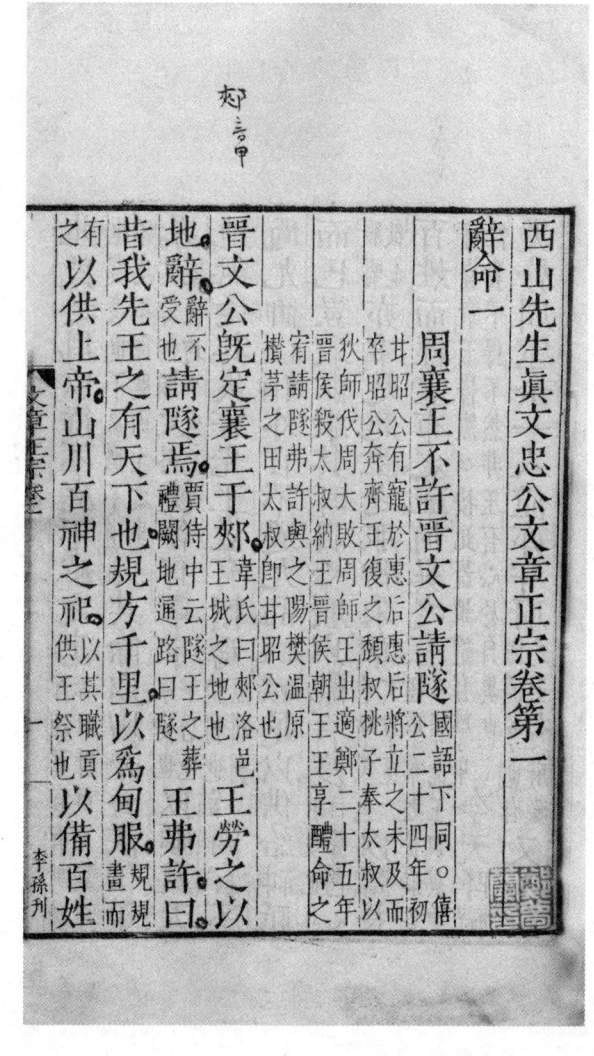

《文章正宗》卷一首叶

四卷《续》二十四卷为题的有明嘉靖四十三年（1564）杜陵蒋氏家塾刻本、嘉靖四十四年（1565）钟沂刻本、明末刻本等；以《集录真西山文章正宗》三十卷为题的有明嘉靖二十三年（1544）孔天胤刻本（有三十九年范惟一重修本）；以《西山先生真文忠公文章正宗读本》为题的有清康熙刻本等。

皖西学院图书馆收藏有一部明嘉靖四十三年李矛、李磐刻本《西山先生真文忠公文章正宗》二十四卷，版式为十行十九字，小字双行同，白口，左右双边，单黑鱼尾，版心刻有字数、刻工；版框21.6×15.9厘米。卷首依次为崔铣撰于明正德十五年（1520）的《刻文章正宗序》、曹三旸撰于明嘉靖四十三年的《校刻文章正宗序》、《西山先生真文忠公文章正宗纲目》、《西山先生真文忠公文章正宗目录》；全书12册，保存基本完好。

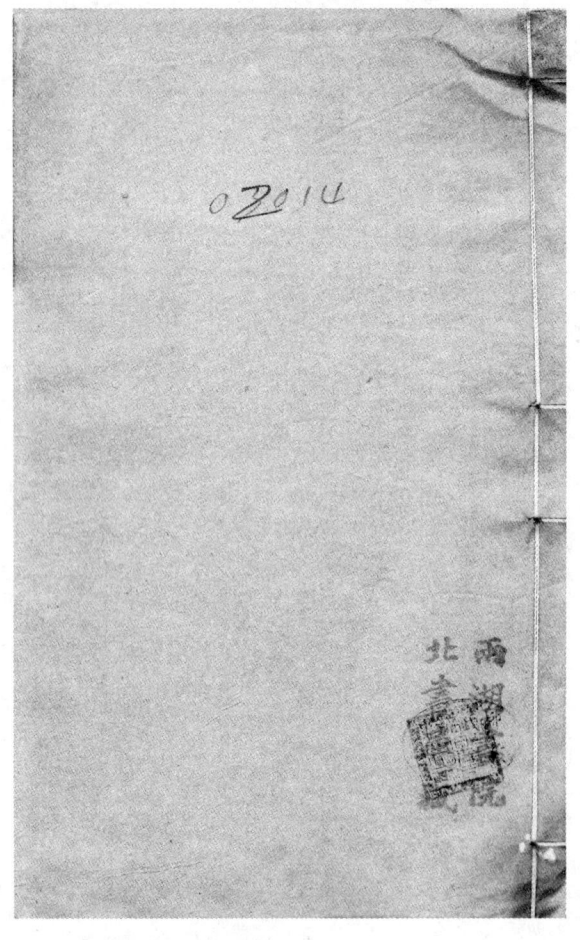

《文章正宗》封面的藏书印

二、两湖书院收藏印

1. 两湖书院介绍

清光绪十六年（1890），湖广总督张之洞在武昌都司湖畔创办了"两湖书院"，这是晚清时期湖北省的最高学府；书院的经费主要出自湖南、湖北两省茶商捐资，故名"两湖书院"。书院专取两湖士子入学肄业，每省员额两百名，另为报答茶商资助，专录商籍学生四十人。1903年，两湖书院改为文高等学堂，亦称两湖大学堂。不久又称为两湖总师范学堂。书院学制定为5年，学完之后，合格者择优咨送请奖录用，不合格者令其归家。部分优秀学生还由官费送出国深造。两湖书院自成立至1902年止的12年中，造就了大批人才，清末维新派领袖、自立军领导人唐才常，辛亥革命领袖黄兴等都曾是两湖书院的学生。

两湖书院内有一大讲堂（相当于主教学楼），堂前有两书库（相当于图书馆），中间是供祭祀湖南、湖北两省先贤的楚学祠。

2. 两湖书院收藏印

皖西学院图书馆收藏的这部明嘉靖四十三年李豸、李磐刻本《西山先生真文忠公文章正宗》二十四卷各册封面，都留有一枚阳文收藏印，印文为"两湖书院北书库藏"，北书库即是两湖书院两书库之一，表明该书曾是两湖书院的藏书，曾为书院教习、士子所研读。除了这枚印章之外，书中还留有方形阴文印章"郑梦兰印"等收藏印。

本馆这部明嘉靖四十三年李豸、李磐刻本《西山先生真文忠公文章正宗》二十四卷1958年购自上海古籍书店。由于校勘精审、刻印工整、保存完好并曾为两湖书院所藏，2009年入选第二批《国家珍贵古籍名录》，编号为06364。

第五节　叶德辉藏清乾隆二十七年雅雨堂刻《金石录》三十卷

一、《金石录》的作者与内容

《金石录》是北宋以前传世钟鼎碑版等金石文字比较全面的集录和研究专著，在中国金石学史上占有重要地位。作者赵明诚（1081—1129）与妻李清照同好金石图籍，二人倾一生之力，悉心搜集，摹拓传写商周彝铭、汉唐石刻拓本达2000多件，于徽宗宣和末年（1125）编成《金石录》一书，著录其所见从上古三代至隋唐五代以来，钟鼎彝器的铭文款识和碑铭墓志等石刻文字，全书共三十卷，前十卷为所收铜器铭文和碑刻拓本的目录；后二十卷就所见钟鼎彝器铭文款识和碑铭墓志石刻文字，加以辨证考据，反映了赵明诚夫妇对金石铭文的研究心得和研究水平。

李清照在《金石录后序》写到，"赵、李族寒，素贫俭，每朔望谒告出，质衣取半千钱，步入相国寺，市碑文果实归，相对展玩咀嚼，自谓葛天氏之民也"，这是他们新婚贫困时搜求书画的写照。赵明诚出仕后，生活好转，夫妇二人节衣缩食，有"穷遐方绝域，尽天下古文奇字之志"，"每获一书，即同共勘校，整集签题；得书画彝鼎，亦摩玩舒卷，指摘疵病"。他们一起搜集金石书画，一起研究把玩,其乐融融,令人神往。不幸的是,北宋末年金人占领汴京,河北、山东相继沦陷,赵明诚夫妇逃避到江南,所藏金石书画在辗转过程中损失殆尽,赵明诚也在流亡中病故。数年后,当李清照重新翻阅《金石录》,遥忆当年赵明诚"每日晚吏散,辄校勘二卷,跋题一卷",而今"手泽如新而墓木已拱",一时间百感交集,写下千古奇文《金石录后序》,备述一生遭际和文物聚散,令人扼腕叹息。

二、《金石录》的版本

《金石录》在南宋时有龙舒郡斋刻本及开禧元年俊仪赵不谫刻本,皆不显于世,元明两代未见重刊,明代唯有抄本流传。清初,冯文昌曾藏有十卷宋刻《金石录》,因而特地刻了一方"金石录十卷人家"的图章,一时传为佳话。当时由于此书是《金石录》仅传的宋刻本,虽属残卷,却公认是宋版书无上珍品。此本今藏上海图书馆。

十卷不全的宋刻《金石录》,前人已称颂备至,岂知三十卷全本的《金石录》尚存天壤之间。建国初,集邮家赵世暹在南京购得宋本《金石录》,三十卷完好无缺。此本旧藏金陵甘国栋津逮楼。甘氏藏书,在清代嘉道间享有盛名,世传甘氏《津逮楼书目》有十八卷之多,但甘氏所藏宋刻《金石录》,却未载于书目中,世人怀疑其不肯将其公之于众。此书半叶十行,每行二十一字,白口,左右双边,字体劲秀,笔画严整,纸质匀净;前有赵明诚序,而无李清照后序。洪迈《容斋四笔》称:"赵德甫金石录三十篇,其妻李易安作后序。今龙舒郡刻其书,而此序不见取。"此本版心下镌刻工姓名,刻工中胡珏、徐亮、胡刚等,曾刻舒州公使库本《大易粹言》。《大易粹言》刻于淳熙三年,此书中宋讳缺笔至慎字,敦字不缺笔,证以刻工,及《容斋四笔》所记,均相符合,因推知此本是淳熙年间(1174—1189)龙舒郡斋刻本,也就是前人所称的"龙舒初版"。赵世暹收得龙舒宋刻《金石录》之后,并无私为己有之念,随即捐献国家。此书今藏国家图书馆。

20 世纪 80 年代,编辑《中国古籍善本书目》的冀淑英先生看到上海图书馆的宋版残本后,疑其与国家图书馆藏本为同版,她根据刻工、避讳等证据,推知其确为"龙舒初版",但属后印本,其十卷残本是《金石录》中二十卷跋尾的前十卷[3]。

清代《金石录》的版本较多,包括顺治十年(1653)谢世箕刻本、乾隆二十七年(1762)卢见曾雅雨堂刻本、《三长物斋丛书》本、道光刻光绪重印本、光绪年间荣槐庐刻本(《行素草堂丛书》本)、光绪三十一年(1905)仁和朱氏刻本

(《结一庐朱氏剩余丛书》本)、湘阴蒋环刻本等;此外还有一种抄本。在各种版本当中,雅雨堂刻本校雠精审、刊刻精美,影响最大,流传较广。

三、卢见曾和雅雨堂刻书

在各种版本的《金石录》中,雅雨堂刻本以其校勘精审、刻印精美而为当时和后世的收藏者所重。

雅雨堂是清代著名校勘学家和刻书家卢见曾的书室。卢见曾(1690—1768),字抱孙,号雅雨山人,又号澹园,山东德州人。为官勤于吏治,还是清代有影响的文学家,平生著述甚丰。

卢见曾一生还积极从事校勘和刻书活动,先后校刊的丛书、经书、史志、目录、诗文集等达30多种,其中就包括著名的《雅雨堂丛书》13种(皖西学院图书馆亦有收藏)、《金石录》等,是清代中期著名的校勘学家和刻书家。卢见曾所刊之书,校勘精细,刻印精美,堪称中国古籍中的珍本、善本,在刻书界、收藏界都享有盛誉,张之洞《书目答问》和范希曾《书目答问补正》都将卢见曾列为清代著名的校勘学家。由于雅雨堂刻书的精审,乾隆年间编修《四库全书》时,就有十多种书目是以雅雨堂刻本为底本的。

卢见曾热心教育,任职各地时建了许多书院,如雅江书院、问津书院、安定书院等。本书第一章曾提及,六安历史上有一个著名的赓飏书院,卢见曾也曾出任六安知州,因此,一些文献中认为卢见曾创办了赓飏书院。其实这种说法是不确切的。卢见曾是在清雍正九年至十二年(1731—1734)出任六安知州的,而赓飏书院是在清乾隆八年(1743)年建成的,咸丰年间毁于战火;光绪元年(1875)湖广总督、六安人涂宗瀛捐资重建,并于次年函请安徽巡抚批准,在六安直隶州衙备案;这样,赓飏书院才改为官办的州学。

四、叶德辉收藏印

皖西学院图书馆收藏有一部清乾隆二十七年卢见曾雅雨堂刻《金石录》三十卷,版式为十行二十一字,小字双行同,白口,四周单边,单黑鱼尾;版框18.2×14.3厘米。全书四册,保存基本完好。在全书首叶,也就是《金石录序》首叶,钤有一枚方形阴文印章,印文为"叶德辉焕彬甫藏阅书",这是近现代著名版本目录学家、藏书家、刻书家叶德辉的收藏印。

叶德辉治学以经学、小学为主,故其藏书颇多此二类之书,尤以清人的经义著述为多;又因为叶氏很欣赏陈文述、舒位所撰《乾嘉诗坛点将录》一书,并有意继起汇辑《乾嘉诗坛点将录诗徵》,故又特别注意搜集乾嘉的诗文集,先后收得100多家,一一为之撰写提要,记述作者生平事迹、派别源流等。

叶德辉精于版本目录学,返长沙后编纂了《观古堂书目丛刻》;有感于叶昌炽的《藏书纪事诗》以藏书家轶事为主,而无历代版刻及校勘故实,叶德辉乃另

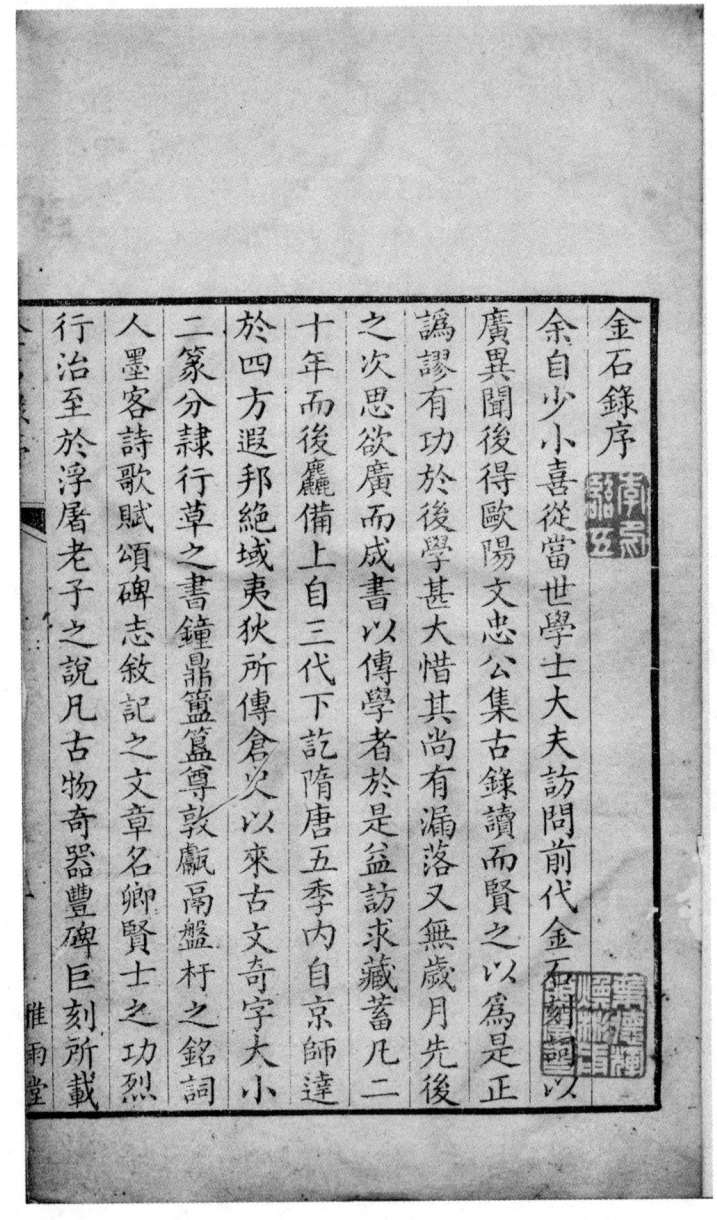

《金石录序》首叶及叶德辉收藏印

辟蹊径,撰写成系统的书史《书林清话》十卷,以后又撰成《书林馀话》二卷。叶德辉的著述中,以《书林清话》影响最大。由于其学术成就显著,在湖南文士中名声渐高。

叶德辉为湖南第一藏书家,版本之考究为湖南第一,其藏书楼名为"观古堂",与傅增湘有"北傅南叶"之称。叶家原先略有藏书,叶德辉自己则是在光绪十二年(1886)入京会考时,每天到琉璃厂、隆福寺书肆访书,从而开始了他的藏书生涯。以后无论乡居湖南还是游览京师抑或滞留吴中,他都随时留心收罗。光绪年间湘潭藏书大家袁芳瑛卧雪庐藏书散出,精品多为李盛铎所得,叶德辉在财力和权势上都无法和李盛铎抗争,但收拾残零,所获亦十分可观。以后,叶德辉又在北京购得商丘宋氏纬萧草堂和曲阜孔氏红榈书屋旧藏20箱,至辛亥革命之年,叶氏观古堂藏书已达4000余部20万卷之多,以后又有所续藏。

叶德辉藏书不佞宋,所以他十分推崇张之洞《书目答问》以清刻为主、不列宋元旧刻的做法,在其名著《书林清话》中也一再批评藏书家们"薄今爱古"的偏弊,他自己的藏书甚至以咸丰二年(1852)桂馥所刻的《说文解字义证》为镇库之宝,就此可知叶氏的基本藏书观。但观古堂亦藏有一些古本,如宋刻《韦苏州集》、《南岳总胜集》等。用叶德辉自己的话说:"宋元本虽不多见,亦时有一脔之尝。"

叶德辉的藏书目录有《观古堂藏书目录》四卷,初编于光绪二十七、二十八年间(1901—1902),辛亥革命时"避乱县南朱亭乡中,重编此目",以后陆续修订,1915年刻于观古堂。叶德辉又有《郋园读书志》十六卷,汇录叶氏题跋,1928年上海澹园刊,其中第十一至十四卷为《乾嘉诗坛点将录徵目》。

叶德辉也是清末的大刻书家,曾刻有《观古堂汇刻书》、《观古堂所刊书》、《丽楼丛书》、《双梅景闇丛书》、《观古堂书目丛刻》、《古今夏时表》、《元朝秘史》等。叶德辉曾将家藏宋版《南岳总胜集》影摹刊行,据说达到惟妙惟肖的程度,甚至连精于版本的杨守敬也误以为真宋本而不惜高价购置。1935年,叶氏后人就其生前所刊、所著书版片尚存者,汇辑成《郋园全书》129种200册,以"中国古书刊印社"名义刊行。

观古堂藏书除少部分流散外,大部分被其子叶启倬、叶启慕卖给日本人,这是我国典籍自皕宋楼后又一次大规模外流,现国内仅零星藏有观古堂旧藏约30种,均称善本,大多藏于湖南省图书馆。皖西学院图书馆有幸收得的这部清乾隆年间卢见曾雅雨堂刻《金石录》1958年购自上海古籍书店。能够拥有这部集名作、精刻、名家收藏于一身的古籍珍本,委实难得。

第六节　张继煦、杜本伦藏明末汲古阁刻《剑南诗稿》八十五卷

一、《剑南诗稿》的版本

《剑南诗稿》八十五卷,是南宋诗人陆游的诗集。

陆游中年以前的作品多数都已散失。《剑南诗稿》原由陆游亲自编定,后由其子续编续刻,收录诗作9300多首,内容颇为丰富,涉及南宋初期社会生活诸多方面,以爱国诗篇最为突出。

尽管陆游在文学上很有成就,诗作数量也很大,影响也很广,但历史上关于《剑南诗稿》版本的记载却不多,原因可能是诗作数量太多,不易编辑和刊刻。

《剑南诗稿》在陆游身前就有刊刻,但其初刊本已无传世,目前能见到的最早的刻本是《新刊剑南诗稿》二十卷,此集由陆游门人郑师尹负责编辑,淳熙十四年(1187)刊刻于严州。《剑南诗稿》在南宋有三种刻本,一为淳熙十四年郑师尹在严州郡斋所刻《新刊剑南诗稿》二十卷本;二为绍定二年(1229)前后陆游之子陆子遹在严州郡斋所刻《剑南诗续稿》六十七卷本;三为嘉定十三年(1220)陆游之子陆子虡在江州所刻《放翁先生剑南诗稿》八十五卷本。三种刻本仅存郑刻《新刊剑南诗稿》、陆刻《放翁先生剑南诗稿》残本,两种残本先后为汪士钟、黄丕烈所藏,后均藏中国国家图书馆(《新刊剑南诗稿》残本存十卷,即卷一至四、八至十、十四至十六;《放翁先生剑南诗稿》存十五卷,即卷四十二至四十四、五十八至六十二、目录一至二、四至八)。

目前的文献中未见有元朝刊刻《剑南诗稿》的记载,明朝也只是到明末时才有汲古阁刻《剑南诗稿》八十五卷(清康熙年间多次重印),以南宋江州刻《放翁先生剑南诗稿》八十五卷本作为祖本,增订了江州本所缺的未刻诗20首,更加完善。汲古阁刻本一出,即成为《剑南诗稿》定本,影响较大[4]。《剑南诗稿》在清朝的版本包括常熟张氏诗礼堂刻本、光绪五年(1879)益阳丁氏养云书屋木活字本等。

皖西学院图书馆收藏有一部明末汲古阁刻《剑南诗稿》八十五卷,版式为八行十八字,小字双行同;白口,左右双边;版框18.5×14.5厘米。40册2函,全书保存基本完好。

二、递藏源流

1. 张继煦收藏印

在皖西学院图书馆收藏的这部汲古阁刻《剑南诗稿》的正文首叶、全书首叶(叙首叶)、全书末叶等处,均留有一枚竖长方形阳文朱印"曾在张春霆处",这是现代著名爱国人士、教育家张继煦的藏书印。

张继煦(1876—1956),号春霆,又名张勋,湖北枝江人。晚清举人。12岁的张继煦童试中秀才后,入张之洞创办的两湖书院就读,成绩优异,尤其擅长写文章,深得张之洞赏识;张之洞离鄂前曾言其任湖广总督十七载,计得弟子万余人,其中唯张继煦的文章必传。1904年张继煦赴东京官费留学于弘文书院师范科,1905年加入中国同盟会,同年回国参加乡试,中举人。辛亥革命前返回湖北,与蔡元培、鲁迅结为挚友,是董必武的老师。历任湖北省学务公所实业科长、湖北省立第一师范学校校长、教育部视学、普通教育司司长、代理总长、安徽省教育厅厅长。在各地任职期间,任用进步教师,支持进步学生,反对军阀镇压学生运动。1922年1月任国立武昌高等师范学校(后改名为国立武昌师范大学)校长,任内力主改革;1924年转任湖北省政府视察、湖北省通志馆总纂、武昌荆南中学校长、湖北师范学院教务长。抗日战争时期,拒绝与日寇合作;武汉沦陷前夕(1937年冬),时任荆南中学校长的张继煦将学校迁回故乡枝城,后又以古稀之年、瘦弱之躯,亲率师生员工100余人西上恩施,表现出高尚的民族气节和爱国热忱;1944年,因通志馆事留恩施并受聘任湖北教育学院教务长兼国文系主任。抗战胜利后,复任枝城中学(原荆南中学)校长,1947年2月因年老多病,体力不支,呈准卸职。1952年4月,张继煦被推为武汉市各界人民代表会议代表,同月被中央人民政府任命为武汉市人民政府委员。1952年7月,因重病致半身不遂。后调湖北省参事室任参事,专事文史资料整理工作。其著作有《张文襄治鄂记》、《异字考》。

2. 杜本伦收藏印

在本馆这部汲古阁刊《剑南诗稿》的正文首叶、目录首叶、卷三首叶、全书末叶等处,分别钤有方形阳文朱印"杜本伦印"、"黄冈杜氏家藏"、"知道斋藏书"等印,这是近现代湖北著名藏书家杜本伦的收藏印。

杜本伦,即杜卫初,生卒年不详,但其于上世纪40年代所搜得的藏书中曾留有"黄冈杜卫初七十二岁所得书籍"的印章。由此判断,其大约生于19世纪

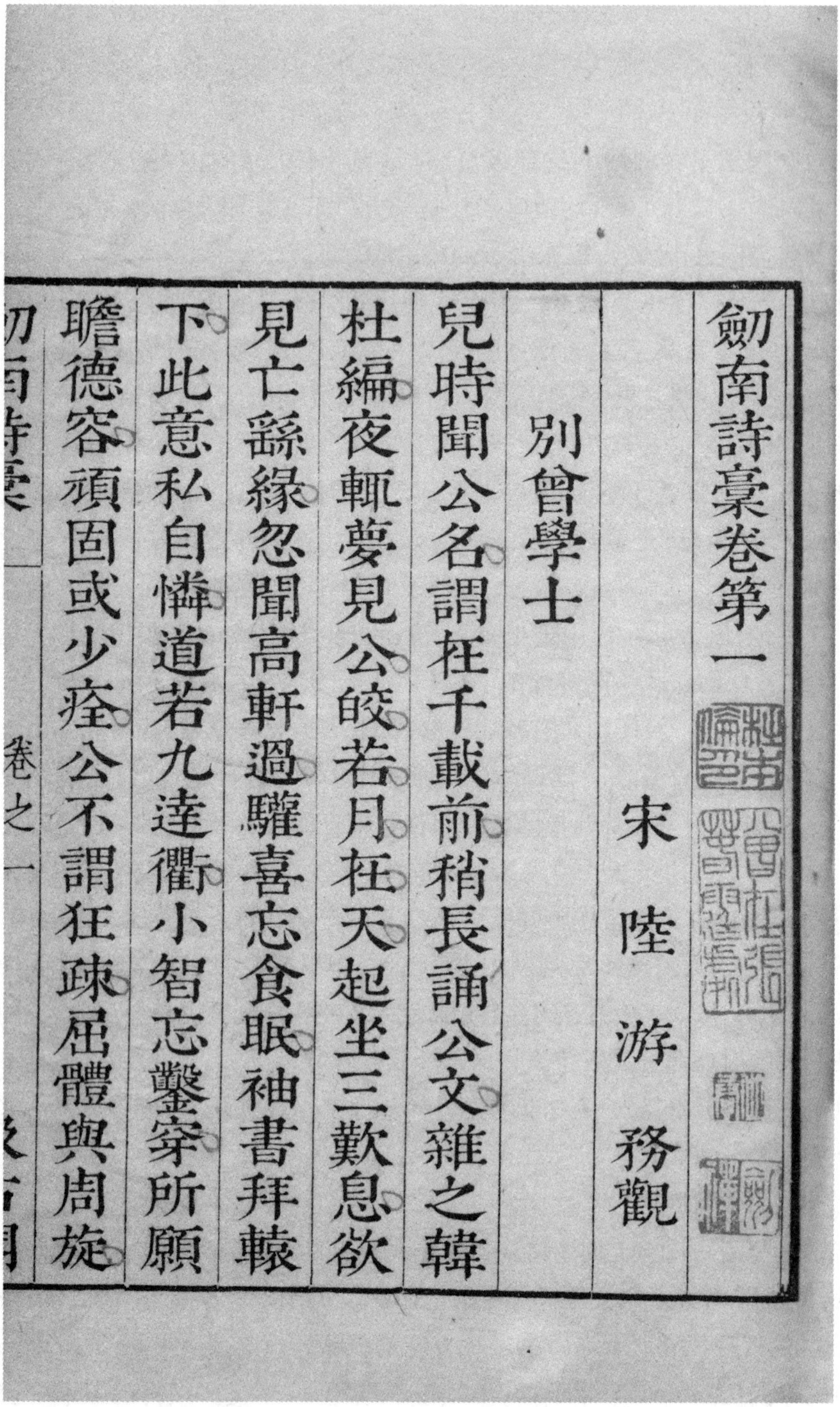

劍南詩豪卷第一

宋　陸　務觀

別曾學士

兒時聞公名謂在千載前稍長誦公文雜之韓
杜編夜輒夢見公皎若月在天起坐三歎息欲
見亡繇緣忽聞高軒過驪喜忘食眠袖書拜轅
下此意私自憐道若九達衢小智忘鑿枘所願
瞻德容頑固或少痊公不謂狂疎屈體與周旋

《劍南詩稿》卷端及收藏印

70年代前后。杜本伦是湖北黄冈人,曾经求学于两湖书院,酷爱收藏古籍,藏书室名为知道斋,藏书甚丰,多为珍惜罕见之本,经史子集俱全,集部尤多,杜甫诗最全。抗日战争时期,他不惧日机轰炸,独守书斋不避躲,爱书之深可见一斑。在嘉德国际拍卖公司2010年第23期的拍品中,曾包括有黄冈杜氏知道斋藏书140种,可见其藏书之丰,也说明杜氏藏书虽已散失,但存世尚多。

本馆这部汲古阁刊《剑南诗稿》正文后陆游之子陆子虡所作之跋,是由收藏者抄补的,其后的落款是:"民国三十八年四月黄冈杜本伦抄补。"

杜本伦藏书中多以印章标记其所得之时间,如明蜀东普真贵述《楞伽科解》十卷中留有"杜卫初于民国戊寅后所得书"印,清光绪二十七年刻《楞严经指掌疏》十卷《通理述》中留有"杜卫初于民国三十六年所得书"印。在本馆这部汲古阁刊《剑南诗稿》的末叶,留有杜本伦的蓝印标注:"杜卫初于民国三十七年所得书。"表明其是在1948年收得此书的。

除了张继煦、杜本伦的印章外,本馆此书中还留有阴文朱印"三槐世家"、"王印在鼎"。三槐世家是指晋代著名书法家王羲之、王献之之后,祖居山东大名府。"三槐"的名称源于北宋初期魏国公王彻植槐树立志、以才德教育后代的家风,后来王姓人家都喜欢过年时在大门上贴上"三槐世家"的条幅。所以,"三槐世家"、"王印在鼎"应该属于同一收藏者或同一家族。从钤印的顺序来看,这位收藏者应该是在张继煦之前收藏此书的,但笔者不掌握关于这位王在鼎的身份和经历的任何信息。由于后来的收藏者张继煦、杜本伦都是湖北人,因而这位王在鼎很有可能也是湖北人。

在本馆的这部汲古阁本《剑南诗稿》中,还留有"剑禅"、"卷后人家"等印章,但笔者不了解印章的主人为何人。

第七节　杜本伦藏明泰昌元年闵振业刻朱墨套印本《史记钞》九十一卷

《史记钞》是由明代散文家、藏书家茅坤在晚年摘录司马迁《史记》编纂而成的。由于《史记》在中国史学和文学上的突出地位,历代关于《史记》的注释、评论和摘编很多。茅坤十分推崇《史记》,在编选《唐宋八大家文钞》时就常以《史记》为权衡;在茅坤的"古文批评"系统之中,"唐宋八大家"和《史记》共同构成其古文批评的骨干。

《史记钞》编成之后，茅坤于明万历三年（1575）即将其刻印成书，这就是茅坤的家刻本，现国家图书馆和浙江图书馆等机构尚存有《史记钞》的这种最初刻本。但由于清初的学者不看重该书，四库馆臣也不予采用，只是将其列入《四库全书总目》，而且评价相当低，因而其在清代的版本很少。实际上，四库馆臣收纳的是地方呈进的本子，只得六十五卷，显然不是完帙，这是《四库全书总目提要》对其评价甚低的重要原因。

具体地说，茅坤选编的《史记钞》在历史上的版本包括：明万历三年茅坤家刻本、泰昌元年（1620）闵振业刻朱墨套印本、天启元年（1621）刻本以及不辨具体时间的清刻本、清抄本各一种。

皖西学院图书馆收藏有一部明泰昌元年闵振业刻朱墨套印本《史记钞》九十一卷，版式为九行十九字；白口，左右双边；版框 21.0×15.1 厘米。12 册，保存完好。在这部《史记钞》的首叶，亦即《叙史记钞》首叶，钤有一枚"杜氏家藏"印，其中"杜氏"二字为阳文，"家藏"二字为阴文，这枚印章属于湖北黄冈现代藏书家杜本伦。

由于闵刻套印本用纸考究、刻印精美，是中国古代印刷技术的优秀代表；也由于明泰昌元年的年号仅行用一年，以此年号刻印的书籍相当少，因而更为珍贵。所以，本馆这部明泰昌元年闵振业刻朱墨套印本《史记钞》九十一卷于 2009 年入选第二批国家珍贵古籍名录，编号 04047。

第八节　熊希龄藏清宣统三年铅印本《人境庐诗草》十一卷

一、《人境庐诗草》的版本

《人境庐诗草》十一卷，清人黄遵宪诗集。黄遵宪（1848—1905）是晚清诗人、政治家、教育家。

《人境庐诗草》的书名取自陶渊明的诗句"结庐在人境"，收录了作者从清同治四年（1865）至清光绪二十八年（1902）所作古今体诗 641 首，以"诗史"的形式记录了中华民族那段最屈辱的历史，同时也表达了作者维新变法的思想主张。

《人境庐诗草》成书年代晚，因而其版本也不多，除了清末的红格抄本外，清代只有宣统三年（1911）嘉应黄氏的铅印本（民国 20 年再版），这是黄遵宪生前亲自编定、其弟黄遵庚初校、梁启超覆校的,因而最为可靠;此后只有民国20年(1931)商务印书馆铅印本、民国25年(1936)商务印书馆铅印本。建国后也有几家出版社出有新版本。

2003年和2005年,天津人民出版社和中华书局分别出版了《黄遵宪集》和《黄遵宪全集》,受到好评,但由于《人境庐诗草》的校勘底本没有选择清宣统铅印本而受到批评。

皖西学院图书馆收藏有两部清宣统三年铅印本《人境庐诗草》十一卷,版式为十行二十一字,小字双行二十七字;四周单边,白口,单黑鱼尾;版框16.2×12.4厘米。4册,其中一部为函装。全书印刷精美,包装考究,保存完好。

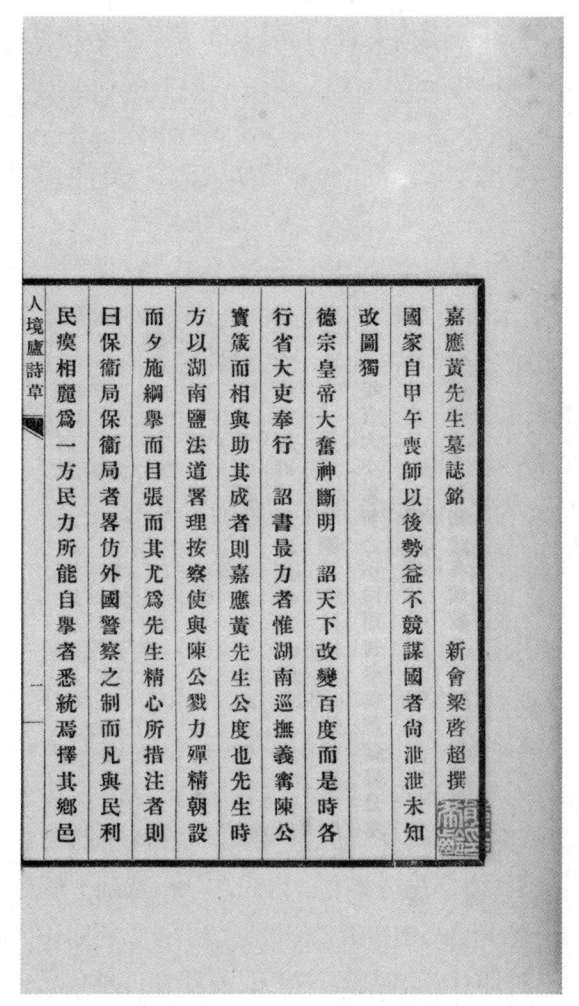

《人境庐诗草》首叶及印章

二、熊希龄收藏印

在本馆这部函装宣统铅印本《人境庐诗草》各册首叶,均钤有一枚方形阴文朱印"熊希龄印"。

熊希龄(1870—1937),字秉三,别号明志阁主人、双清居士,也被人称熊凤凰,因晚年学佛,又有佛号妙通,湖南省凤凰县人。中国资产阶级政治家。

熊希龄与黄遵宪的生活年代相差二十几年,但却有着基本相同的思想主张和政治追求,黄遵宪的《人境庐诗草》得置熊希龄的案头,可谓知音相逢。但我们不知道这部《人境庐诗草》是何时、如何自熊希龄的书斋流出的,从书上贴有售卖标签来看,六安师范专科学校图书馆是从相关旧书店购得此书的;由于标签上并无书店名称,我们也不知道六安师范专科学校图书馆是何时、自哪家书店购得此书的。

第九节　廖仲恺旧藏图书

在皖西学院图书馆的名家古籍旧藏中,个人收藏者收藏数量最多的是廖仲恺,本馆收藏有其旧藏20种、百余册。这些古籍大多是清朝末年的石印本,存世数量较多,因而基本上都不具备太高的版本价值,藏家收藏的目的显然是为了研读之用。

一、认定为廖仲恺藏书的依据

廖仲恺(1877—1925),原名恩煦,又名夷白,字仲恺,广东归善(今惠阳县)人。是国民党左派领袖、中国民主主义革命的先驱。1925年8月20日,在设于惠州会馆的国民党中央党部门前被帝国主义和国民党右派所指使的暴徒杀害。廖仲恺擅长诗词、书法,与夫人何香凝同著有《双清文集》。

2009年12月,设于广东仲恺农业工程学院的"廖仲恺何香凝纪念馆"的负责人和研究人员来到皖西学院图书馆,就本馆所藏廖仲恺藏书进行鉴定和研究,笔者向其介绍的主要观点是:将这批藏书认定为廖仲恺旧藏还没有直接的证据,而是在对藏书进行深入分析基础上所作出的一种判断:

(1)书中钤有"仲恺"(1.9×1.1厘米)、"仲恺"(1×1厘米)、"仲恺珍藏"三种印章。笔者多方检索,发现在近现代史上,除廖仲恺之外,只有清朝中期有一位画家毕琛字仲恺。毕琛,字仲恺,号小痴,江苏常熟人。善写人物、仕女,写真继承胡缓溪的风格。我们虽未查知其确切的生卒年月,但他曾为陈文述(1771—1843)写玉局修书图及后雪鸿文影册;而且,毕琛的画作或藏品中多有"臣毕琛印"(白文)印章。而这批藏书的印刻时间在1873—1902年之间,从时间上看,属于毕琛的可能性基本不存在;属于廖仲恺(1877—1925)的可能性则很大。从印章上看,这100多册的藏书中未见有"臣毕琛印"印章,也基本排除了属于毕琛的可能性。

(2)从这批藏书的内容来看,涉及中外政治、经济、法律、历史、教育、文化、科学等方面。其收藏者应该是开眼看世界、具有强烈政治参与意识和历史使命感的人,这个特征显然不是封建旧臣和传统画家毕琛以及其他大多数人所具备

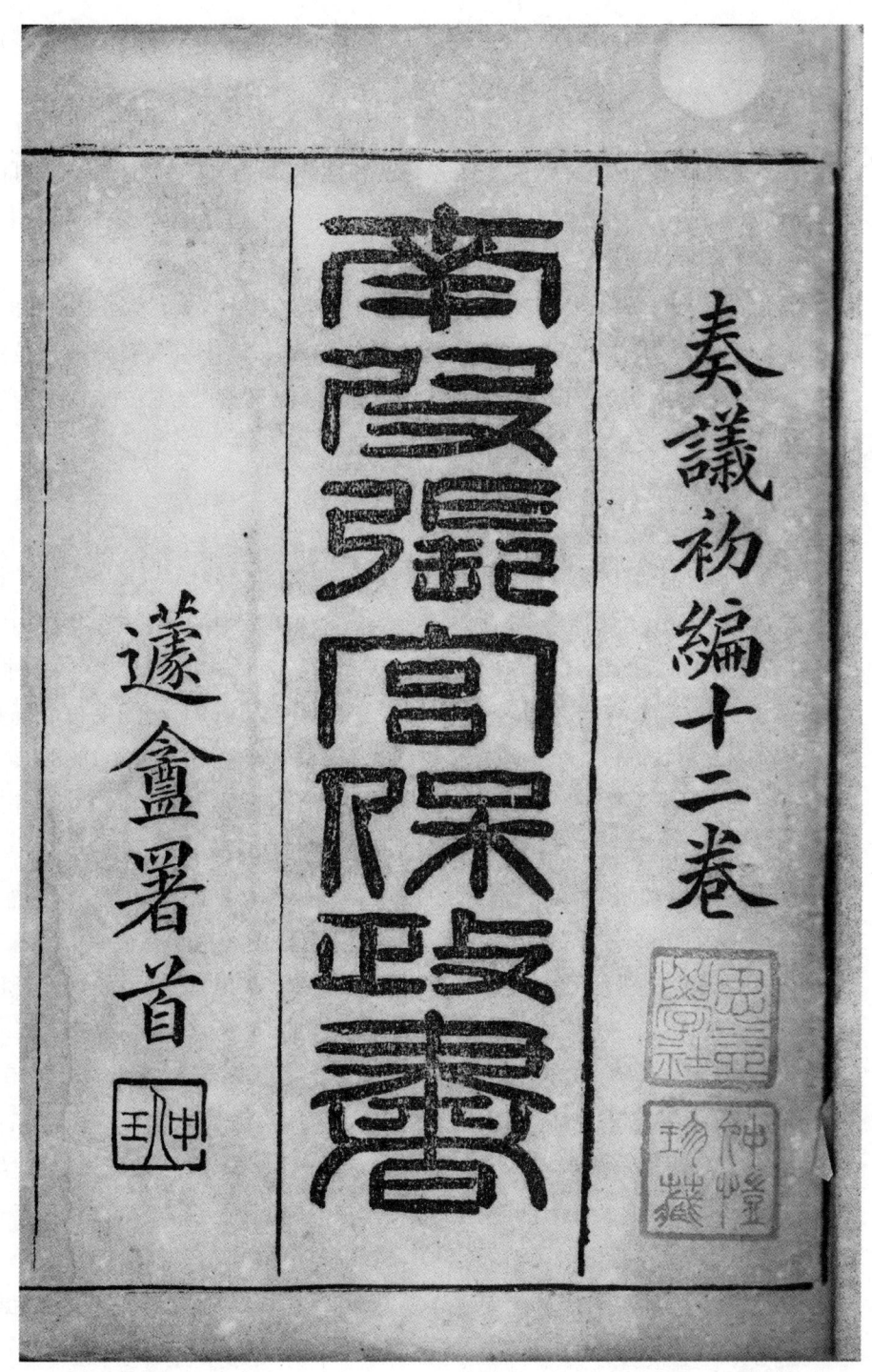

廖仲恺藏书印

的；而与出身美国、留学日本、专攻政治经济学、参加留学生科举考试的廖仲恺则完全吻合。

（3）这批藏书都留有"六安县立初级中学图书室"的印章。六安县立初级中学存在的时间是1925—1938年，这与廖仲恺1925年遇刺（因而藏书可能流散）在时间上是可以衔接的。而且，这些藏书其后一直流转于六安各学校图书室（馆），没有再藏于私家。

（4）皖西学院最早的办学渊源是安徽省立第三甲种农业学校，其创办人朱蕴山先生1908年就参加了同盟会；将大批古籍藏书转让给六安师范学校的王仁峰先生也是同期参加同盟会的元老。因此，存在朱蕴山、王仁峰二人与廖仲恺、何香凝夫妇相识并取得廖仲恺藏书的可能。

二、廖仲恺藏书的概况

皖西学院图书馆的廖仲恺古籍旧藏中，都钤有"仲恺"（1.9×1.1厘米）、"仲恺"（1×1厘米）、"仲恺珍藏"（2×2厘米）三种印章中的一种或两种，内容涉及中外政治、经济、法律、历史、教育、文化、科学等方面。这批藏书共有20种103册，具体书目包括：1.清张之洞著，清光绪二十七年（1901）上海图书集成局石印《南皮张宫保政书》十二卷六册；2.张之洞著，清光绪二十四年（1898）刻《牺轩语》一册；3.清邵作舟著，清光绪二十四年上海商务印书馆铅印《邵氏危言》二卷一册；4.清陆陇其著，清光绪九年（1883）广仁堂刻《莅政摘要》二卷一册；5.清冯桂芬著，清光绪九年刻《校邠庐抗议》一册；6.宋金履祥撰，清光绪十三年（1887）上海同文书局石印《御批资治通鉴纲目前编》十八卷《举要》三卷《外纪》一卷，共四册；7.清宋宗元著，清光绪二十八年（1902）石印《经世史镜》二十卷五册；8.清陆凤藻辑，清同治十二年（1873）淮南书局重刻《小知录》十二卷十册；9.清应祖锡、韩卿甫纂，清光绪二十七年上海鸿宝斋石印《洋务经济通考》十六卷十二册；10.英国哲美森编，美国林乐知译，清光绪二十三年（1897）上海图书集成局石印《中国度支考》一册；11.清吴荣光撰，清光绪年间石印《吾学录初编》二十四卷四册；12.清昆冈等撰，清光绪二十七年石印《钦定大清会典》六册；13.清蔡云峰等辑，江清骥等增辑，清光绪二十二年（1896）上海书局石印《律例便览》八卷六册；14.清末学校司铅印《奏定学堂章程》五册；15.魏王肃撰，清末上海同文书局石印《孔子家语》十卷四册；16.明吕坤著，清陈宏谋评辑，清光绪九年广仁堂刻《吕子节录》四卷一册；17.刻本

《二十四史分类辑要》残本一册；18.明末清初王夫之著,清光绪二十七年简青书局石印《王船山经史论八种》十四册；19.清光绪二十八年上海书局石印《西学通考》三十六卷十二册；20.清钱恂辑,清光绪二十七年石印《五洲各国政治考》八卷八册。

　　从时间上看,除几种未注明时间或因残缺无法辨识时间的书籍外,廖仲恺这些藏书的印刻时间全都集中在清同治十二年至光绪二十八年（1873—1902）,版本也多为大量印刷的石印本或铅印本,因而在当时并不具有特别的收藏价值。很显然,其时经济上并不宽裕的廖仲恺收集这些书籍的目的在于研读之用。

三、廖仲恺藏书的内容

　　廖仲恺这批种藏书的内容涉及面比较广,归纳起来,大致可以分为以下几类：

　　1. 典章制度类书籍。在廖仲恺的这批藏书中,吴荣光撰《吾学录初编》专记清代的典礼制度,分为典制、政术、学校、戎政、律例等十四门类,概括了大清会典、清通典、刑部律例、学校全书等典制的内容。昆冈等奉敕编撰的《钦定大清会典》以职官为纲,据实录、国史及内廷收藏等有关资料,分述清光绪二十二年以前朝廷各机构之事务及垂帘听政、亲政礼制等等,详述各机构的编制、职掌、因革等,是研究清朝行政组织、政治法规和典章制度的重要资料。蔡云峰等辑,江清骥等增辑的《律例便览》择要节录《清律》常用条文,辑录各家注语,并申明辑者观点,是当时便览《清律》的代表作。由张百熙、张之洞等奏拟的《奏定学堂章程》是清政府颁布的关于学制系统的文件,不仅规定了各级学堂的教育年限,而且订立了学校管理法、教授法及学校设置办法等,是中国历史上第一个正式颁布且在全国普遍施行的学制,奠定了中国现代教育的基础。

　　2. 政论类书籍。在这批藏书中,《南皮张宫保政书》是晚清重臣张之洞的奏折汇编,直接反映了张之洞推崇洋务、提倡中学为体、西学为用的思想。《莅政摘要》是清康熙时期著名清官陆陇其所记录的从政经历和见解主张,包括以"民情士俗,万有不齐;立法更制,随方便宜,随时润泽可矣"为由,反对通行的各种统一性规范,为地方立法权张目。清冯桂芬著《校邠庐抗议》是较早的一部鼓吹"借法自强"的重要政论集,包括改科举议、采西洋议、制洋器议等,主张"以中国伦常名教为原本,辅以诸国富强之术",对洋务派和维新派都曾产生影响。清邵作舟著《邵氏危言》也是早期改良派的著作，全书二十八篇，所论用人、学校、理财、纲纪、官弊、科举等篇直指时政之弊，力言变法，提倡启迪民智、学习西方，因而颇有影响，流传甚广。

3. 经义史论类书籍。在廖仲恺藏书中，《王船山经史论八种》中的周易外传、尚书引义、诗广传、春秋家说、春秋世论、续春秋是明末清初著名思想家王夫之对儒家经典的阐发和评说。三国时期魏国人王肃所撰《孔子家语》杂取秦汉诸书所载孔子遗文逸事，综合成篇，与郑玄之学相对立。宋代金履祥撰《资治通鉴纲目》，上自唐尧之事，下接《资治通鉴》，援据广博，以历史的得失作为鉴诫来警示统治者。《王船山经史论八种》中的读通鉴论、宋论则反映了王夫之"史之可贵在于述以往为来者师、于史书寻求经世之大略"的思想，对后来的思想界影响很大。清乾隆时期宋宗元所著《经世史镜》择二十四史中有益于持身涉世者分门别类各著为篇，并附以己意，反复推勘，使前事之是非得失燎如观火，极易领会，颇有裨于学问经济。《二十四史分类辑要》因仅存一卷而难窥全貌，笔者也未能查找到相关资料，但从仅有的卷五《忠良》篇推知，应该是与《经世史镜》同类的史论性著作。

4. 修身治学类书籍。在廖仲恺的藏书中，《吕子节录》是由清人陈宏谋节录明代吕坤所著《呻吟语》而成，《呻吟语》是吕坤积30年心血写成，分为性命、伦理、修身、辞章等十七篇，涉猎广泛，体悟性强，反映出作者对社会、政治、世情的体验，闪烁着哲理的火花和对当时衰落的社会、政治风气的痛恶，表现了其权变、实用、融通诸家的思想。清陆凤藻所辑《小知录》内容涉及天文地理、人神鬼怪、政治军事、职官礼仪、生活起居、花虫鸟兽等各个方面，时间跨度从远古到乾嘉之时，共38个类目，同样涉猎广泛，是修身治学的好教材。《輶轩语》是张之洞在任四川学政时所著，分为语行、语学、语文、学究语、敬避字、磨勘条例诸篇，反映了作者对修身治学的思考和主张。由于张之洞学识丰富、思想开明，因而其观点在晚清时期影响颇大。

5. 国情类书籍。在这批藏书中，《中国度支考》是一部专门记述晚清财政状况的资料选编，它是由当时的英国驻上海领事哲美森（G.Jamieson）所著，来华的美国教会教育家和翻译家林乐知（Young John Allen）翻译。晚清时期，户部的财政报告错讹甚多，经常被指不合实情，外人更相信哲美森在《中国度支考》中的记录。该书的内容包括政府疆吏交际、直省解京款项、漕运京饷、常关税、土药税厘、杂税等，具有很高的文献价值。

6. 西学类书籍。在廖仲恺的藏书中,《西学通考》介绍的是西方各种科学门类和知识领域,各国的地理、历史、社会、政治、法律、经济、军事等。曾在荷、意、法、俄、日等国出任外交官的清人钱恂所辑《五洲各国政治考》介绍的是各国的吏政、户政、礼政、兵政、刑政、工政。由曾出任驻西班牙外交官的应祖锡与韩卿甫合纂的《洋务经济通考》记录的是世界地理、历法,各国历史、政治、外交、军事、经济、教育、学术、礼俗等。在这些书籍中,向国人介绍的内容已不限于技术的、物质的层面,还包括了各国的政治制度和政府运作,它表明"西政东渐"已成为"西学东渐"的重要内容。

四、廖仲恺藏书分析

根据这批廖仲恺藏书的印刻时间和内容,结合廖仲恺的活动经历,可以得出如下结论:

1. 为准备参加留学生科举考试研读之用

1901年,清政府与列强签订了出卖主权的《辛丑条约》后,民族危机日益加剧,一批知识分子走上了资产阶级民主革命的道路,许多青年希望到国外去寻求救国救民的真理,廖仲恺也于1902年秋赴日留学,后进入东京早稻田大学政治预科学习,后来又考入中央大学政治经济科,专攻政治经济学,1909年夏天毕业返国。为"入清廷握其政权以成革命之工作",廖仲恺决定争取清政府的"功名",便与友人赴北京参加游学毕业生科举考试,并考中法政科举人[5]。

根据晚清由张之洞、袁世凯等人建议,朝廷批准实施的《游学毕业生考验章程》等规定,清政府对回国的留学生实行科举性质的考试,先由学部主持"考验",通过者分别获得进士、举人等"科名",然后由皇帝主持对"考验"通过者进行"廷试",通过廷试者才授予实官[6]。由于这种考试相当近似于西方的文官考试,组织严密,要求严格,应考者需要精心准备。廖仲恺的藏书基本上都可看做考试用书。

清政府举行留学生科举考试的根本目的,是为了维护自身的统治地位而选拔人才,特别是选拔了解西学的人才。这个目的决定了清政府必然会要求学成回国的留学生们首先必须熟知并遵守清朝的各种典章制度。对于廖仲恺这个在美国出生并长期生活在国外的应考者来说,更需要了解这些典制规范。所以,尽管廖仲恺在思想上已成为清政府的反叛者,但仍然收集《大清会典》等典章制度类书籍为应考作准备。由于廖仲恺所投报的是法政科,需要全面了解时政,

《南皮张宫保政书》、《校邠庐抗议》、《邵氏危言》就基本上体现了当时流传甚广、影响较大的主要观点。不过，仅了解这些政见是不够的，还需要了解国情，所以《中国度支考》这部记录晚清财政状况的书籍也成为备考之书。当然，举办留学生科举考试，清政府最需要、最看重的是留学生们的西学知识和能力，因而《西学通考》等西学类书籍成为备考之书也就不难理解了。

在中国，儒家思想的独尊地位自西汉一直延续到清末；同时，统治者强调以史为鉴，读书人也说鉴古知今，可谓不谋而合。清末虽已废除旧式科举考试，但游学毕业生科举考试并没有完全摆脱旧式科举考试重经史策论的影响，皇帝主持的"廷试"中就需要作经义一篇。而且，廖仲恺1893年刚从美国回到原籍广

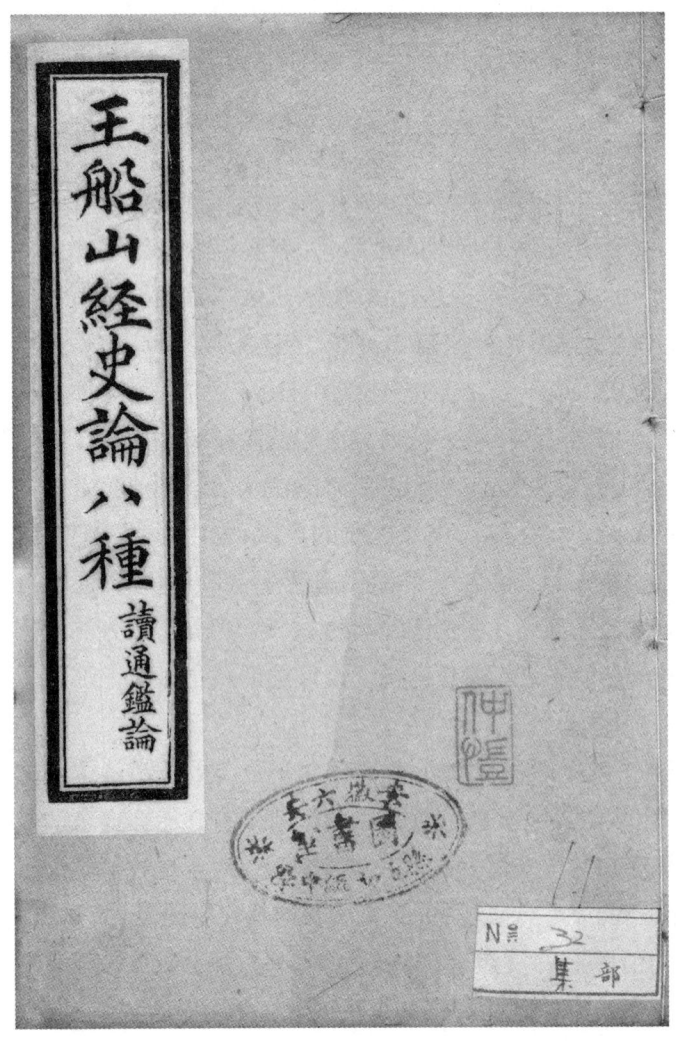

廖仲恺藏书中的印章

东省归善县时,为准备参加旧式科举考试,曾在家乡私塾学过两年的经史策论之学。所以,在廖仲恺为参加留学生科举考试而收集的书籍中,就少不了《通鉴纲目》、《王船山经史论》等书籍。不仅如此,尽管具体要求和内容不同,但德才兼备始终是中国社会不变的做人、选人和用人的标准,因而留学生科举考试的参加者必须知晓修身治学之道,《吕子节录》、《小知录》和《輶轩语》等修身治学类书籍也就因此而成为廖仲恺的备考用书。

从上述分析中可以看出,廖仲恺为参加留学生科举考试所做的准备是相当周全的,因而最终能够考中法政科举人。

2. 备考用书存在一定的选择倾向

廖仲恺的藏书虽然是为应考而准备的,必须服从考试的需要,但深入分析后可以发现,廖仲恺在进行应考资料的收集时,存在一定的选择倾向。

首先,廖仲恺所选择的书籍或其作者多具有经世实用的倾向。清政府举办留学生科举考试的目的,是选拔维护政权的实用人才,而廖仲恺虽是清王朝的反叛者,却也希望建设一个富强民主的中国,所以其所选择的书籍或其作者多有经世实用的倾向。从书目中可以看出,多数书籍都是以实学为内容的。就作者而言,王夫之思想中的经世实用倾向就非常明显,深受近代各家各派的推崇,《读通鉴论》、《宋论》是清末学子攻读的范本;船山学说作为晚清流行全国的显学,对曾国藩及其领导的湘军、戊戌变法和众多爱国志士都产生过重大影响。张之洞对王夫之也有很高的评价,在船山草堂留下了这样的楹联:"自滇池八百里而下,潇湘泛艇,岣嵝寻碑,名迹访姜斋,风月湖山千古;孕衡岳七二峰之灵,挥尘谈兵,植槐卜相,雄才张楚国,文章经济一家。"《吕子节录》的原著者吕坤反对返古、泥古,主张"因时顺势",称理学是"讲学衙门"的无用卷案,强调面向实际,具有明显的实学倾向;该书的节录评辑者陈宏谋作为理学名臣,治宋代二程、朱熹之学,也强调明体达用,知行合一。而《莅政摘要》的作者陆陇其批评阳明心学的空疏流弊,主张学术必须致于实用,实行则须始于实学,并且同样曾经纂有《呻吟语节录》一卷。

其次,政治类和西学类多数书籍或其作者具有中体西用的思想。由于张之洞等洋务派人士的极力主张,中体西用在一定程度上成为朝廷的指导思想。《邵氏危言》的作者邵作舟是中体西用的倡导者,主张不仅要学习西方的"器数工艺之学",而且要学习西方的"政教义理之学",是洋务派的主要谋士。张之洞作为李鸿章之后洋务派的主要代表人物,更是积极地推行中体西用的主张,而《五洲各国政治考》的作者钱恂在结束国外的任职回国后,也曾为张之洞帮办洋务。
《校邠庐抗议》的作者冯桂芬注重研究西学,在思想上上接林则徐、魏源,下启
康有为、梁启超,既对洋务派有很大的影响,又被资产阶级改良派奉为先导。不
过,除了《校邠庐抗议》与资产阶级改良派存在的一定联系外,廖仲恺藏书中并
没有更多的体现改良派思想的书籍。

　　再次,部分藏书的作者为官清廉,或具有良好的官声政绩。《吕子节录》的
著者吕坤是明代思想家,为官清廉,关心民间疾苦,敢于上疏直谏;该书的评辑
者陈宏谋是清朝康乾时期清官廉吏的代表,具有民本思想,主张知民、为民、养
民、富民、教民、安民。《莅政摘要》的著者陆陇其同样居官清廉,强调德化,不重
刑威。张之洞作为晚清重臣、洋务派旗手之一,因其思想开明、学识丰富、热心教
育而官声甚隆。

　　3. 备考用书对其后来的实践活动也产生了影响

　　尽管廖仲恺收集这些书籍是为参加留学生科举考试做准备,但这些书籍的
使用价值不是一次性的,它们对廖仲恺后来的实践活动也曾产生影响。

　　在《廖仲恺集》收录的一部分文章和讲演稿中,我们可以看到这些藏书中
的某些内容,如 1919 年 8 月所写的《全民政治论译本序》中关于瑞士直接民权
的内容,英国政制、政党、政权的内容,美国政体的内容;1919 年 8、9 月所写的
《中国人民和领土在新国家建设上之关系》中的关于美国概况的内容,英国从
王权专制到议会民主的政制发展的内容;1919 年 10 月 30 日在上海女子青年会
演讲《立法部之两院制、国民全体议决制及财政监督》中关于英法美等国议会
民主制的内容;1924 年 12 月所写的《中国实业的现状及产业落后的原因》中关
于欧洲产业革命后的发展的内容,日本从闭关到被迫通商及其后产业发展的内
容;1925 年 7 月所写的《帝国主义侵略史谈》中关于欧美俄日的政治侵略和经
济侵略的内容等,都或多或少地引用了《西学通考》、《五洲各国政治考》、《洋
务经济通考》中的内容。所以,这些书籍对于廖仲恺启发民智、动员民众、帮助孙
中山进行资产阶级民主革命都产生了一定的影响[7]。

　　廖仲恺作为孙中山重要的助手,全力追随和辅佐孙中山 20 多年,在财政管
理方面更是孙中山的主要助手。尽管没有直接的材料来证明,但这些书籍对于
廖仲恺协助孙中山进行各种制度建设、财政管理等都应该发挥一定的作用。

　　在廖仲恺的藏书中,《二十四史分类辑要》仅存一卷,《王船山经史论八
种》也缺失了《宋论》部分,说明本馆所藏并非廖仲恺藏书的全部,其藏书中可

能还有其他书籍,但基本上不会超出前述六种类型,因而不致影响本文关于廖仲恺藏书的总体分析。

从版本上看,这批藏书并没有特殊的价值,但是,正如"廖仲恺何香凝纪念馆"的研究人员所说,对廖仲恺的研究进行了很长时间,研究领域也比较广泛,而发现廖仲恺的藏书尚属首次。因而这批藏书对研究廖仲恺的思想演变和实践活动具有很高的价值,是重要的历史文物。

参考文献

〔1〕 傅增湘:《藏园群书经眼录(三)》,中华书局 2009 年版,第 498 页。

〔2〕 傅增湘:《藏园群书题记》,上海古籍出版社 1989 年版,第 894 页。

〔3〕 陈红彦:《传承与守望——国家珍贵古籍特展中的部分古籍》,《文物天地》2009 年第 8 期,第 75—79 页。

〔4〕 王永波:《〈剑南诗稿〉版本考述》,《中华文化论坛》2011 年第 6 期,第 84—87 页。

〔5〕 尚明轩:《廖仲恺传》,北京出版社 1982 年版。

〔6〕 陈兴强:《清末留学生再考试论略》,《贵州教育学院学报(社会科学)》2004 年第 5 期,第 1—4 页。

〔7〕 广东省社会科学院历史研究室:《廖仲恺集(增订本)》,中华书局 1983 年版。

第八章

私家藏书和藏书家

从春秋战国到民国,我国私家藏书具有悠久的历史,私人藏书家也层出不穷。关于藏书和藏书家的研究成果也很多,郑振铎《西谛书话》中就有很多关于藏书和藏书家的内容;近年来,关于藏书、藏书家、藏书楼的专著和论文更多。笔者无意对私家藏书和藏书家再进行全面的研究,只是结合皖西学院图书馆的馆藏古籍,对既往研究中不太为人注意的方面加以探讨,也是对整理馆藏古籍所做的一个总结。

第一节 私人藏书和藏书家是历史的产物

书籍是一种由一沓书页构成、正文或多或少、精装或简装在一起的物品[1],是人类文明发展到一定阶段的产物。书籍出现以后,需要对其进行管理、保护和存放,这就是藏书产生的原因。最早的藏书活动出现于宫廷或官府,在我国,官府藏书奠基于西周至战国时期。由于藏书活动出现于私有制社会,而当时的统治者并未禁止民间拥有书籍,因而民间同样具有管理、保存书籍的需要。这样,在官府藏书出现后不久,就出现了私人藏书。在我国的春秋战国时期,由于社会环境比较自由开放,百家争鸣,学术相对繁荣,从而为民间藏书创造了必要的条件和可能,最早的私家藏书就出现了。

随着经济的发展和社会的进步,读书人和著书人都越来越多,书籍以及对书籍的需求也越来越多。特别是造纸术的发明和改进,使得书写变得相对轻松简单、书写所需要的材料也更容易获得;而雕版印刷技术的发明和普及,又使得较大批量印刷书籍成为可能。这样就使得民间能够得到的书籍数量越来越多,管理和保存较之甲骨、木简、竹简等也更为方便简单,从而使得民间藏书家层出不穷,藏书规模也不断扩大。在我国,造纸术得到比较普遍应用的汉代,是私家藏书发展的第一个黄金时期,开始出现专门用来存放书籍的藏书室;而创设科举制度的唐代和雕版印刷术趋于成熟的宋代则是私家藏书大发展的又一兴盛阶段,形成了私家藏书编目的风气;到了封建社会鼎盛时期的明代和由盛而衰的清代前期,私家藏书发展到顶峰,私人藏书楼众多,家藏动辄以万卷、甚至十万卷记,藏书文化的研究也成果丰硕。

到了 19 世纪后期,封建专制制度走向末路,历史即将翻开新的一页,在西风东渐、民主平等思想和知识文化大众化的影响下,公共图书馆不断涌现,私家藏书也逐步由兴盛走向衰落。到了民国后期,绵延几千年的藏书文化终于成为绝唱,私人藏书楼完全为公共图书馆所取代。时至今日,尽管还存有极少数的书籍收藏者,但那更多是出于把玩的兴趣或经济目的,已经无法形成气候。

从人类文明史的角度来看,私家藏书和藏书家是人类文明发展到一定阶段后出现的,又随着文明的进一步发展而消失。

第二节 藏书家的类型

根据不同的视角,可以将藏书家划分为不同的类型。从藏书家的出生背景和活动经历来看,藏书家大致可以分为三类:文人学者、官僚和商人。除此之外,还有少数的平民藏书家。

一、文人学者藏书家

不论书籍的内容如何、形式怎样,都是供人们阅读的,而读者都是有文化之人。在中国古代,人们崇尚经史、文学,不屑研究万物的形而下之术,因而读书之人多为研读经学、史学、文学的文人学者,醉心书籍收藏的藏书家也以文人学者为最多。

文人学者收藏书籍的动机很容易理解。虽然其中不乏图利之人,但文人学者藏书的主要目的还是品读和研究。从战国时期的墨子、南宋的廖莹中、清朝中期的王相到民国时期的傅增湘,文人学者们都以阅读和品鉴藏书为乐事。皖西学院图书馆所藏古籍涉及的名家中,明代凌刻套印本《李长吉歌诗》的收藏者金俊明工诗古文兼善绘画;元至正元年集庆路儒学刻明修本《乐府诗集》的收藏者富察昌龄是雍正元年进士；明末金闾宝翰楼刻《东坡先生全集》的收藏者曹仁虎的诗文在当时很受推崇并得乾隆赏识；清咸丰九年崇仁谢氏刻《文献通考》的收藏者宋泽元工诗善藏；清咸丰年间刻《皇清经解》的收藏者徐友兰、徐维则父子辑编有多种东西学书目；元刻《增刊校正王状元集注分类东坡先生诗》的收藏者傅增湘留有《藏园群书题记》、《藏园群书经眼录》等版本学、目录学著作（傅增湘是在被北洋政府罢其教育总长之职后开始古籍收藏和研究的）；宋衢州州学刻元明递修本《三国志》的收藏者温廷敬著编近70种；明万历年间马元调编选并校刊的《元白长庆集》的收藏者朱鼎煦是民国时期浙江很有影响的大律师。不难看出，这些藏书家都是在各自领域取得相当高成就的文人学者。

二、官僚藏书家

中国古代提倡学而优则仕，科举制度更使读书致仕制度化，这种制度既是古代士子们上升的通道，也是其实现理想抱负的途径。所以，中国古代的官员多是文人出身。为官之后，既要保持自己的雅兴，又想在繁忙或繁琐的政务之余有所解脱，读书吟诗作赋就成为其首选，收藏书籍也就成为许多官僚的共同爱好。官员丰厚的收入、各地任职的机会和联系广泛的优势，使得他们收集书籍更容易，有的人甚至利用自己的权势强行攫取他人的收藏。因而在古代官僚中出现了很多藏书家。

官僚藏书家的历史久远。中国藏书史上见于文献记载的私家藏书楼第一人平恒（412—486）就是北魏时曾任中书博士、秘书丞等职[2]；在唐德宗时曾位居宰相之职的李泌（722—789）就是唐代最负盛名的藏书家，其藏书达3万卷，且管理精细、保存妥当；清乾隆时期官至兵部郎中的皖人汪启淑之开万楼，藏书百橱，逾10万卷，且多珍本。

在皖西学院图书馆收藏的古籍中，涉及的官僚藏书家包括：清乾隆刻《飞鸿堂印谱》的收藏者沈廷芳官至山东按察使；明代凌刻《李长吉歌诗》的收藏者姜绍书、毛奇龄等各有官职；明嘉靖刊《史记》的收藏者汪士钟官至户部侍郎；元至正元年集庆路儒学刻明修本《乐府诗集》的收藏者袁芳瑛曾任松江知府；明嘉靖三十三年浮玉山房刻《李颀集》、《王昌龄集》，明万历三十六年许自昌刻《唐皮日休文薮》的收藏者莫棠官至广东韶州知府；明刊《楚辞》的收藏者赵尊岳在抗日战争时期先后出任伪上海市政府和汪伪政权的多个要职。上述这些藏书家都是文人出身的官僚,在为官之余难忘读书和藏书,不失文人本色。

上述官僚藏书家中的袁芳瑛于清同治年间出任松江知府,当时正值太平军新败、江南战乱结束不久,常州、苏州等地官私藏书纷纷流落民间,袁芳瑛多方搜求,所得甚多,因而其藏书甲于一世。据笔者的研究,袁芳瑛可能就是在松江知府任上搜得那部元至正元年集庆路儒学刻明修本《乐府诗集》残本的。袁芳瑛还受其儿女亲家、另一藏书家、晚清重臣曾国藩之托,为其在上海搜购珍本。而袁芳瑛的珍本收藏在其去世后又多为当时的京师大学堂总办李盛铎掠买而去。袁芳瑛搜书、购书及其藏书流散的过程,在官僚藏书家中很具有代表性。

三、商人藏书家

书籍是知识(包括真知、伪学)的载体,读书是一种高雅的行为,但买书的行为却不得不沾染"铜臭味":买书需要钱,而且需要很多的钱;要成为藏书家,需要雄厚的财力作后盾。官僚藏书家有丰厚的俸禄作支撑,兼以巧取豪夺;文人学者藏书家一般都出身豪门大户,以家庭财产作支撑。除此之外,能够大量藏书的,就是积聚大量财富的商人了。

商人藏书的原因大致有两种:一是喜好书籍。商人中也有很多人喜好读书,或喜好品鉴书籍,因而大量购买、收藏书籍。商务印书馆的元老张元济应该是这种商人藏书家的典型代表。二是谋利。商人以谋利为目的,搜得珍本再高价售出,即便不是珍本,也可获取买卖之间的差价,在获取利益的同时,联系着书籍的供需双方。南宋藏书楼芸居楼的主人陈起(生卒年不详)以刻书为业,也广搜善本并出售谋利。三是洗刷"铜臭味"。商业活动是经济循环过程不可或缺的一个环节,但在中国古代重农轻商的社会环境中,许多商人为了洗刷自己身上的"铜臭味"、改善形象、提高社会地位,在从事商业活动的同时,凭借其雄厚财力,大量收藏书籍、特别是各种珍本,从而成就藏书家之名。明清时期的徽商中就有许多人属于这种类型的商人藏书家。在清乾隆三十七年为编修《四库全书》而下诏征书时,献书数量分别居第一、二、四位的三人是:马裕、鲍士恭和汪启淑。马裕的父亲和叔叔分别是马曰琯、马曰璐兄弟,鲍士恭的父亲是鲍廷博,他们以及汪启淑的父亲都是经营盐业的徽商,在业盐致富后都客居杭州,大量购买和收藏古籍珍本,从而成为青史留名的藏书家。

在皖西学院图书馆收藏的古籍中,涉及的商人藏书家包括:明闵刻套印本苏轼《易传》、明正德二年刊《全唐诗话》的收藏者王体仁是清末民国时期全国知名的盐商；宋衢州州学刻元明递修本《三国志》、明刊《重刊许氏说文解字五音韵谱》、明万历凌刻朱墨套印本《王摩诘诗集》、明代凌刻朱墨套印本《李长吉歌诗》、明翻刻本《欧阳文忠公文抄》的收藏者沈知方、沈仲涛都是民国时期的书业精英；明万历四年刻《史记评林》、明嘉靖汪文盛等刻《后汉书》、明桐荫书屋刻《中说》、明崇祯五年汲古阁刻《唐诗纪事》的收藏者谢光甫曾任上海总商会会董、中国通商银行常务董事及总经理等；元至正元年集庆路儒学刻明修本《乐府诗集》、清雍正元年年羹尧刻《唐陆宣公集》、明王民顺刻《临川先生文选》的收藏者秦更年先后在广州大清银行、上海中南银行等多家银行任职。这些商人藏书家不论出于何种动机，其藏书行为对于传承传统文化都作出了重要贡献。

四、平民藏书家

对书籍的喜好，并非只是社会上层人士或富裕阶层才具有的，平民百姓也拥有同样的情怀，只是限于生存压力和经济能力，他们很难大量搜书藏书，但也有少数例外。所以，在上述三类藏书家之外，还有为数甚少的另外一些藏书家，他们既不从文，也不从政，更不是腰缠万贯的富商，而是位于社会底层的平民。南朝时期的吴兴武康人沈麟士（419—503）隐居吴差山中，以讲经授课为业，一生著书、抄书、藏书，藏书最多时达数千卷。在皖西学院图书馆收藏的古籍中，涉及的平民藏书家是明嘉靖元年傅钥刊《白虎通德论》的收藏者孙家溎。孙家溎只是一个小职员，却在20世纪早期动荡不定的社会环境中，致力抢救收藏中华善本，每遇佳本，不惜以高价收购，或者以家藏交换，其蜗寄庐收藏有许多宋元明珍本。并不富有的布衣百姓能够倾心珍本收藏，其精神和贡献更为珍贵。

第三节 藏书家中多版本目录学家

藏书家收藏书籍的根本原因，是其对书籍的热爱。这种对书籍的热爱，不仅表现为广泛收集和大量珍藏书籍，而且表现为许多藏书家对书籍的校勘、评注和编目上。通过对书籍的校勘、评注和编目，在藏书家中出现了许多版本目录学家。

古代文献在人工抄写、刻印的过程中，难免出现错误，错误的主要类型包括讹、脱、衍、倒、错乱等[3]。校勘就是用同一部书的不同版本和有关资料加以比较,考订文字的异同,目的在于恢复古书原貌,正本清源。对古籍的校勘在西汉时就已经出现,西汉成帝至哀帝时(前 32—前 1),著名学者、藏书家刘向、刘歆父子受皇帝的命令校勘宫中所藏图书,每校完一书,都写成书录(包括目次、校雠整理概况、作者生平、内容评价等)。这里的"目次"是指篇目和次第,而校雠整理概况、作者生平、内容评价等则大致构成了"序"的内容。刘向、刘歆把整理校勘每一部书的书录辑为一书,名为《别录》;刘歆又在《别录》的基础上写成《七略》。所以,《别录》、《七略》是我国最早的目录学著作。刘向不仅是我国最早进行书籍校勘的人之一,也是第一个目录学家。当然,《别录》和《七略》都属于官府藏书的目录,但它们的出现,开辟了藏书目录的体例,对后世私人藏书目录的编制具有很大影响。唐代史官吴兢(670—749)利用其在史馆和秘阁任职的便利,不仅大量收藏书籍,藏书达一万三千余卷,而且潜心目录学研究,著有《吴氏西斋书目》(流传至宋代,影响很大,后失传)。宋代的尤袤藏书丰富,并编有《遂初堂书目》一卷,这是我国第一部版本目录。明代的王延喆喜好藏书,多藏善本书,精于校勘。清初著名学者和藏书家朱彝尊(1629—1709)不慕功名,潜心读书治学、收藏书籍,不仅著述等身,其曝书亭藏书也达七万余卷,而且编撰了卷帙浩大的专科版本目录学著作《经义考》三百卷。

在皖西学院图书馆所藏古籍涉及的藏书家中,也有很多人是著名的版本目录学家。

收藏明嘉靖刊《史记》的汪士钟不仅藏书为当时海内之首,而且编有《艺芸书舍宋元目》、《艺芸书舍书目》。

元至正元年集庆路儒学刻明修本《乐府诗集》的收藏者袁芳瑛每得一善本,手自校雠,编写目录,留下家藏目录四册。

清咸丰庚申补刊本《皇清经解》的收藏者徐维则不仅藏书、刻书,而且精于校勘,铸学斋藏跋记也多出自其手。

明万历三十六年许自昌刻《唐皮日休文薮》的收藏者刘履芬藏书甚多,包括多种宋元珍本,编有《古红梅阁书目》。

明嘉靖三十三年黄氏浮玉山房刻《李颀集》、《王昌龄集》的收藏者莫棠继承并发扬光大其父莫祥芝的藏书事业,在收藏活动中,结识了张元济、缪荃孙、叶德辉、曹元忠、傅增湘、吴昌绶等著名学者、藏书家,精通版本目录之学。

清乾隆二十七年德州卢见曾雅雨堂刻《金石录》的收藏者叶德辉藏书达二十多万卷,经常撰写提要,记述作者生平事迹、派别源流等,留下《书林清话》、

《书林馀话》、《观古堂藏书目录》、《观古堂书目丛刻》等藏书、校书专著。

元刻《增刊校正王状元集注分类东坡先生诗》的收藏者傅增湘平生所藏古籍近二十万卷,校勘一万六千多卷,并留有《藏园群书题记》、《藏园群书经眼录》、《双鉴楼善本书目》、《双鉴楼藏书续记》、《双鉴楼珍藏宋金元秘本目录》(稿本)、《藏园校书记》(稿本)、《藏园东游别录》、《藏园订补邵亭知见传本书目》等版本学、目录学著作,是藏书、校书、目录学、版本学方面的一代大家。

明翻刻本《欧阳文忠公文抄》的收藏者王相精于校勘,将其亲手校勘的诸多文献陆续刊印。

清光绪九年长沙娜嬛馆刻《玉函山房辑佚书》的收藏者徐乃昌受缪荃孙、叶昌炽等同时代各藏书名家的影响极大,藏书达数万卷,并编有《积学斋藏书记》、《积学斋书目》、《随庵徐氏藏书志》等校书、藏书著作。

宋衢州州学刻元明递修本《三国志》的收藏者温廷敬喜好藏书,并专心文献研究,著有《经史金文证补》、《旧五代史校补》等,包括在本馆这部三朝本《三国志》前留下两千多字的长跋。

明王民顺刻《临川先生文选》、清雍正元年年羹尧刻《唐陆宣公集》等珍本的收藏者秦更年与吴定、叶德辉、罗振玉、傅增湘等藏书家、目录学家往来甚多,热心考据学问,遂精版本目录之学,每得善本佳椠,必缀一跋,留有《婴闇藏书跋》、《婴闇杂俎》、《婴闇题跋》等校勘成果。

明代凌刻朱墨套印本《李长吉歌诗》的收藏者沈仲涛酷爱庋藏群籍,并且同样精于版本目录之学。

藏书家对古籍的精校细勘和私家藏书目录的兴盛,不仅订正了古籍中存在的错讹,便于人们查阅、利用和研究古籍,而且记录下各种古籍图书产生的过程、作者情况、版本状况、历史上曾经出现而后世已经消失的古籍以及各种古籍的流转过程和递藏源流,是一部内容丰富的中国书史,对研究中国古代文化的发展具有非常重要的价值。

第四节　藏书家中多刻书家

从唐代末年到清末民初,雕版印刷一直占据中国印刷史的主流,所以,藏书家们通过各种方法获得的书籍大多是刻本。出于对书籍的热爱,为了使书籍得到更广的传播,或者为了获利,一些藏书家便以孤本、珍本、稿本、抄本或校勘本为底本,将其刻版付印,以便其传播。所以,藏书家中多有刻书家。

五代时曾任后蜀宰相的毋昭裔是一位藏书家。在毋昭裔的青年时期,书籍的流传主要依靠抄写,因而书籍的复本少,成本高,要得到一部书很不容易。有一次他向朋友借书遭到拒绝,便发誓"他日稍达,愿刻版印之,庶及天下学者"。取得功名后,毋昭裔出私财百万建学馆,令门人书《文选》、《初学记》、《白氏六帖》并雕版印刷。毋昭裔因而成为中国藏书家中第一个刻书家,开创了中国古代家刻本之先河。在毋昭裔之后,藏书家刻书渐成风气,明代的毛晋当是藏书家刻书的最著名代表。一直到民国时期,藏书家刻书之风尚有余韵。

在皖西学院图书馆所藏古籍涉及的藏书家中,同时身为刻书家者包括:

清乾隆年间钤印本《飞鸿堂印谱》的收藏者沈廷芳不仅潜心著述和收藏,还热心刻书,精刊有《滋兰堂文集》四卷、《诗集》十卷等。

明嘉靖刊《史记》的收藏者汪士钟也喜好刻书,摹刻宋元珍本,包括宋本《孝经义疏》、《仪礼单疏》、《刘氏诗说》、《郡斋读书志》等,所刻均校雠精审。

清咸丰九年崇仁谢氏仿武英殿刊本刻《文献通考》的收藏者宋泽元热心搜罗、刊刻古诗文,光绪十三年辑刻《忏花庵丛书》数十种,此外还刊刻有其他文献。

清咸丰庚申补刊本《皇清经解》的收藏者徐友兰、徐维则父子热心刻书,择精要鲜见之本雕版付印,并校刊多种丛书,包括徐友兰辑刻的《融经堂丛书》、《绍兴先正遗书》,徐维则辑刻的《会稽徐氏铸学斋丛书》等,均称精雅。

清乾隆二十七年德州卢见曾雅雨堂刻《金石录》的收藏者叶德辉是清末的大刻书家,曾刻有《观古堂汇刻书》、《观古堂所刊书》、《丽楼丛书》、《双梅景闇丛书》、《观古堂书目丛刻》等,还曾将家藏宋版《南岳总胜集》影摹刊行,据说达到惟妙惟肖的程度,甚至连精于版本的杨守敬也误以为真宋本而不惜高价购置。

清光绪九年长沙娜嬛馆刻《玉函山房辑佚书》的收藏者徐乃昌对于保存古典文献的最大贡献就是他的刻书事业。他以一己之力,校订考证并附例言札记,辨别真伪,杂采诸说,共刻有《积学斋丛书》、《小檀乐室汇刻闺秀词百家》、《随庵丛书》、《南陵先哲遗书》等九种丛书,以及单刻本《玉台新咏》、《徐公文集》等,总数将近200种,是近代出版史上重要出版家之一,其中《积学斋丛书》20种被蔡元培征为北京大学图书馆第一批藏书。

明翻刻本《欧阳文忠公文抄》的收藏者王相精于校勘和刻书,将其亲手校勘的诸多文献陆续刊印，亦有用木活字版印刷者，所印之书均署"信芳阁"，统称《信芳阁丛书》，其中最著名的，当属由其亲自选辑并校勘的清初至嘉庆年间三百多家诗汇编而成的清代诗选巨著《信芳阁诗汇》。

明刊《楚辞》的收藏者赵尊岳花费半生精力，广搜善本，辑刻《明词汇刊》一书，是迄今明词辑刻规模最大的一部。

清雍正元年年羹尧刻《唐陆宣公集》等珍本的收藏者秦更年出身于刻书世家，凡遇珍善孤本，想方设法筹资刊刻，曾校注、刊刻有《韩诗外传》、《三唐人集》、《颜氏家训》及《汉学堂丛书》等，这些民国刻本由于校刊精审、雕版工细、纸墨考究，已被人们视为"新善本"。

另外，明代凌刻朱墨套印本《李长吉歌诗》等珍本的收藏者沈知方虽不是刻书家，却是民国时期的书界奇才，曾任职多家书社、书局，出版大量书籍。

除刻书外，还有一些藏书家亦好抄书。明代藏书家钱穀（1508—？）生性嗜书，不仅广收博采、精于校勘，而且抄书近癖，所录古文金石书近万卷，全都是当时的佳本秘籍。在皖西学院图书馆收藏的古籍中，清咸丰庚申补刊本《皇清经解》的收藏者徐友兰不仅藏书、刻书，亦好抄书，其藏自抄书近20种；明嘉靖元年傅钥刊《白虎通德论》的收藏者孙家湉在藏书过程中，对于不易收得的珍本，便雇人抄录，累计抄录两万余卷。

第五节　古籍珍本多在藏书家之间流转

尽管雕版印刷技术在宋代就已成熟并广泛使用，但由于资金、纸张、刻工等要素是有限的，这种人工印刷所生产出来的书籍、特别是珍本也相当有限；而且，由于自然和社会的原因，既有的书籍在传承过程中不断减少。这就使得读书人和藏书人对书籍、特别是珍本的需求很难得到完全的满足。对于藏书家来说，为了使有限的收藏能力得到充分利用，当然要尽可能地收藏珍本，而且在得到书籍之后，往往还对其进行校勘评注、分类编目。所以，藏书家们对同行手中的珍本往往情有独钟，彼此之间常有交换；更重要的是，当某位藏书家的收藏不得不转让或散出时，常常会有很多的收藏者前来争购。明末清初的藏书家、刻书家毛晋去世后，毛家很快衰败，汲古阁所藏宋元善本先是为泰州藏书家季振宜所得，后又转归昆山藏书家徐乾学；其众多的书版也被后人卖予席氏扫叶山房、无锡华氏等刻书社。汪启淑去世后，开万楼藏书在嘉庆年间逐渐外流散失，其中相当多一部分流入常熟瞿氏铁琴铜剑楼和吴兴陆氏十万卷楼,黄丕烈也曾于坊间购得一部分开万楼散出之书。

在皖西学院图书馆所藏古籍以及涉及的藏书家中,清乾隆年间刻钤印本《飞鸿堂印谱》在沈廷芳、傅熹年等藏书家之间流转;刘履芬藏《唐皮日休文薮》后为莫棠所得;温廷敬所藏宋衢州州学刻元明递修本《三国志》为沈仲涛所得;傅增湘的祖父傅诚是从莫友芝处获得元刊《资治通鉴音注》的,1916年傅增湘自己是从端方处获得旧藏宋百衲本《资治通鉴》的,故将藏书之所命名为"双鉴楼";元至正元年集庆路儒学刻明修本《乐府诗集》曾在富察昌龄、袁芳瑛、秦更年等藏书家之间流转。

汪士钟特别看重黄丕烈旧藏,凡是有黄丕烈跋语之书,即便只有一行数字,也必重价收购,清嘉庆年间江南四大著名藏书家黄丕烈、周锡瓒、顾之逵、袁廷梼的藏书皆以精博著称,后均归于汪士钟门下;咸丰年间,汪士钟藏书散出,多为杨以增海源阁、瞿镛铁琴铜剑楼和上海郁松年宜稼堂所购得。

袁芳瑛卧雪庐藏书多为孙星衍平津馆、洪亮吉卷茄阁、郁松年宜稼堂以及范氏天一阁、黄氏士礼居、陈氏稽瑞楼、陈氏向山阁、汪氏艺芸精舍等南北藏书家所收藏;袁芳瑛去世后,李盛铎木樨轩、丁氏八千卷楼、吴兴蒋氏传书堂、长沙叶氏观古堂等,都曾得到袁藏部分精品。

莫棠之父莫祥芝的藏书相当一部分得自郁松年的"宜稼堂",莫棠铜井文房藏书包括有黄丕烈、何焯、顾千里等诸多名家批注校勘的珍本;莫棠去世后,铜井文房的藏书开始散出,各藏书名家竞相争购,丁祖荫倾囊购得珍善本数十种,刘承幹嘉业堂也多有收藏,还有一部分为徐乃昌、宗子岱、傅增湘、康有为、潘景郑、秦更年等人所得。

徐友兰、徐维则父子的藏书于清末民初逐渐散出,其中一部分流入沈知方粹芬阁,另外50余橱则被商务印书馆的张元济所收购,并以此为基础成立了涵芬楼。

清光绪年间袁芳瑛卧雪庐书散出,精品多为李盛铎所得,叶德辉在财力和权势上都无法和李盛铎抗争,但收拾残零,所获亦十分可观;此后,叶德辉又在北京购得商丘宋氏纬萧草堂和曲阜孔氏红榈书屋旧藏20箱;叶德辉被杀后,其藏最精古本之一宋隆兴元年(1163)刊《南岳总胜集》为莫伯骥所得,北宋胶泥活字印本《韦苏州集》被周越然所得。

抗日战争期间,徐乃昌积学斋的藏书开始流散,郑振铎曾购得其中一部分。

王体仁曾收进瞿氏铁琴铜剑楼、邓氏群碧楼、傅氏双鉴楼的许多善本,并曾与郑振铎争购古籍,名噪一时。

秦更年是最早系统收集清初个人文集者之一,他的这部分收藏后来为另一藏书家徐乃昌所得。

沈知方粹芬阁所藏之书以嘉兴王相信芳阁、会稽徐友兰铸学斋散出之书为多,亦收藏有小李山房、述史楼、读易楼等各家旧藏;沈知方去世后,其藏书于1940年前后散出,郑振铎曾得其七、八种。

沈仲涛在上世纪三四十年代供职上海期间,于战乱之中着意搜访诸家散出古籍之精粹,其研易楼藏书中包括有瞿氏铁琴铜剑楼、潘氏滂喜斋、傅氏双鉴楼、杨氏海源阁散出之精品。

孙家溎的藏书多有范氏天一阁、卢氏抱经楼和沈氏鸣野山房的旧藏,其中以天一阁旧藏最多;1931年夏,郑振铎去宁波访书,在孙家溎处得见明蓝格抄本《录鬼簿》以及被其称为"研究元明间文学史最重要之未发现史料"的明刊《新镌女贞观重会玉簪记》,一见倾心,费尽周折,分别在1946年和1958年购得此二书;孙家溎去世后,其长子孙定观将整理好的藏书低价出让或捐赠天一阁,1966年"文革"开始后,孙定观又将一批古籍字画捐赠天一阁。

朱鼎煦每遇故家藏书散出,不惜重金收购,所藏古籍多为毛氏汲古阁、鲍氏知不足斋、卢氏抱经堂、王氏十万卷楼、沈氏鸣野山房、范氏天一阁、卢氏抱经楼、陈氏湖海楼、叶氏得一居等明清藏书名楼散出之旧藏,朱鼎煦谢世前嘱将其所藏捐赠天一阁,1979年,朱鼎煦藏品由其家属代表捐献给天一阁。

第六节　藏书家的"秘而不宣"

古代藏书家的身份类型不同、分布地域广泛、生活年代迥异,却存在一些共同的特征,其中非常突出的一条,就是对藏书的"秘而不宣"。

唐代官至礼部尚书的杜暹(678—740)虽然家境并不宽裕,但在勤勉为官之余,全力收集图书,藏书多达万卷,深藏楼阁,概不借阅,并在每部书后题写家训:"清俸买来手自校,子孙读之知圣教,鬻及借人为不孝。"把对藏书的珍藏与保护上升到古人视为至德的孝道的高度,其对藏书之珍惜由此可见,但如此的家训也使得秘守藏书、概不外借成为藏书家子孙后代的职责,从而使"秘而不宣"成为我国古代私人藏书家最突出的文化心理特征之一[4]。

苏州是我国历史上私家刻书、私家藏书中心之一,其私人藏书尽管聚散无常,但却流传有序。以顾氏过云楼为例,过云楼是江南著名的私家藏书楼,有"江南收藏甲天下,过云楼收藏甲江南"之称。清代藏书家顾文彬(1811—1889)雅好书画收藏,又喜收藏乡邦文献,他希望这些家藏旧抄能"益吾世世子孙之学",并为"后世志经籍者采择焉";祖上几代人收藏不辍,流风绵延。经过六代人150年的传承,至顾鹤逸(1865—1930)而发扬光大。过云楼有相当一部分藏书来自莫友芝的家藏,同时还整批接收有吴平斋、潘志万、沈树镛、刘履芬、史蓉庄等人的藏书。过云楼以收藏名贵书画著称,享有"江南第一家"之美誉。但是顾氏对家藏善本书籍也是秘而不宣。民国时期,顾鹤逸的朋友傅增湘曾要求借阅藏书,主人碍于情面,同意其在楼内观书,但附加了一个十分苛刻的条件,看书时不能带纸砚抄写。于是傅氏每天观书数种,归而记其书目,写成《顾鹤逸藏书目》,发表在《国立北平图书馆馆刊》第五卷第六号上。

纵观中国藏书史,古代私人藏书家具有重收藏轻流通的共性,"秘而不宣"思想是很多藏书家共同的心理特征。如果对其进行深入的分析,就能发现,这种"秘而不宣"的文化心理特征有其形成的经济根源、法律基础和心理原因。

书籍是知识的载体,而知识是人类智慧共同的结晶。所以,从书籍的本性来说,作为一种文化产品,它具有公共属性,应该公之于众,为社会所共享。但从历史的角度看,私家藏书和私人藏书家毕竟都产生和存在于私有制社会中,藏书无疑是藏书家个人的私有财产。这些往往是费尽周折、通过各种方式积聚起来的珍贵藏书不仅是无价之宝,而且也曾是实实在在的有价商品;随着时光的流逝和存量的不断减少,这些珍本藏书的文化价值和商业价值还会不断增加。如果经常把这些珍本提供他人阅读或借出,不可避免会受到污损,甚至被调包或丢失,这种损失当然是藏书者所不愿接受的。因而藏书家秘而不宣的心理不仅有着经济根源和法理依据,也是完全可以理解的。

中国古代崇尚"万般皆下品,唯有读书高",读书人具有很高的社会地位,因而书籍在古人心中也处于非常重要的地位,不论是否书香门第,都尽力保护不易获得因而数量有限的书籍。而且,古人强调"忠厚传家远,诗书继世长",书籍能否一代代传承下去,既关系到个人的品格,也关系到家庭、家族的门风与兴衰,因而为保护书籍而秘藏高阁就不足为奇了。

事实上,即便是在今天,作为公共机构的各图书馆对于馆藏的古籍珍本也都深沟高垒,绝不轻易示人。当然,现代图书馆的这种做法已无涉孝道和个人品格,主要是为了实现古籍的保护和传统文化的传承。如果管理不严,就可能导致古籍珍本的损毁或流失,既愧对先人,也无法向后人交代。

应该说,古代藏书家秘而不宣的心理和行为确实在一定程度上阻碍了文化和知识的进一步传播,其负面效应是明显的,但也应该看到它的积极价值。虽然前述杜暹的藏书未能实现千秋万代聚而不散,但顾家对藏书秘而不宣的家规却使过云楼藏书的大部分得以流传至今。上世纪90年代初,南京图书馆购得顾家藏书共541种,现辟出专室陈列保存。过云楼藏书如今已分藏各处,然而顾氏几代人历经150余年风雨沧桑,保存下来的珍贵典籍,毕竟传到了今天。2012年5月,过云楼的179部旧藏古籍在上海图书馆展出,引起了古籍界专家和众多观众的高度关注;而随后过云楼藏书的拍卖不仅再次创下中国古籍拍卖的最高价格,而且引起了江苏省与北京大学对收藏过云楼藏书的争执。

所以,如果能站在历史的、宏观的角度去审视私家藏书问题,对古代藏书家的秘而不宣就不会那么苛责了。

参考文献

[1](法)弗雷德里克·巴比耶:《书籍的历史》,广西师范大学出版社2005年版,第2—3页。

[2]刘大军,喻爽爽:《中国私家藏书(上)》,贵州人民出版社2009年版,第38页。

[3]杜泽逊:《文献学概要》,中华书局2001年版,第167—170页。

[4]任继愈:《中国藏书楼(一)》,辽宁人民出版社2001年版,第601页。

结语

历代藏书家留给现代图书馆和古籍工作者的启示

藏书家虽然已成为历史,但藏书家在古籍收藏中的执著信念和行为对现代图书馆的古籍收藏仍然具有重要的启示。研究藏书家的目的,不仅是在研究中国藏书史和中国文化史,也是为现代图书馆的古籍保护工作提供借鉴。

第一,做好古籍保护工作要有明确的目的和强烈的意愿

藏书家深知图书文献对于知识文化的传播和传承的价值,因而全力以赴地收藏图书。其图书收藏活动或是为了研读,或是为了保护,或是为了传承,总之,都有着明确的目的。为了达到这个目的,藏书家怀着强烈的兴趣,不辞劳苦,不计代价,甘于清贫,终身无怨无悔地从事古代文献的收集、校勘、保护、刊刻和传承。傅增湘辞去教育总长职务后专心从事古籍的收藏、校勘和保护工作,成为藏书、校书、目录学、版本学方面的一代大家。身为小职员、自身并不富有的孙家溎不惜以高价收购,甚至以家藏交换,因而收得众多善本。

对于今天的图书馆和古籍工作者来说,首先应该对古籍的价值有深刻的认知,知晓古籍收藏和保护的目的,并对古籍工作怀有强烈的兴趣和喜好,这样才能真正做好古籍工作。现实的情况是,尽管多数古籍工作者兢兢业业、默默奉献在古籍保护工作中,但也有部分古籍工作者只是把工作视为饭碗,在工作意愿和热情方面也有欠缺,这样就很难全身心地投入古籍保护工作中去,因而有必要向历代藏书家学习。

第二,要建立科学合理的古籍工作规范

无规矩难以成方圆。历代藏书家为了保护和传承来之不易的图书文献,都制定了严格的家规,涉及收集、入库、阅览、外借、传承等管理、保护的各个方面,甚至把这些规定上升到关乎孝道和家族兴衰的高度,这些规定未必都有科学的依据,但其目的就是为了这些图书的永续传承。藏书家们在搜得古籍珍本后,多设专室(藏书楼)存放保管,进出书库、存取书籍、晾晒除虫都有严格的规定;而且还精心校勘、评点、编目。汪士钟不仅藏书为当时海内之首,还喜好刻书,摹刻宋元珍本,所刻均校雠精审,并编有《艺芸书舍宋元书目》、《艺芸书舍书目》。博学多闻的吴育不事科举,却倾心抄录张惠言对《汉书》的评点,以兼通中西历算的钱大昕之《三统历术》稿本校点《汉书·律历志》。刘履芬红梅阁藏书甚多,编有《古红梅阁书目》,还精通版本学,善于校勘评注,曾批注过《三国志》等。

今天,我们当然不需要从道德的角度来评判古籍的管理,但也需要建立科学合理的古籍工作规范,这些规范应该涵盖古籍的采访、编目、存放、整理、借阅等保护、管理和利用的各个方面,使得这些古籍能够保护与利用兼得,从而使我们的古籍工作既无愧于先人,又能泽及后人。

第三,做好古籍保护工作要有精深的专业知识

做好古籍工作,仅有意愿和热情是不够的。历代藏书家收得古籍后,并不是简单地束之高阁。除了孜孜品读外,很多人还进行版本鉴别、分类、校勘、评注、编目、修复等深层次整理,这就需要丰富渊博的相关知识。所以,藏书家在很大程度上也是学问家。傅熹年先生在从事中国建筑史研究的同时,进行中国艺术史和版本目录学的研究,他整理祖父遗稿,编成《藏园群书经眼录》、《藏园群书题记》、《藏园订补郘亭知见传本书目》、《藏园游记》四书;整理父亲遗稿,编成《古玉精英》、《古玉掇英》两部专著,并将这些专著公开出版。

在今天的图书馆中,古籍工作者基本上都是一个团队,各馆之间的交流也比较多,古籍工作者个人虽然不需要全面掌握版本鉴别、分类、校勘、评注、编目、修复等方面的知识,却也需要掌握与各自工作相关的专业知识,这样才有能力做好古籍工作。

第四,要解决好古籍的合理利用问题

在古籍工作中,利用和保护是一对矛盾。历代藏书家解决这个矛盾的主要方法,是在精校细勘的基础上,对珍贵稀缺的图书进行抄写,甚至刊刻,从而使更多的人能够阅读珍稀文献。出身藏书世家的王相承继家族古风,其藏书楼百花万卷草堂、池东书库等藏书四十万卷,是当时江北最大的私家藏书馆;他还精于校勘和刻书,将其亲手校勘的诸多文献陆续刊印,亦有用木活字版印刷者。徐友兰、徐维则父子不仅藏书众多,还热心刻书,择精要鲜见之本雕版付印,并校刊多种丛书,徐友兰自己亦喜抄书,其藏自抄书近 20 种。

对于今天的图书馆来说,为了使更多的人能够利用传承下来的古代文献,可以将具有现实价值的馆藏珍本进行点校出版、影印出版、数字化处理。这样既能使更多人利用古代文献,又能将对古籍的损害降到最低限度。当然,做好这些工作同样需要高度的责任心和精深的专业知识。

古籍是历史和传统文化的遗存,古籍的整理保护是历史和传统文化的传承。作为古籍工作者,我们应该怀着强烈的责任心,掌握精深的专业知识将先人保存下来的古籍在为社会所用的同时,继续传承下去,这就是我们研究和学习历代藏书家的目的。

后 记

我自1996年调入图书馆以来,一直从事古籍的整理、保护和研究工作,积累了许多关于馆藏古籍的资料。两次馆舍搬迁后的古籍上架、两次编目、三次申报《国家珍贵古籍名录》,也使得我对馆藏古籍的把握从零星到整体。在此基础上,我从2000年开始,陆续发表了一些关于馆藏古籍的研究论文。2009年,不为人知的皖西学院图书馆有多部古籍入选《国家珍贵古籍名录》,在古籍界产生了很大反响,我也产生了对馆藏古籍进行整体研究的念头,但对这样的研究成果是否具有出版价值却没有把握。

2009年6月上旬的一天,借护送馆藏宋衢州州学刻元明递修、温廷敬跋《三国志》进京参加"国家珍贵古籍特展"之机,我冒着滂沱大雨造访国家图书馆出版社,冒昧地敲开了文史编辑室办公室的门,一位素不相识的中年女士接待了我,听过我对研究内容的介绍、看过我递过去的《皖西学院图书馆的名家旧藏古籍》写作提纲后,这位女士给予了热情的肯定和鼓励,并提出了一些具体的写作建议。临分别时,她送我一张名片,我才知道这位女士是孙彦编审。回到单位后,我就开始了本书的写作,直到2011年最后一天才完成初稿。在此期间,又多次得到孙彦老师的指导和帮助。可以毫不夸张地说,如果没有孙彦老师的肯定,就没有本书的写作。在此,谨对孙彦老师致以深深的敬意和谢意!

本书的修改,得到了国家古籍保护中心相关专家的指导和帮助。根据专家的建议和指导,我于2012年3月到5月对书稿又进行多次的修改,最终定稿。在此,对国家古籍保护中心的相关专家表示衷心的感谢!

本书的写作,得到了皖西学院现任领导和图书馆领导、同事的热情支持,在此表示由衷的谢意!

本书的出版,还得到了国家图书馆出版社总编辑贾贵荣老师的支持,她在百忙中审阅书稿,提出修改意见,对于本书质量的提高有很大帮助。在此也表示衷心的感谢!

从事古籍工作,我是半路出家,能力和水平都很有限,因而在本书的写作中一定会存在各种各样的错误和不足,恳请读者原谅并提出宝贵的批评意见。

作者
2012年5月29日